Triomphe au Bac

LEAVING CERTIFICATE

SUPÉRIEUR

BRIAN LENEHAN AND MARIE LENEHAN

Edco

First published 2018.

The Educational Company of Ireland
Ballymount Road
Walkinstown
Dublin 12

The paper used in this book comes from Managed Forests in Northern Europe. For every tree felled, at least one new tree is planted

www.edco.ie

A member of the Smurfit Kappa Group plc
© Marie Lenehan, Brian Lenehan, 2018

All rights reserved. No part of this publication may be reproduced, stored in a retrieval system, or transmitted in any form or by any means, electronic, mechanical, photocopying, recording or otherwise, without either the prior permission of the Publisher or a licence permitting restricted copying in Ireland issued by the Irish Copyright Licensing Agency, 63 Patrick Street, Dún Laoghaire, Co. Dublin.

ISBN: 978-1-84536-790-9

Copy-editor:
Liz Hudson

Design, layout and cover:
Liz White Designs

Proofreaders:
Véronique Gauthier-Simmons
and Diane Kennedy

Illustrator:
Roisin Blade

Studio:
Sonic Recording Studios, Dublin

Sound Engineer and Editor:
Al Cowan

Adult Speakers:
Diane Kennedy, Emmanuelle Toullious and Renaud Puyou

Student Speakers:
Liam Ryan-Toullious and Juliette Kilcoyne

Contents

Foreword viii

Part 1 Compréhension écrite 1

Examination information 2
   Approaching the extracts 2

Compréhension Journalistique 4
   Que deviennent les SDF ? 4
   Faut-il avoir peur des cybercriminels ? 6
   Pourquoi Vince a-t-il été tué ? 8
   Voix Express : Avant d'acheter, regardez-vous la provenance d'un produit ? 10
   Le tourisme 12
   Basique instinct 14
   Pour des vacances tranquilles 16
   Bac: Je ne sais pas quoi faire après 18
   Géraldine Danon : Attaquée par des pirates ! 20
   Cinq conseils pour mieux dormir 22
   Les sexes sont-ils égaux ? 24
   Interview avec Brie Larson 26
   Notre rencontre a changé ma vie 28
   Conduisez sans les mains ! 30
   Le grand stress du bac ! 32
   Une intégration parfaitement réussie 34

Compréhension Littéraire 36
   Extrait du livre *35 kilos d'espoir* par Anna Gavalda 36
   Extrait du livre *Aux Délices des anges* par Cathy Cassidy 38
   Extrait du livre *La Vérité sur l'Affaire Harry Quebert* par Joël Dicker 40
   Extrait du livre *Concerto à la mémoire d'un ange* par Eric-Emmanuel Schmitt . 42
   Extrait du livre *Le Crime du comte Neville* par Amélie Nothomb 44
   Extrait du livre *Fascination* par Stephenie Meyer 46
   Extrait du livre *Le Petit Nicolas* par René Goscinny et Jean-Jacques Sempé 48
   Extrait du livre *Un moins un* par Colm Tóibín 50
   Extrait du livre *L'Adversaire* par Emmanuel Carrère 52
   Extrait du livre *Demain est un autre jour* par Lori Nelson Spielman 54
   Extrait du livre *The Bamboo Confessions* par Lauren Weisberger 56
   Extrait du livre *L'Alchimiste* par Paulo Coehlo 58
   Extrait du livre *Brooklyn* par Colm Tóibín 60
   Extrait du livre *Le Petit Nicolas s'amuse* par René Goscinny et Jean-Jacques Sempé ... 62
   Extrait du livre *Le Roi Arthur* par Michael Morpurgo 64
   Extrait du livre *La Nostalgie heureuse* par Amélie Nothomb 66

Part 2 Expression orale

Examination information **70**
   On the day 70

Parlez-moi de vous **71**
   Qui êtes-vous ? 71
   Votre quartier 73
   Votre famille 76
   La vie quotidienne 79
   Le week-end 81
   Votre ville 84

Vos loisirs **86**
   Le sport 86
   La musique 88
   La lecture 89
   La télévision 90

L'argent **91**
   L'argent de poche 91
   La loterie nationale 94

L'école **94**
   Les matières 94
   Votre lycée 96
   La discipline scolaire 97
   La vie en terminale 98
   L'école mixte 99

Votre choix de carrière **99**
   Vos projets 99

Les vacances **101**
   Visites en France 101
   Les destinations 102

Les temps grammaticaux **103**

Le document **104**
   Preparation 105
   Talking about your document 105
   Les photos 106
   Autres questions possibles 108
   Quelques exemples 109

Part 3 Production écrite 113

Examination information 114
   Overview of the Written Paper 114
   Question 1 114
   Question 2 114
   Questions 3 and 4 114
   Word count 114
   Timing 115
   Marking 115

Comment/Opinion questions 115
   Approaching the questions 115
   Useful expressions 116

Sujets d'actualité 119
   Sample questions and answers 137
   Practice questions 139

Diary (Question 2) 143
   Approaching the Diary question 143
   Useful expressions 143
   Sample questions and answers 146
   Practice questions 148

Message or email (Question 2) 151
   Approaching the question 151
   Useful expressions 151
   Sample question and answer 154
   Practice questions 155

Letters (Question 2) 159
   Lettres formelles 159
   Useful expressions 160
   Sample question and answer 165
   Practice questions 167
   Lettres informelles 171
   Useful expressions 172
   Sample question and answer 177
   Practice questions 178

Part 4 Compréhension auditive 181

Examination information 182
   The structure of the paper 182
   Approaching the Listening Comprehension 182

Paper 1 183
Paper 2 186
Paper 3 189
Paper 4 192
Paper 5 195
Paper 6 198

Part 5 Grammaire 201

Les verbes **202**
    Le présent de l'indicatif... 202
    Le passé composé... 205
    L'imparfait 209
    Passé composé ou imparfait ?... 211
    Expressions idiomatiques avec « avoir » 212
    L'impératif 214
    Les verbes pronominaux 216
    Le futur simple 218
    Le conditionnel... 221
    Les phrases conditionnelles 224
    Les verbes de perception 225
    L'infinitif passé.. 226
    Le participe présent 227
    Le plus-que-parfait 229
    Venir de + infinitif.. 230
    Le présent + depuis 231
    L'imparfait + « depuis » 232
    Le passé simple... 233
    Le subjonctif présent 236
    Le passif 240

Les adjectifs **242**
    Les adjectifs au féminin 242
    Les adjectifs et les noms au pluriel 245
    La position des adjectifs 247

Les adverbes **248**
    La formation des adverbes... 248
    Les formes irrégulières 249

Les noms **251**
    Le genre des noms... 251
    Les pays 253

Les articles partitifs **255**
    Du, de la, de l', des... 255
    De, d' 255

Les phrases négatives **257**
    Formation 257
    La position des mots négatifs 257

Les questions **259**

Les pronoms **260**
    Les pronoms objets directs et indirects 260
    Les pronoms « y » et « en » 262
    Les pronoms formes fortes/disjoints 263

Les prépositions **265**
    Prépositions courantes 265
    Expressions et verbes suivis par des prépositions 266

Part 6 Lexique 269

Vocabulaire 270
    La nourriture 270
    Les boissons 272
    Le corps humain 272
    La santé 273
    Les relations humaines 273
    Les vêtements et la mode 274
    La maison 275
    Le tourisme 277
    L'air 278
    La mer 279
    Le temps 279
    La voiture et les accidents de la route 280
    La ville 281
    Le travail et l'argent 283
    Les métiers/Les professions 284
    La technologie et la science 285
    La criminalité 286
    La politique 287
    La presse 288
    L'immigration et le racisme 289
    La dépendance 289
    L'éducation 291
    La musique 292
    La littérature 292
    La télévision et la radio 293
    Le cinéma 293
    Le sport 294
    Les loisirs 295
    La nature et les animaux 296
    L'environnement 297
    La religion 298
Expressions courantes 299
Proverbes 300

Verbes 301
Students CD track listing 306
Acknowledgments 312

Foreword

Triomphe au Bac Supérieur is the latest and most striking edition to date in this highly successful Leaving Certificate French series. It is unique in its structured, exam-focused approach to the Leaving Certificate Higher Level course. It has been specifically designed to offer students ample opportunity to develop the four key skills required to succeed in their exam: reading, writing, listening and speaking.

It is filled with authentic, up-to-date and youth-based material which has been carefully chosen to reflect the standard of the Higher Level Leaving Certificate French paper and to be in keeping with the syllabus. Questions and exercises also directly replicate those that appear on the Leaving Certificate paper.

The four key aspects of the Leaving Certificate Higher Level course are covered in comprehensive, individual, colour-coded units:

1 Compréhension Écrite
2 Expression Orale
3 Production Écrite
4 Compréhension Auditive

We are also very pleased to have introduced some new elements to the book including a dedicated section on *Le Document* which will help students in the preparation of their document for their oral examination. Another addition is a range of useful sentences and expressions on current topics such as homelessness, terrorism, volunteering, obesity, Europe, racism and the environment, for use in both the written and oral aspects of the exam.

A solid foundation in grammar and vocabulary is also essential for any Leaving Certificate student. Therefore, this new textbook includes an extensive grammar section with a wide range of practice exercises for students and a detailed vocabulary section covering all major Leaving Cert themes. In addition, a verb reference section at the back of the book outlines all of the main verbs in their required tenses. Useful hints and tips and key examination information have also been included at the start of each section. These will provide insight and support for students in preparing for the exam.

This new edition of *Triomphe au Bac Supérieur* seeks to expand the ability of students in such a way as to promote confidence in the language and to equip them with the necessary skills to perform well in Higher Level French. We hope that teachers and students alike will enjoy working with it.

We wish to thank sincerely all those who gave of their time and expertise in the production of *Triomphe au Bac Supérieur*. We would also like to thank our families for the encouragement and patience they have shown to us while writing this new book. We are deeply grateful.

Bonne chance et bon courage à toutes et à tous !

and Marie

Compréhension écrite

Examination information

The Reading Comprehension Section of the Leaving Certificate Higher Level Paper is worth 120 marks in total, which is 30 per cent of the overall mark (400). There are two comprehension passages: a journalistic passage (taken from a magazine or newspaper) and a literary passage (taken from a novel or short story). Each comprehension passage is worth 60 marks. Students have approximately thirty-five minutes to complete each comprehension extract. It is a good idea to get used to this timescale by attempting to answer practice comprehension extracts in about that length of time.

Approaching the extracts

- In order to get a sense of the general theme of the passage, it is a good idea to begin by reading the headline, the subheading and Question 6, which is always in English. You should also carefully look at any image that accompanies the extract.
- Read the questions carefully.
- Then read the comprehension extract carefully, keeping in mind the questions asked.
- Read the questions for a second time and underline the sections of the extract where the answers are located.
- Then read the extract slowly and carefully for a second time, answering the questions as you move from section to section.
- Double check your answer to each question before moving on to the next one.
- Avoid writing unnecessary material as part of your answer. Some answers, for instance, only require one or two words. You may be penalised for including excess material.
- If the question says '**trouvez/citez/relevez la phrase**' (select/find the sentence), you must **quote a full sentence** in your answer. All you need to do is copy what you think is the right answer directly from the extract without making any changes to it.
- If the question says '**trouvez/citez/relevez l'expression**' (select/find the expression/phrase), you must **quote an expression/phrase** in your answer.
- If you are asked for '**un mot**' (**a word**) in the answer then give one word. You will be penalised for excess material.

> **Tip!**
> It is a good idea to underline the possible answers in the text before filling in your final answer.

- If the question requires you to give two answers, make sure to write each answer on a separate line, i.e. opposite the letters (a) and (b). If you write both answers on the same line, you will lose marks.
- The answer to multiple-choice questions must be put in the box. Simply putting a tick through the letter will not get you the mark.
- When copying a sentence or expression from the comprehension extract, avoid making spelling mistakes.
- Always write out the full answer rather than using 'etc.' or a line of dots with a word at the beginning and at the end.

- Some comprehension questions require you to change the person of the verb in the answer. This is called 'manipulation'. For example, the passage may be written in the first person, i.e. 'je/nous' (I/we). The question will always be in the third person, i.e. 'il/elle/ils/elles' (he/she/they). Therefore, you must change the ending of the verb to the third person as well as the pronouns, possessive adjectives, etc. This requires a lot of practice in class.
- Answer Question 6 in English. In your answer, you should refer to information in the extract in order to back up your opinions. This can be done by either quoting a line directly from the extract in French or by giving the English translation of what is said.

Compréhension Journalistique

1 Lisez le passage suivant et répondez aux questions.

Que deviennent les SDF ?

Chaque hiver, de nombreuses personnes dorment dans la rue. Le manque d'hébergement se fait d'autant plus sentir quand la température passe au-dessous de zéro.

1. **Qui est SDF en France ?**
   - Début 2012, une grande enquête a dénombré 141 500 sans-domicile en France. Une personne est considérée comme « sans domicile » si elle dort dans une structure d'hébergement ou dans un lieu non prévu pour l'habitation (telle la rue).
   - Au moment de l'enquête, un sans-domicile sur 10 était à la rue: il avait dormi dehors, dans un hall d'immeuble, un parking ou un lieu public (gare, métro). Près de la moitié on_ refuser d'aller en centre d'hébergement, en raison du manque d'hygiène et de l'insécurité (vols et agressions).

2. **Pourquoi est-on à la rue ?**
   - Bien souvent, les SDF ont eu une enfance difficile (à cause d'un décès ou du handicap de leurs parents, de mauvais traitements).
   - Puis un événement grave survient: une personne se fait licencier, divorce, perd ses parents alors qu'elle vivait avec eux … Et c'est l'engrenage: elle n'a plus de logement ou de revenus, et elle n'arrive pas à retrouver un toit.
   - Une fois à la rue, c'est très difficile de s'en sortir car les problèmes s'accumulent (souffrance psychologique, santé, hygiène, alcool).

3. **Les SDF meurent-ils plus l'hiver ?**
   Cinq hommes sont déjà morts sur le trottoir cet _____. Néanmoins, s'il est vrai que le froid aggrave ___blèmes (les maladies par exemple), la cause ___ des décès des SDF reste la violence de la ___ ne hiver.

4. **Qui ___ SDF ?**
   Des a___ ___ndation abbé Pierre, Croix-___ disposent de lieux d'accueil de jour (les SDF peuvent y prendre un repas et se laver) et de nuit (centres d'hébergement) ou paient des nuits d'hôtel.

Combien y a-t-il de places d'hébergement ?
On en compte 129 000 répartis entre les centres d'hébergement et les hôtels. Quand les températures atteignent 0 la journée et entre -5 et $-10°C$ la nuit, le gouvernement déclenche le plan « Grand froid » : des gymnases ou autres lieux accueillent en urgence des SDF.

5. **Qu'est-ce que le 115 ?**
Toute personne peut appeler ce numéro de téléphone pour demander un hébergement. Ce service téléphonique est gratuit, au même titre que le 15 (Samu) ou le 18 (pompiers).

Est-ce suffisant ?
Non. En décembre, 1 personne sur 2 n'a pas pu être prise en charge par le 115. Ce qui est un vieux problème ! Les associations réclament toujours qu'on construise plus de logements sociaux et qu'on n'attende pas les hivers pour parler des personnes les plus en détresse.

Source: Marion Gillot, « Que deviennent les SDF ? », Le Monde des Ados, janvier 2017.

Questions

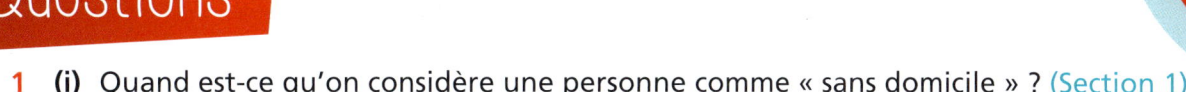

1. **(i)** Quand est-ce qu'on considère une personne comme « sans domicile » ? (Section 1)

   (ii) Les sans-domicile dorment dans plusieurs endroits différents. Nommez-en deux. (Section 1)

   (a) _____

   (b) _____

2. **(i)** Relevez la phrase qui explique pourquoi près de cinquante pourcent des sans-domicile ont refusé d'aller en centre d'hébergement. (Section 1)

   (ii) Trouvez, dans la deuxième section, des mots qui veulent dire « perdre son emploi ».

3. Selon la troisième section,
   (a) Les maladies sont la cause principale des décès des SDF.
   (b) La violence reste la cause principale des décès des SDF tout au long de l'année.
   (c) La violence n'est pas la cause principale des décès des SDF en été.
   (d) Le froid est la cause principale des décès des SDF.

4. **(i)** Citez l'expression qui montre ce que les SDF peuvent faire dans les lieux d'accueil de jour tenus par des associations comme La Croix Rouge. (Section 4)

   (ii) Dans quelles circonstances est-ce que le gouvernement lance son plan qui s'appelle « Grand Froid » ? (Section 4)

5. **(i)** Trouvez une phrase qui indique qu'on n'arrive pas à offrir d'hébergement à chaque individu qui appelle le 115. (Section 5)

   (ii) Relevez, dans la cinquième section, un verbe au présent du subjonctif.

6. Do you think that enough is being done to help the homeless in France? Refer to the text in support of your answer. (Two points) (About 50 words in total)

7. En Irlande la situation des sans-abri est préoccupante. Que peut-on faire pour traiter ou bien résoudre ce problème ? (90 mots environ)

Compréhension Journalistique

2 Lisez le passage suivant et répondez aux questions.

Faut-il avoir peur des cybercriminels ?

Internet fait partie de la vie quotidienne et nous y surfons le plus souvent en toute tranquillité. Pourtant, cet immense espace de liberté grouille de malfaiteurs en tous genres …

1. Ils menacent notre sécurité mais sont invisibles même lorsqu'ils attaquent. Leurs armes : des ordinateurs. Leur terrain de chasse favori : Internet. Leur nom : les cybercriminels, un terme qui désigne tous ceux qui commettent des actes interdits par la loi sur les réseaux informatiques. Toujours plus nombreux, les cybercriminels ne réalisent pas forcément qu'une attaque « virtuelle » peut être aussi grave qu'un braquage de banque ! Comme l'univers du Web est immense et anonyme, ils ne manquent pas d'occasions de frapper …

2. La cybercriminalité prend des visages variés : criminalité « traditionnelle » qui s'étend à Internet (comme la vente d'objets volés), infractions spécifiques aux réseaux (comme le piratage d'ordinateurs), diffusion sur le Web de contenus interdits (comme des injures racistes) ou encore offre de téléchargement illégal. Ce fléau peut s'attaquer à n'importe qui, du surfeur occasionnel aux grandes entreprises ou aux services secrets.

Lutter contre lui n'est pas simple. D'abord, les réseaux sont presque illimités et une malveillance peut s'y commettre très rapidement. Ensuite, ce qui est considéré comme cybercriminel par la loi française ne l'est pas forcement ailleurs. Par exemple, la propagande raciste est légale aux États-Unis.

3. Or, les échanges sur Internet dépassent les frontières … La France prend la menace cybercriminelle au sérieux, avec le « Plan numérique 2012 » qui prévoit de doubler d'ici deux ans le nombre d'enquêteurs spécialisés, et les lois européennes s'harmonisent lentement sur la question. Mais seule une lutte internationale pourrait être efficace. En attendant, il faut protéger au maximum ses ordinateurs et rester à l'affût des ennemis, peut-être cachés, sur la Toile.

Source: Ludovic Ligot, « Faut-il avoir peur des cybercriminels ? », *Okapi*, 1 mai 2010.

Questions

1. (i) D'après la première section, les cybercriminels
   - (a) sont visibles partout.
   - (b) ne sont pas visibles.
   - (c) n'existent pas en France.
   - (d) n'utilisent pas d'ordinateurs.

   (ii) Relevez, dans la première section, un mot qui veut dire « défendus ».

2. (i) Il est facile pour les cybercriminels d'attaquer les réseaux informatiques. (Section 1) Pourquoi ?

   (ii) Même les grandes sociétés sont menacées par la cybercriminalité. (Section 2) Écrivez « vrai » ou « faux » dans la case.

3. (i) Citez la phrase qui indique que les lois contre la cybercriminalité ne sont pas pareilles dans tous les pays ? (Section 2)

   (ii) Qu'est-ce que nous apprenons concernant la propagande raciste ? (Section 2)

4. (i) Quelle expression montre que La France s'inquiète de la cybercriminalité ? (Section 3)

   (ii) Trouvez, dans la troisième section, un verbe au conditionnel.

5. (i) Relevez la phrase qui indique que les pays internationaux doivent se réunir pour trouver une vraie solution à la cybercriminalité. (Section 3)

   (ii) Trouvez, dans la troisième section, un synonyme du mot « Internet ».

6. How, according to Section 3, can we deal with the threat posed by cybercriminals? (Two points) (About 50 words in total)

7. La cyberintimidation à l'école est un problème grandissant pour les ados d'aujourd'hui. Donnez votre réaction. (90 mots environ)

Compréhension Journalistique

3 Lisez le passage suivant et répondez aux questions.

Pourquoi Vince a-t-il été tué ?

Triste première en Europe : Vince, un rhinocéros du zoo de Thoiry, près de Paris, a été tué pour sa corne, au nom de croyances médicales. Un sort que connaissent aussi ses congénères africains.

1 Que s'est-il passé ?

Dans la nuit du 6 au 7 mars, Vince, un rhinocéros blanc de 4 ans, a été abattu de trois balles dans ta tête. Sa corne la plus grosse a été sciée et emportée. Les deux autres rhinocéros blancs du zoo de Thoiry (Yvelines) sont sains et saufs. Les gendarmes de Mantes-la-Jolie cherchent à en savoir plus sur cette attaque.

S'agit-il de braconnage ?

- Oui, il y a braconnage dès qu'un animal est chassé ou pêché en dehors de la période autorisée. Cela concerne toutes tes espèces, même celles qui ne sont pas en danger. Le rhinocéros est protégé par la convention de Washington sur la faune et la flore sauvages.
- Sa chasse est bien sûr interdite en France. Dans le monde, tout commerce de parties issues de ce gros mammifère est aussi illégal.

2 Pourquoi les rhinocéros sont-ils tués ?

Pour leurs cornes nasales. Elles sont constituées de kératine, comme les ongles ou les cheveux. Depuis très longtemps, la corne de rhinocéros est réduite en poudre pour être utilisée dans la médecine traditionnelle chinoise. Depuis une dizaine d'années, la rumeur court, notamment au Vietnam, qu'elle ralentirait les effets des cancers … sans aucune preuve scientifique.

Que vaut une corne ?

50 000 € le kilo ! Bien plus qu'un kilo d'or (37 000 €) ou de cocaïne (35 000 €). Le trafic d'espèces sauvages protégées est le quatrième trafic au monde après celui de la drogue, de la contrefaçon (d'objets) et des êtres humains. Il peut s'agir d'animaux vivants, de parties (cornes, peau, défenses, viande, griffes, dents) ou d'animaux morts.

3 Qui fait un tel trafic ?

Il s'agit d'organisations criminelles très structurées. Jusqu'à présent, les trafiquants ne tuaient des rhinos qu'en Afrique pour vendre les cornes en Asie. En 2011, le muséum de Rouen s'était fait voler une corne exposée, tout comme le musée de la Chasse et de la Nature, à Paris.

Que risque un braconnier ?

Il pourrait passer quatre ans en prison, selon la convention de Washington. Mais comme il n'y a pas de tribunal international des animaux, c'est à chaque État de punir les braconniers. En France, le code de l'environnement prévoit une peine de prison et/ou une amende. Début mars, le plus grand trafiquant d'ivoire (d'éléphants) de Tanzanie a été condamné à 12 ans de prison.

Source: Marion Gillot, « Pourquoi Vince a-t-il été tué ? », *Le Monde des Ados*, 22 mars 2017.

Questions

1 (i) Citez le détail qui explique comment Vince a été tué. (Section 1)

(ii) Expliquez ce qu'est le braconnage ? (Section 1)

2 (i) Trouvez, dans la première section, un adjectif possessif.

(ii) Expliquez ce qu'on fait avec la corne de rhinocéros pour pouvoir l'utiliser dans la médecine traditionnelle chinoise ? (Section 2)

3 (i) Relevez, dans la deuxième section, un verbe au conditionnel.

(ii) Selon la deuxième section,
    (a) un kilo de cocaïne vaut plus qu'un kilo de corne de rhinocéros.
    (b) le trafic d'espèces sauvages protégées est le trafic principal au monde.
    (c) la kératine se trouve dans les cornes nasales des rhinocéros ainsi que dans les ongles et les cheveux.
    (d) le trafic d'êtres humains est le quatrième trafic au monde.

4 (i) Relevez un participé passé qui suggère que les organisations responsables du trafic d'espèces sauvages sont bien organisées. (Section 3)

(ii) Quelle expression, dans la troisième section, montre que c'est la première fois qu'un rhinocéros a été tué en Europe.

5 (i) Expliquez pourquoi c'est à chaque pays de punir les braconniers selon ses propres lois. (Section 3)

(ii) D'après le code de l'environnement, comment un braconnier devrait-il être puni en France ? (Section 3)

6 What do we learn about the world of poaching and the trafficking of protected species from this article? (Two points) (About 50 words in total)

7 De nos jours beaucoup d'espèces sont menacées de disparition. Il faut qu'on prenne les mesures nécessaires pour protéger ces espèces. Donnez votre avis. (90 mots environ)

Compréhension Journalistique

4 Lisez le passage suivant et répondez aux questions.

Voix Express : Avant d'acheter, regardez-vous la provenance d'un produit ?

Source: Laure Parny, « Voix Express », *Aujourd'hui*, 20 octobre 2015. Note: The names and photos in this article have been changed to protect the identity of the participants in the article.

Propos recueillis par LAURE PARNY

1 Daphné Bezannier
74 ans, retraitée
Choisy-le-Roi (94)

« Disons que je fais au mieux. Je fais surtout attention à m'acheter de belles affaires, de beaux tissus. Quand on y met le prix, ça vient plus souvent d'Europe. Et si je vois les couleurs bleu, blanc, rouge mises en avant, j'achète plus facilement. Mais je regrette d'en trouver peu pour le linge de maison. Je voudrais surtout qu'on soit mieux informés sur le pays de provenance et les conditions de fabrication. »

2 Jérôme Leclerc
25 ans, tatoueur
Paris (XIVe)

« Pas du tout ! Je fais surtout attention au rapport qualité-prix, et j'achète toujours dans les mêmes enseignes. Je sais, d'ailleurs, que certaines ne sont pas très réglos dans leur façon de faire fabriquer les jeans, par exemple. Mais je ne me suis encore jamais interdit d'acheter un vêtement en raison du lieu ou du mode de fabrication. Si je devais acheter français, ce serait trop cher pour moi. »

3 Isabelle Monfort
36 ans, chef de projet
Lille (59)

« Je regarde, mais je trouve qu'il y a un vrai paradoxe entre fournir du travail à des populations qui **en** ont besoin, comme avec l'installation de H&M en Ethiopie, et le fait que ces personnes risquent d'être exploitées et leur environnement souillé par les produits de teinture. Du coup, j'achète du coton bio pour les sous-vêtements de mes filles, mais pas de chaussures françaises, à cause de leur prix ! »

4 Paul Richard
48 ans, bibliothécaire
Meaux (77)

« Oui, parce que je me sens responsable de l'exploitation de ceux qui n'ont pas d'autres choix que de faire ces métiers ou du travail imposé aux enfants. Dans l'ordre, avant d'acheter, je regarde le style, le prix et l'étiquette avec le lieu de fabrication. J'évite Chine et Bangladesh, sauf vrai coup de cœur pour un vêtement. En règle générale, je privilégie les fabrications européennes. »

5 Bernadette Latour
20 ans, étudiante
Paris (XVIIe)

« Pas vraiment. Je pense que, quand on a le budget contraint d'un étudiant, ce n'est pas ça la priorité. Je regarde avant tout le prix. Je sais bien que la bonne qualité, les produits fabriqués dans des conditions correctes, ça se paye, mais je ne peux pas me le permettre. J'avoue que j'aimerais éviter ce qui est fabriqué en Chine, mais ce qui compte reste le prix et le look, pas la provenance du produit. »

Questions

1 **(i)** Qu'est-ce qui encourage Daphné à acheter un produit ? (Section 1)

_____

(ii) Sur quoi Daphné, aimerait-elle avoir plus de renseignements ? Citez deux choses. (Section 1)

(a) _____

(b) _____

2 **(i)** Le lieu et le mode de production ne sont pas importants pour Jérôme. Écrivez « vrai » ou « faux » dans la case. (Section 2)

(ii) Trouvez, dans la deuxième section, deux verbes à l'infinitif.

(a) _____

(b) _____

3 **(i)** Quels mots, dans la troisième section, signifient « une grande contradiction » ?

_____

(ii) Pour le pronom en italique *(en)*, trouvez le mot auquel il se réfère. (Section 3)

_____

4 **(i)** Pourquoi Paul, regarde-t-il la provenance d'un produit avant de l'acheter ? (Section 4)

_____

(ii) Mentionnez deux choses que Paul considère avant d'acheter des vêtements. (Section 4)

(a) _____

(b) _____

5 Quelle expression, dans la cinquième section, veut dire « peu d'argent supplémentaire » ?

_____

6 The five contributors to this article have varying views on the purchase of clothing and footwear. Mention two of these views. Refer to the text in support of your answer. (About 50 words in total)

7 Les adolescents d'aujourd'hui sont trop séduits par la mode et les marques contemporaines. Qu'en pensez-vous ? (90 mots environ)

Compréhension Journalistique

5 Lisez le passage suivant et répondez aux questions.

Le tourisme

Le tourisme de masse est une invention du 20e siècle. Il donne accès à d'autres lieux et cultures, parfois aux dépens des populations locales et de l'environnement. La solution : voyager responsable ?

1 Qui sont les touristes ?

L'été, ils sont repérables au premier coup d'œil avec leurs shorts, tongs et appareils photos en bandoulière ! « Ils », ce sont les « touristes », ces personnes qui séjournent au moins 24 heures ailleurs que chez elles. En vacances, principalement. En pélerinages religieux, aussi. Ou pour raisons de santé … En 2013, ils étaient plus d'un milliard à vadrouiller ainsi d'un pays à l'autre. C'est 2 fois plus qu'en 1995 et presque 4 fois plus qu'il y a 30 ans ! Mais le tourisme a beau se développer sur toute la planète, cela reste un privilège que tout le monde ne peut pas s'offrir : plus de la moitié des globe-trotters vient d'Europe ; le reste d'Asie, du Pacifique et d'Amérique.

Nous sommes aujourd'hui plus d'un milliard à voyager chaque année d'un pays à l'autre.

2 Quand le tourisme est-il apparu ?

Les hommes ont toujours couru le monde. Mais pendant très longtemps, ils se sont déplacés dans le seul but de conquérir de nouveaux territoires, de faire du commerce … C'est à la fin du 17e siècle qu'est né le tourisme tel qu'on **le** connaît aujourd'hui. Les jeunes aristocrates anglais partaient alors sillonner l'Europe, à la fin de leurs études, pour rencontrer des savants et enrichir leur esprit. Cela s'appelait faire le « grand tour », pendant six mois, un an, ou plus. L'expression a donné le mot « tourisme ». Grâce à l'amélioration des moyens de transport, l'élévation du niveau de vie et l'instauration des congés payés dans les pays développés, ce privilège s'est peu à peu étendu, au cours du 20e siècle, à des catégories de population plus modestes. On a commencé à parler de « tourisme de masse ».

La notion de tourisme, née à la fin du 17e siècle, s'est développée massivement au 20e.

3 À qui profite l'industrie du tourisme ?

C'est l'une des plus grosses industries au monde. À lui seul, le tourisme a généré 7 000 milliards de dollars (plus de 5 050 milliards d'euros) de recettes en 2013, presque un dixième des richesses mondiales. Une partie tombe directement dans les caisses des pays d'accueil, par le biais de taxes diverses. Mais la plus large part des bénéfices revient aux grands groupes occidentaux qui ont investi dans le secteur. Parmi eux, le géant allemand TUI possède 3 500 agences de voyage dans le monde, 232 hôtels, 130 avions et 10 navires de croisière. Les employés locaux, qui travaillent dans la restauration, l'hôtellerie, les transports ou l'animation, ne récupèrent, eux, qu'une toute petite part du gâteau.

L'activité génère 10% des richesses mondiales, au profit surtout de grands groupes occidentaux.

Source: Élodie Chermann avec Bernard Schéou, « Le Tourisme », *Okapi*, juin 2014.

Questions

1 (i) Quelle est la définition de « touristes » selon la première section ?

(ii) Trouvez, dans la première section, un verbe qui veut dire « traîner ».

2 (i) Quelle expression indique que chacun ne peut pas être touriste ? (Section 1)

(ii) Selon le début de la deuxième section, les hommes se sont déplacés partout pendant très longtemps. Quel était le seul objectif de leurs déplacements, à cette époque ?

3 (i) Pour le pronom en italique *(le)* dans la deuxième section, trouvez le mot auquel il se réfère.

(ii) Relevez un mot qui veut dire « des personnes sages ». (Section 2)

4 Mentionnez deux raisons pour lesquelles le tourisme est devenu accessible aux gens plus modestes pendant le 20ème siècle. (Section 2)

(a) _____

(b) _____

5 (i) Qui profite le plus de l'industrie du tourisme ? (Section 3)

(ii) Quel détail signifie « une portion très petite des bénéfices » ? (Section 3)

6 In what ways has tourism changed over the years? Refer to the text in support of your answer. (Two points) (About 50 words in total)

7 « J'aimerais faire le tour du monde si je gagnais le gros lot ! » (Michel, 23 ans). Et vous ? Voudriez-vous faire un voyage de rêve ? Quel(s) pays aimeriez-vous visiter et pourquoi ? (90 mots environ)

Compréhension Journalistique

6 Lisez le passage suivant et répondez aux questions.

Basique instinct

Ils avaient fermé leur clapet depuis un moment, mais les vieux mobiles semblent ressortir des tiroirs. Les « dumbphones » ont même été vus en front row des fashion weeks.

1 Deux Français sur trois sont aujourd'hui équipés d'un smartphone, mais les téléphones ancienne génération n'ont peut-être pas dit leur dernier mot. Ces appareils simplissimes séduisent de plus en plus les adeptes de low tech. Petit manuel à l'usage de ceux qui ne savent plus écrire en T9.

2 Comment les reconnaître ?
Ils n'ont pas d'écran tactile, pas d'applis, pas de 4G et pas d'assistant vocal. À la place, ils sont dotés de touches, d'une interface minimaliste, n'ont pas ou peu d'Internet, et un minimum de fonctions – SMS, alarme, jeux, calendrier, lampe torche et caméra pour les plus chanceux. C'est tout.

3 Quel est leur intérêt ?
S'offrir un break dans une vie hyper connectée : ces mobiles ne connaissent ni Facebook ni Twitter. Certains espèrent aussi se couper de la surveillance : ils n'ont ni GPS ni navigateur web. En adopter un, c'est ne plus vivre dans l'angoisse de se le faire voler, de le faire tomber ou de manquer de batterie … Ils sont moins chers, simples à utiliser, rétros et parfois même waterproof. Pas si idiots finalement.

4 Pour qui ?
Les accros au digital en cure de désintox, les hipsters en manque de contre-culture, les enfants, les seniors, et tous ceux qui vivent très bien sans Snapchat. Ils sont plus nombreux qu'on ne le pense : 4 millions de dumbphones se sont vendus l'an dernier en France, et 24 millions aux États-Unis. Rihanna, Anna Wintour ou encore Bill de Blasio, le maire de New York, ont le leur. Suffisant pour passer du retour de hype au phénomène de société ?

5 Quelles marques y croient ?
Le fabriquant suisse Punkt a présenté son MP01 lors de la dernière Design Week de Milan, la société américaine GreatCall a aussi lancé son Jitterbug. Les deux sont compatibles avec des cartes micro et nano SIM. Plus extrême, l'ovni Light Phone, conçu par la start-up new-yorkaise Light, avec son format carte de crédit et sa fonction réduite au minimum : il s'utilise comme une extension allégée d'un smartphone et se contente de transmettre les appels. Difficile de faire moins. Sinon, les rétro cultes Nokia 3310 et Ericsson T28 s'achètent encore en ligne.

6 Combien ça coûte ?
Pas grand-chose comparé à l'iPhone 7 : compter 80 € pour un Nokia 3310 bleu marine neuf, 90 € pour le Light Phone et le Jitterbug, et 300 € (quand même …) pour un MP01. Mais une batterie qui dure, ça n'a pas de prix.

Source: Gabriel Siméon, *Grazia*, octobre 2016.

Questions

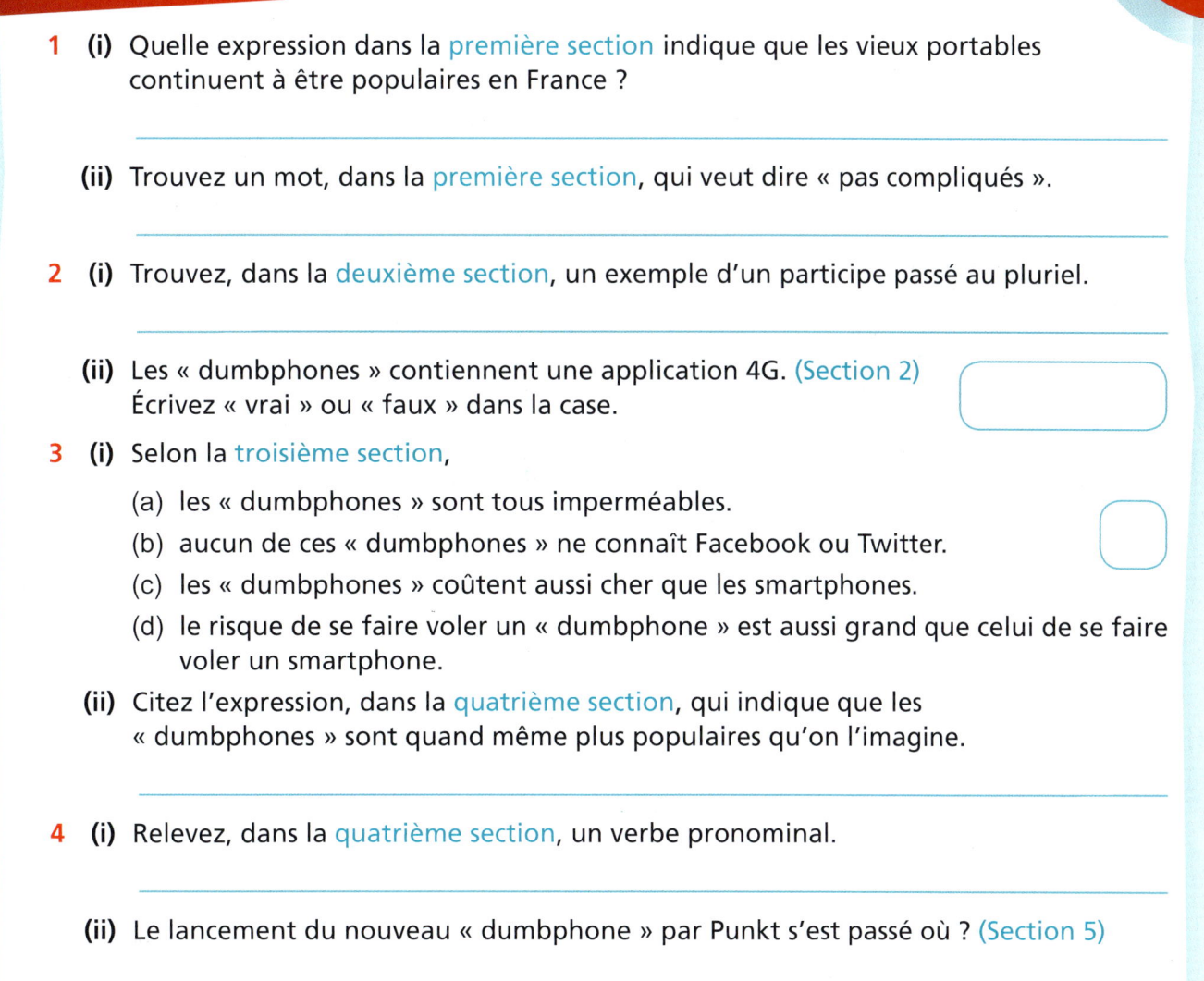

1. **(i)** Quelle expression dans la première section indique que les vieux portables continuent à être populaires en France ?

   (ii) Trouvez un mot, dans la première section, qui veut dire « pas compliqués ».

2. **(i)** Trouvez, dans la deuxième section, un exemple d'un participe passé au pluriel.

   (ii) Les « dumbphones » contiennent une application 4G. (Section 2) Écrivez « vrai » ou « faux » dans la case.

3. **(i)** Selon la troisième section,

   (a) les « dumbphones » sont tous imperméables.
   (b) aucun de ces « dumbphones » ne connaît Facebook ou Twitter.
   (c) les « dumbphones » coûtent aussi cher que les smartphones.
   (d) le risque de se faire voler un « dumbphone » est aussi grand que celui de se faire voler un smartphone.

   (ii) Citez l'expression, dans la quatrième section, qui indique que les « dumbphones » sont quand même plus populaires qu'on l'imagine.

4. **(i)** Relevez, dans la quatrième section, un verbe pronominal.

   (ii) Le lancement du nouveau « dumbphone » par Punkt s'est passé où ? (Section 5)

5. **(i)** Que faut-il faire pour acheter un Nokia 3310 ? (Section 5)

   (ii) Relevez deux adjectifs, employés dans la sixième section, pour décrire le Nokia 3310 qui coûte €80.

   (a) _____
   (b) _____

6. According to this magazine article, older-style mobile phones seem to be making a bit of a comeback in recent times and have quite a lot of advantages. Support this statement by reference to the text. (Two points) (About 50 words in total)

7. On devrait totalement interdire l'usage des téléphones portables par les élèves pendant la journée scolaire. Quel est votre avis sur cette déclaration ? (90 mots environ)

Compréhension Journalistique

7 Lisez le passage suivant et répondez aux questions.

Pour des vacances tranquilles

Le commissariat de Bayonne veut sensibiliser le public à la délinquance estivale ; vols « la serviette », « à la roulotte », et cambriolages.

L'opération Tranquillité Vacances est reconduite. Archives P. Bernière.

1 L'arrivée de l'été, sur la Côte basque, entraîne toujours un type de délits spécifique. Confronté, chaque année, à cette délinquance estivale, le commissariat de Bayonne s'efforce de la prévenir. Elle concerne, tout d'abord, les plages d'Anglet. L'été dernier, ont été constatés vingt « vols à la serviette ». Cette expression du langage policier désigne les vols commis sur des serviettes de bain, au moment où l'estivant est en train d'affronter les vagues.

« Ces vols », note Nathalie Frèche, commissaire adjointe, « peuvent être facilement évités par de simples mesures de prudence. Il suffit de ne pas laisser traîner sur sa serviette des objets de valeur ».

2 Des imprudences à éviter

L'autre type de vols très fréquent durant la période estivale, ce sont, toujours dans le langage policier, les « vols à la roulotte ». Il s'agit des vols commis dans les voitures en stationnement sur les parkings des plages. Là encore, une vingtaine ont été commis l'an dernier. Parmi les victimes, beaucoup de surfeurs. « Ils ont l'habitude », a remarqué Nathalie Frèche, « de laisser les clés de leur véhicule, pendant qu'ils vont surfer, sous une roue ou sous le pare-chocs. C'est un jeu d'enfant de les prendre. »

D'une façon plus générale, la commissaire adjointe conseille de ne laisser aucun objet de valeur bien en apparence dans un véhicule. Pour lutter contre ces délits estivaux, des renforts saisonniers ont rejoint le commissariat de Bayonne : CRS et policiers de la Brigade anti-criminalité (BAC) supplémentaires. Et l'ensemble des effectifs du commissariat a été sensibilisé à ces pratiques.

3 L'autre grand « classique » de l'été, ce sont, hélas, les cambriolages. Pas moins de 80 ont été constatés, l'été dernier, à Bayonne et Anglet. Pour s'en prémunir il est toujours utile de prévenir les voisins quand on part en vacances, de bien fermer toutes les ouvertures de la maison ou de l'appartement, etc. Mais ce qui est encore mieux, c'est de s'inscrire, gratuitement, à l'opération Tranquillité Vacances. Il suffit de remplir une fiche et l'on est sûr que, une à deux fois par jour, des équipes de policiers patrouilleront aux alentours de son domicile, ce qui a un effet incontestablement dissuasif.

« L'an dernier, toutes les personnes inscrites à cette opération n'ont subi aucun cambriolage », souligne Nathalie Frèche. Pour le moment 26 familles seulement, de Bayonne, Anglet, et Boucau, se sont inscrites, alors que les patrouilles anticambriolage ont été renforcées. Mais on peut encore se rattraper en téléphonant au 05 59 46 22 22.

Source: E.P., « Pour des vacances tranquilles », Sud-Ouest : Pays Basque, 10 juillet 2012.

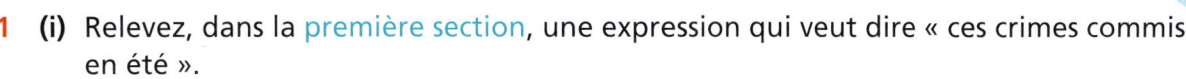

1 **(i)** Relevez, dans la première section, une expression qui veut dire « ces crimes commis en été ».

   (ii) Citez l'expression qui nous informe que les vols sont commis quand les vacanciers se baignent. (Section 1)

2 **(i)** Où les surfeurs laissent-ils parfois les clés de leurs autos ? (Deux endroits) (Section 2)

   (a) _____
   (b) _____

   (ii) Trouvez la phrase qui suggère qu'il est très facile de voler les clés. (Section 2)

3 **(i)** Qu'est-ce qu'il faut faire quand on part en vacances ? (Deux choses) (Section 3)

   (a) _____
   (b) _____

   (ii) Relevez le mot qui indique que l'inscription à l'opération Tranquillité Vacances ne coûte rien ? (Section 3)

4 **(i)** Qu'est-ce que la police s'engage à faire pour ceux qui deviennent membres de l'opération Tranquillité Vacances ? (Section 3)

   (ii) Comment sait-on que l'opération a connu beaucoup de succès l'année dernière ? (Section 3)

5 Trouvez, dans la troisième section, un verbe au participe présent.

6 How would you describe the advice given in this newspaper article? Refer to the text in support of your answer. (Two points) (About 50 words in total)

7 Le taux de criminalité en Irlande augmente d'un jour à l'autre. Comment lutter contre cette vague de criminalité ? (90 mots environ)

Compréhension Journalistique

8 Lisez le passage suivant et répondez aux questions.

Bac: Je ne sais pas quoi faire après

1 Partir à l'étranger

Marie Lozano : « J'ai appris à me débrouiller. »

« Mes camarades en terminale avaient des projets d'avenir, pas moi. Je craignais de perdre du temps en me trompant d'orientation. J'ai décidé de partir un an à l'étranger. Mes parents étaient étonnés, j'ai mis du temps à les convaincre … Je n'avais que dix-sept ans. Sur le conseil de ma professeure d'anglais, j'ai contacté une agence de jeunes filles au pair. Après avoir obtenu mon bac L, j'ai intégré une première famille. Je me suis retrouvée en pleine campagne alors que j'étais censée séjourner à Londres. Je passais mes journées à faire le ménage. Je suis rentrée en France après deux semaines ! J'ai cherché une famille moi-même via Internet et je suis repartie, à Londres. J'ai pu me faire des amis. Mais un des enfants était invivable et après trois mois, j'ai recherché une nouvelle famille, direction Dublin. Là, des conditions idéales ! J'avais le sentiment de faire équipe avec les parents. Pendant mon temps libre, je sortais, j'explorais la région. J'y suis restée six mois. En anglais, j'ai évidemment acquis une grande aisance. Et l'expérience m'a aidée à mûrir, à assumer des responsabilités, à me débrouiller seule. Grâce à quoi j'ai finalement trouvé ma voie, je veux être traductrice, je me suis inscrite à l'université de Dijon. Tous les cours me passionnent. »

2 Aller à l'université

Charline Daviaud : « J'ai fait un an de droit, sans perdre mon temps. »

« En terminale, je ne savais pas du tout ce que je voulais faire plus tard. J'ai effectué un bilan de compétences au centre d'informations et d'orientation, qui ne m'a pas aiguillée. Un professeur m'a conseillé le droit, « qui mène à tout », en disant que je pourrais affiner mon projet plus tard. Après mon bac ES, je me suis donc retrouvée en droit à l'université d'Angers. J'ai vite réalisé que cet univers très rigoureux ne me correspondait pas du tout. Mais arrêter ma formation me faisait peur. Je n'avais encore jamais redoublé … Avec le recul, je pense que je n'ai pas perdu mon temps : cette année de transition m'a permis de trouver mon chemin. Le droit m'a aussi apporté de la rigueur dans mon travail. Une enseignante m'a fait remarquer que j'aimais convaincre, et nous avons évoqué le métier d'attaché de presse auquel j'avais vaguement pensé dans le passé. Je me

suis renseignée sur cette profession et sur les formations en communication. Je ne voulais pas me tromper une deuxième fois ! L'année suivante, je me suis inscrite en première année de licence « Information et communication ». J'ai trouvé mon univers ! J'ai obtenu ma licence avec la mention bien, et poursuivi avec une formation en alternance « responsable de la communication » à l'Efficom, à Paris. Aujourd'hui, j'ai terminé mes études. À vingt-quatre ans, je viens de lancer avec mon associé une agence de communication événementielle, Bubble Com, basée à Paris. Nous avons choisi de créer notre propre travail. Si cela ne marche pas, nous rebondirons ! »

Source: *France-Soir*, 15 juin 2010.

Questions

1. **(i)** Quelle a été la réaction des parents de Marie Lozano quand elle a décidé de partir un an à l'étranger ? (Section 1)
   _____
   _____

   (ii) Qui a conseillé à Marie de chercher du travail à l'étranger ? (Section 1)
   _____

2. **(i)** Citez la phrase, dans la première section, qui explique pourquoi Marie a quitté son travail à Londres.
   _____

   (ii) Qu'est-ce que Marie faisait pour se distraire à Dublin ? (Section 1)
   _____

3. Trouvez la phrase, dans la première section, qui suggère que Marie aime ce qu'elle étudie à l'université.
   _____

4. **(i)** Relevez la phrase, dans la deuxième section, qui indique que pour Charline étudier le droit n'était pas un bon choix.
   _____

   (ii) Trouvez, dans la deuxième section,
   (a) un verbe au conditionnel.
   _____

   (b) un verbe au futur simple.
   _____

5. **(i)** Quelle phrase, dans la deuxième section, indique que Charline ne voulait pas faire à nouveau un mauvais choix ?
   _____

   (ii) Qu'est-ce que Charline a décidé de faire après avoir quitté l'université ? (Section 2)
   _____

6. Life is all about choices. Explain this statement by reference to the two extracts you have just read. (Two points) (About 50 words in total)

7. Dans la vie, il faut poursuivre ses rêves. Donnez votre opinion. (90 mots environ)

Compréhension Journalistique

9 Lisez le passage suivant et répondez aux questions.

Géraldine Danon : Attaquée par des pirates !

À bord de son navire, la comédienne et son mari, Philippe Poupon, ont vécu une nuit d'horreur …

1. Faire le tour du monde en bateau n'est pas sans risques, et ce n'est pas Géraldine Danon qui nous dirait le contraire … Dans son nouvel ouvrage, *Fleur australe, en famille sous les tropiques,* qui vient de paraître aux éditions Gallimard, la comédienne relate une nuit cauchemardesque en Haïti, quand des pirates ont attaqué leur navire. Des événements traumatisants dont le récit fait froid dans le dos : « À 2 heures du matin, ça tambourine à la coque. Par le hublot, j'aperçois des hommes avec des armes … » Les pirates se mettent immédiatement à fouiller le navire, tout en menaçant la famille et l'équipage. Comme n'importe quelle mère, Géraldine Danon a alors surtout peur pour ses enfants : « Je n'en mène pas large devant la folie que je perçois dans leurs yeux », confie-t-elle. « Je reste calme, mais je ne pense qu'à mes enfants, J'élabore tous les plans possibles pour **les** protéger si cela venait à s'envenimer. J'ai peur. » Elle tremblait pour eux, alors même que le chef des pirates était en train de lui expliquer comment leur bateau allait bientôt être pillé, tout en lui « caressant la tête lubriquement ». Glaçant …

2. Sous la menace, l'actrice et son époux, Philippe Poupon, donnent tout l'argent qu'ils ont à bord, mais le cauchemar ne s'arrête pas pour autant. Au contraire, la nuit s'étire, interminable … Les pirates ne partiront qu'au petit matin, laissant tout le monde « sous le choc ». « Mes jambes tremblent et Philippe est blanc comme un linge […] Les enfants sont terrorisés. » A nouveau maître à bord, le couple découvre que ses agresseurs ont emporté matériel de plongée, portables, argent et ont saccagé le reste.

3. On n'efface pas facilement le traumatisme d'une telle nuit. Les jours suivants, les enfants s'adonnent à des « jeux imaginaires qui ne tournent qu'autour de pirates ». La nuit venue, Géraldine Danon ne ferme pas l'œil. Même si la famille se barricade dans la timonerie, la comédienne ne peut s'empêcher d'être « à l'écoute du moindre bruit ». Elle ne s'endort qu'au petit matin, d'épuisement, quand il est l'heure de se lever. « La nuit », confie-t-elle, « tout me revient en mémoire et je ne parviens pas à trouver la sérénité. » Même en journée, le moindre bruit la fait sursauter.

4. Une sombre mésaventure que l'équipage et la petite famille tenteront, malgré tout, de prendre avec philosophie, en « gardant le sourire ». L'incident ne les fera pas dévier de leur route. Ils respecteront toutes les visites pédagogiques qu'ils s'étaient engagés à faire dans des écoles de la région, relativisant cette grosse frayeur : « C'est certainement le prix à payer pour accéder à ces endroits intense et rares. Il n'est pas d'aventures sans risques… »

Source: Estelle Leonard, *Ici-Paris*, 14–22 octobre 2015.

Triomphe au Bac Supérieur

Questions

1. (i) Quel est le métier de Géraldine Danon ? (Section 1)

   (ii) Qu'est-ce que Géraldine a vu en regardant par la petite fenêtre du navire ? (Section 1)

2. (i) Pour le pronom en italique (*les*), trouvez le mot auquel il se réfère. (Section 1)

   (ii) Quand est-ce que les agresseurs ont quitté le bateau ? (Section 2)

3. (i) Comment savons-nous que les parents étaient très effrayés ? (Section 2)

   (ii) Relevez la phrase qui suggère qu'il est difficile d'oublier une nuit aussi traumatisante. (Section 3)

4. (i) Citez la phrase qui indique qu'après l'attaque, Géraldine avait du mal à dormir ? (Section 3)

   (ii) Comment Géraldine a-t-elle réagi au bruit après l'incident ? (Section 3)

5. (i) Quelle phrase montre que Géraldine et sa famille ont continué leur tour de la région malgré cet événement effrayant ? (Section 4)

   (ii) Trouvez, dans la quatrième section, un verbe au participe présent.

6. How would you describe the reaction of this couple to the attack by the pirates? Refer to the text in support of your answer. (Two points) (About 50 words in total)

7. Cette famille a vécu une nuit effrayante. Et vous ? Avez-vous jamais été très effrayé(e) ? Racontez les circonstances. (Votre récit peut être réel ou imaginaire.) (90 mots environ)

Compréhension Journalistique

10 Lisez le passage suivant et répondez aux questions.

Cinq conseils pour mieux dormir

Changer certaines habitudes suffit à retrouver un bon sommeil.

1 Mettre à l'heure son horloge interne

Notre sommeil est régulé par une horloge biologique située dans notre cerveau. Cette horloge dite circadienne, du latin circa (« presque ») et dies (« jour »), est physiologiquement réglée sur 24 h en moyenne, mais oscille entre 23 h 30 et 24 h 30 selon les individus. Chaque jour, notre environnement et notre activité permettent d'éviter qu'un décalage ne s'installe progressivement entre notre horloge et nos journées. Le facteur le plus important est la lumière : s'y exposer, en particulier le matin, favorise l'éveil. La nuit, il faut la bannir. Car, même les yeux fermés, les veilleuses des appareils électroniques ou les lampadaires de la rue suffisent à perturber la qualité du sommeil. L'activité physique contribue, elle aussi, à synchroniser l'horloge interne. Bouger dans la journée augmente la « bonne fatigue » qui aide à s'endormir. Au contraire, faire du sport en soirée (après 19 h) stimule l'éveil en réchauffant le corps, ce qui retarde l'endormissement.

2 Adopter des horaires réguliers

Les cycles de sommeil sont programmés à heure fixe par notre horloge interne. Que l'on soit du matin ou du soir, ne pas respecter son propre rythme soumet à un véritable décalage horaire. Des signaux (bâillements, yeux qui piquent …) indiquent le bon moment pour se glisser dans son lit. À défaut, il faut attendre le prochain cycle de sommeil pour s'endormir. Un coucher très tardif nous prive en partie du sommeil profond, le plus récupérateur, qui se concentre surtout en première partie de nuit. Se lever à heure fixe est encore plus important car la lumière signale à notre horloge que la journée commence. Après une sortie le samedi soir, par exemple, mieux vaut éviter une grasse matinée trop longue et compenser par une sieste, sous peine de décaler l'endormissement du dimanche soir et de s'exposer à une reprise difficile le lundi matin.

3 Éteindre les écrans

La lumière bleue des écrans envoie un signal à notre horloge interne qui inhibe la sécrétion de mélatonine, hormone du sommeil. L'utilisation d'une tablette, d'un ordinateur ou d'un smartphone est donc déconseillée au moins une heure avant le coucher. De plus, ces activités psychologiquement stimulantes (jeux, contact avec des amis, recherches sur la Toile) font grimper le taux de cortisol, hormone du stress qui favorise l'éveil. Même éteint, un smartphone à proximité du lit influe négativement sur le repos des ados : il génère une hypervigilance motivée par la peur que dormir leur fasse « manquer quelque chose ».

4 Opter pour une sieste

Pour éviter la somnolence dans la journée, une sieste quotidienne a prouvé son efficacité. Pas besoin de s'allonger dans le noir complet : s'accorder 10 à 20 minutes de sommeil léger, même assis à son bureau, suffit à stimuler les performances cognitives pour le reste de la journée. Exceptionnellement, une sieste de 90 minutes (qui correspond à un cycle complet) permettra de rattraper un véritable retard de sommeil. Mais n'oubliez pas de programmer un réveil, sous peine d'amputer le repos de la nuit suivante.

5 Privilégier certains aliments

Des nutriments peuvent favoriser un bon sommeil. C'est le cas de la vitamine C, à ne pas consommer le soir (agrumes, poivrons, fraises, kiwis …), des oméga-3 (poissons gras …) ou encore de la mélatonine. On trouve cette hormone du sommeil en petite quantité dans certains aliments (noix, asperges …) et d'autres favorisent sa production naturelle par le corps (ananas, bananes, dattes, mangues, tomates …).

Source : « 5 conseils pour mieux dormir », *Ça m'intéresse*, février 2017.

Questions

1. **(i)** Mentionnez deux choses qui contribuent à perturber notre sommeil pendant la nuit. (Section 1)

   (a) _____

   (b) _____

   (ii) Quelle phrase, dans la première section, indique que l'exercice physique encourage l'endormissement ?

   _____

2. **(i)** Relevez, dans la deuxième section, un verbe au subjonctif présent.

   _____

   (ii) Quelle expression, dans la deuxième section, nous indique qu'on ne devrait pas se coucher trop tard le soir ?

   _____

3. **(i)** Qu'est-ce qu'il n'est pas recommandé de faire une heure avant de se coucher? (Section 3)

   _____

   (ii) Comment s'appelle l'hormone du stress dans le corps ? (Section 3)

   _____

4. **(i)** Selon la quatrième section, comment est-ce qu'on peut compenser un véritable retard de sommeil ? (Section 4)

   _____

   (ii) Trouvez, dans la quatrième section, un adjectif possessif.

   _____

5. Selon la cinquième section,
   (a) les bananes peuvent aider la production de mélatonine par le corps.
   (b) la vitamine C peut contribuer à un bon sommeil si on la consomme le soir.
   (c) on trouve des oméga-3 dans les poissons gras et les poivrons.
   (d) on trouve de grandes quantités de mélatonine dans les asperges.

6. A good night's sleep can be interrupted in various ways. Mention any two ways, referring to the text in support of your answer. (Two points) (About 50 words in total)

7. Un bon sommeil nous prépare à gérer le stress et la pression du lendemain. Quelle est votre expérience ? (90 mots environ)

Compréhension Journalistique

11 Lisez le passage suivant et répondez aux questions.

Les sexes sont-ils égaux ?

Les clichés entre hommes et femmes persistent. Les différences seraient-elles irréductibles ?

1 Pourquoi les femmes ne savent pas lire les cartes routières ? Pourquoi les hommes mentent ? Pourquoi les femmes pleurent ? Pourquoi les hommes n'écoutent jamais rien ? La liste des différences entre les deux sexes est longue, voire interminable … À la lire, l'impression qu'hommes et femmes ne sont pas vraiment faits pour vivre ensemble nous traverse. Et pourtant, c'est un fait : ceux-ci veulent vivre en couple. Un pari fou ? Peut-être. En tous cas, il y a des sujets qui fâchent. Comme ces fameuses cartes routières ! À l'évocation de ce mot, Philippe ne peut s'empêcher de sourire : « Je ne sais pas comment fait Sophie mais à chaque fois que l'on cherche une direction, elle prend systématiquement l'opposé. À la sortie du métro, c'est comme si **elle** était attirée par la rue exactement inverse de celle que l'on doit prendre. Cela me fascine mais d'un autre côté, qu'est-ce que ça m'agace ! »

2 Le livre des psychologues américains Barbara et Allan Pearse aurait-il vu juste ? Les femmes n'auraient donc pas le sens de l'orientation, à la différence des hommes … « Leur explication est un peu rapide, » estime le sociologue Jean-Claude Kaufmann. « Même si les descriptions faites dans ces ouvrages sont souvent très justes et que beaucoup de couples s'y retrouvent. » En effet, lorsqu'on rentre vraiment dans l'explication du pourquoi de ces différences entre les sexes, les réponses sont plutôt légères : « les hommes viennent de Mars, les femmes de Vénus », nous explique John Gray, spécialiste américain en thérapie conjugale. Autrement dit : puisqu'à la base, des différences biologiques préexistent entre hommes et femmes, nos différences ne s'estomperont jamais !

3 Pourtant, derrière cette guerre des sexes **qui** fait sourire, se cachent des causes beaucoup plus profondes : « Hommes et femmes n'ont pas la même histoire. Héritée depuis des milliers d'années, la répartition des rôles entre chaque sexe s'est ancrée dans nos habitudes de manière profonde. Des traces qui persistent aujourd'hui dans des gestes aussi quotidiens que le tri du linge sale : les hommes mettent tous leurs vêtements dans la machine, les femmes le trient. Cet héritage féminin est tout droit issu du XIXe siècle, de l'histoire du trousseau de la future mariée », explique le sociologue. Ces automatismes séculaires mettront du temps à s'atténuer.

4 Mais la multiplication de ces guides à succès, tout comme **celle** des divorces, ne révèle-t-elle pas une autre évolution ? Hommes et femmes ne seraient-ils pas devenus moins tolérants l'un envers l'autre ? « Nous vivons une époque où l'on parle de plus en plus de soi-même. L'épanouissement personnel devient très important et mène ainsi vers l'intolérance. Mais malgré tout, beaucoup essayent encore de faire équipe à deux », analyse Jean-Claude Kaufmann.

5 À l'heure de la parité, le couple reste donc un pari fou. Chacun ne voulant plus renier ses différences. En tous cas, une chose est sûre, les clichés, eux, n'ont pas de sexe … Car si les femmes ont toujours beaucoup de mal à faire leurs créneaux, les hommes **eux** ne trouvent jamais le beurre dans le réfrigérateur !

Source: Anne-Lise Carlo, « Les sexes sont-ils égaux ? », *Ouest-France*, août 2005.

Questions

Triomphe au Bac Supérieur

1. D'après la première section,
   (a) les hommes aiment les cartes routières.
   (b) les hommes ne pleurent jamais.
   (c) les femmes mentent souvent.
   (d) les femmes ont du mal à lire les cartes routières.

2. (i) Relevez une phrase qui montre que les hommes et les femmes agissent différemment. (Section 1)

   (ii) Trouvez, dans la première section, un verbe pronominal à l'infinitif.

3. Trouvez dans la deuxième section :
   (a) un verbe au conditionnel.

   (b) un verbe au futur simple.

4. (i) Relevez, dans la troisième section, l'expression qui suggère que les hommes ne font pas le tri avant de laver leurs vêtements.

   (ii) Quelle phrase indique qu'aujourd'hui les gens sont de plus en plus égoïstes ? (Section 4)

5. (i) Quelle expression, dans la cinquième section, suggère que les femmes ont des difficultés à garer leur voiture ?

   (ii) Pour chacun des pronoms suivants en italique dans le texte, trouvez le substantif auquel il se réfère.
   (a) elle (Section 1)
   (b) qui (Section 3)
   (c) celle (Section 4)
   (d) eux (Section 5)

6. The author of this article has very clear views on the differences between men and women. In what ways does she show these differences? (Two points) (About 50 words in total)

7. Hommes et femmes : vive la différence ! Qu'en pensez-vous ? (90 mots environ)

Compréhension Journalistique

12 Lisez le passage suivant et répondez aux questions.

Interview avec Brie Larson

La jeune actrice ne perd pas de temps : Après son Oscar pour son rôle dans « Room », l'héroïne du nouveau « King Kong » passe à la réalisation, une ascension fulgurante.

1 ELLE. En acceptant de jouer dans un « King Kong », aviez-vous le sentiment d'entrer dans un mythe du cinéma ?

BRIE LARSON. King Kong est l'un des héros de mon enfance. En lisant le scénario, j'ai surtout été sensible à l'aspect écologique du film. King Kong est un être d'un autre temps, une espèce de dinosaure qui aurait traversé les siècles. Il me fait penser à un tigre, un animal indispensable à l'équilibre de la nature, mais dont il ne faut pas trop s'approcher. Et qu'il ne faut surtout pas menacer, sinon danger, il devient très méchant !

2 ELLE. Pendant le tournage, la campagne de promotion pour les Oscars battait son plein. Votre nom figurait en tête de liste. Comment avez-vous vécu cette période ?

B.L. C'était fou car nous tournions à Hawaii, en Australie et au Vietnam … Je prenais l'avion un matin, faisais quelques plateaux télé et repartais sur le tournage. En l'espace de 48 heures, j'étais revêtue des plus beaux atours, de robes plus somptueuses les unes que les autres, et puis … je retrouvais mon treillis et la boue ! Un peu comme Cendrillon ! De cette expérience, j'ai surtout appris à dormir n'importe où et n'importe quand : en avion, à l'arrière d'une voiture, sur une table de restaurant et même sur le sol d'une salle de bains tellement je n'avais plus la force d'enlever mes vêtements et de me traîner jusqu'à mon lit … J'avoue, j'ai mené une double vie incroyable ! Le summum étant la cérémonie des Oscars. Me retrouver à côté de Leonardo DiCaprio … À cet instant, je me suis dit que ma vie relevait du conte de fées !

3 ELLE. Que vous a apporté l'Oscar de la meilleure actrice ?

B.L. Mon nom est plus connu aujourd'hui. On m'a proposé de jouer dans des blockbusters tels que « Captain Marvel » et « Avengers : Infinity War ». Et j'ai accepté. Le plus important à mes yeux étant la possibilité de tourner mon film en tant que réalisatrice. Une chance inespérée. À part cela, je reste la même. Mon quotidien n'a pas changé.

ELLE. Avez-vous le sentiment d'être à un moment charnière de votre carrière ?

B.L. [Rires] Je l'ignore ! Tous les jours, j'ai l'impression de vivre un moment important. Ma vie est faite de circonvolutions qui me déroutent à chaque minute !

4 ELLE. Vous jouez dans « Unicorn Store », le film que vous êtes en train de réaliser. Est-ce facile de faire ce va-et-vient devant et derrière la caméra ?

B.L. La réalisation me passionne depuis toujours. Je demande des conseils aux réalisateurs qui me font travailler. Sans y penser, j'ai acquis des réflexes. Je sais où placer la caméra, je n'arrive pas sur le plateau en novice. Le budget est réduit donc je mets la main à la pâte. J'ai participé à la construction des décors. J'ai même peint les chaises des acteurs ! Samuel L. Jackson, qui figure dans « Kong : Skull Island », fait partie du casting.

5 ELLE. Votre interprétation de Ma dans « Room » est incroyable. Ce rôle a-t-il une place particulière dans votre cœur ?

B.L. C'est évident, car le travail de préparation a été long. Je suis restée enfermée chez moi pendant des mois. J'ai observé dans le miroir mon visage se décomposer, perdre de ses couleurs. Si je ne devais garder qu'une chose du film, ce serait ma rencontre avec le jeune Jacob Tremblay, qui joue mon fils. Sans lui, sans notre complicité, le film n'aurait pas fonctionné. Je me souviens de notre rencontre. C'était dans un restaurant, nous étions tous les deux intimidés. Tout à coup, il a sorti des petites figurines de « Star Wars ». Comme je suis fan, moi aussi, on a commencé à parler du film. Sa mère était là et il l'a suppliée de m'inviter chez eux pour jouer. J'ai compris que c'était gagné.

6 ELLE. Sur votre compte Instagram figure un selfie de vous avec Anna Karina. Pourquoi ?

B.L. C'est en la voyant dans « Une femme est une femme », de Jean-Luc Godard, que j'ai eu envie de devenir actrice. C'est mon film culte. En avril dernier, j'ai animé un débat avec elle dans le cadre des soirées Women of Cinefamily à Los Angeles. Là, devant ces centaines de spectateurs, j'ai réalisé que je n'étais pas seule à l'aimer. J'ai vécu ce moment comme une épiphanie.

Source: Françoise Delbecq, « Interview avec Brie Larson », *Elle*, 24 février 2017.

Questions

1 (i) Relevez la phrase, dans la première section, qui indique que Brie Larson aimait King Kong quand elle était petite.

_____

(ii) Qu'est-ce qu'il faut à tout prix éviter de faire quand on rencontre un tigre ? (Section 1)

_____

2 (i) Selon la deuxième section,
(a) Brie Larson tournait King Kong dans deux endroits seulement.
(b) Brie Larson a senti que sa vie ressemblait à un conte de fées à la cérémonie des Oscars.
(c) Leonardo DiCaprio était absent de la cérémonie des Oscars.
(d) Brie Larson n'a pas trouvé fatigant de jouer dans *King Kong* et de faire la promotion pour les Oscars en même temps.

(ii) Trouvez, dans la deuxième section, des mots qui veulent dire « le point culminant ».

_____

3 (i) Qu'est-ce que l'Oscar a apporté à Brie Larson? (Deux choses) (Section 3)

(a) _____

(b) _____

(ii) Le budget du nouveau film réalisé par Brie Larson n'est pas très élevé donc elle a décidé de donner un coup de main. Comment ? (Section 4)

_____

4 (i) Quel changement physique, Brie Larson a-t-elle remarqué lors de la période qu'elle a passée enfermée chez elle ? (Section 5)

_____

(ii) Relevez, dans la cinquième section, un verbe au conditionnel.

_____

5 Relevez la phrase qui suggère qu'Anna Karina a pas mal de fans ? (Section 6)

_____

6 In this magazine article, Brie Larson is portrayed as a well-balanced individual. Support this statement by reference to the text. (Two points) (About 50 words in total)

7 Tout le monde a des rêves à réaliser. Et vous, avez-vous déjà réalisé certains de vos rêves ? Discutez-en. (90 mots environ)

Compréhension Journalistique

13 Lisez le passage suivant et répondez aux questions.

Notre rencontre a changé ma vie

1. C'était en 2003. À l'époque, j'avais une vie archi-speed. Je venais d'être promue associée dans une société d'investissement de New York et je claquais rarement la porte du bureau avant 22 heures. Ensuite, je courais de bars en vernissages. À 40 ans, tout le monde me voyait comme une pure businesswoman. En réalité, j'étais face à une décision cruciale que je voulais prendre seule. Quoi que je fasse, que je boive un verre avec un ami ou que je relise les clauses d'un contrat, ma tête était ailleurs, du côté d'un orphelinat à l'autre bout du monde, à la frontière de la Sibérie. Je n'arrêtais pas de penser à Elena, une petite fille de neuf ans que j'avais rencontrée là-bas. Je me demandais sans arrêt si je devais l'adopter ou non. Parfois, j'imaginais la joie d'avoir un enfant courant dans mes bras en fin de journée, parfois j'étais rattrapée par la peur. Et puis, quelques jours après Noël, je me suis décidée. Je me souviens, c'était un mardi, il était 17 heures. J'étais dans mon bureau, au 21e étage d'une grande tour, j'ai rédigé le mail que je n'arrêtais pas de tourner dans ma tête. « Après avoir beaucoup réfléchi, j'ai décidé de donner suite à l'adoption. » Je tremblais en appuyant sur « Envoi ».

2. Quelques mois plus tôt, quand je m'étais rendue en Russie, je n'avais pas d'autre but que d'accompagner ma sœur aînée, Debbie, qui se préparait à adopter un petit garçon de cinq ans. Nous étions arrivées à Perm sous la neige. De l'extérieur, l'orphelinat avait l'air sinistre avec son portail rouillé, une pauvre balançoire et son jardin gris qui servait d'aire de jeux à une centaine d'enfants. Heureusement, l'intérieur était plus sympathique, coloré. Des chambres simples, des livres et des peluches partout. La nourriture ne manquait pas, mais l'argent, si, notamment pour acheter du papier toilette ou des produits d'entretien. Nous avons attendu Lyudmila Schuster, la directrice, en grande conversation dans le hall avec une jeune pensionnaire. La petite avait de longs cheveux noirs, des yeux bruns, et parlait avec agitation, sa main gauche affectueusement posée sur le bras de la directrice. Ça a été comme un coup de foudre. Je me suis tournée vers ma sœur : « Elle est vraiment mignonne, non ? » Pendant les trois jours de notre visite, Debbie croulait sous les formalités, moi je jouais avec les enfants. Je me suis demandé ce qu'il adviendrait des plus grands. « Ceux qui n'auront pas été adoptés à treize ans ont toutes les chances de finir dans la rue, » m'a expliqué Mme Schuster, « et de tomber dans la drogue ou la prostitution. » Le tableau qu'elle me dressait était hyper violent, j'étais au bord des larmes. « Il y a d'ailleurs une petite dont je voudrais vous parler, » a-t-elle poursuivi. « Elle a neuf ans, elle s'appelle Elena. On l'a enlevée à sa mère parce qu'elle la maltraitait. » Elena, c'était la fillette que j'avais vue le premier jour au bras de la directrice. C'est ce soir-là que j'ai réalisé qu'Elena était le plus incroyable cadeau que le monde m'offrait et que je serais folle de ne pas l'accepter.

Source: « Notre rencontre a changé ma vie », *Glamour*, décembre 2005.

Questions

1. **(i)** Quelle expression, dans la première section, indique que la narratrice travaillait souvent tard ?

   _____

   (ii) Où se trouve l'orphelinat dont parle la narratrice ? (Section 1)

   _____

2. **(i)** Quelle est la question qu'elle se posait constamment ? (Section 1)

   whats the q. She asks herself

   (ii) Trouvez, dans la première section, deux verbes au présent du subjonctif. *que*

   (a) _____

   (b) _____

3. Faites une liste de quatre éléments qui mettent en contraste l'extérieur et l'intérieur de l'orphelinat. (Section 2) *Make a list, contrast*

L'extérieur	L'intérieur
(a)	(a)
(b)	(b)

4. Quelle phrase, dans la deuxième section, décrit la réaction de la narratrice en voyant Elena pour la première fois ? *what does the narrater say*

   _____

5. **(i)** On a retiré Elena à sa mère. Pourquoi ? (Section 2)

   one took elena from her mum? why?

   (ii) Relevez, dans la deuxième section, des synonymes des mots/expressions suivants :

   (a) jolie : *happy*

   _____

   (b) sur le point de pleurer :

   _____

6. Show that, in this magazine article, the writer treats her theme from a personal angle. (Two points) (About 50 words in total)

7. « De nos jours, la vie de famille est parfois difficile. » Qu'en pensez-vous ? (90 mots environ)

Compréhension Journalistique

14 Lisez le passage suivant et répondez aux questions.

Conduisez sans les mains !

Moins de stress et de trafic, plus de sécurité et d'espace à allouer aux logements en ville. Les voitures autonomes ont tout pour plaire. Et ce n'est plus du cinéma.

1. Imaginez votre voiture se garer toute seule dans un parking bondé ou zigzaguant dans les embouteillages, tandis que vous rêvassez. Conduire sans les mains, le rêve est à portée de volant. La voiture autonome devrait être la prochaine innovation automobile, attendue d'ici à 2020 de l'avis des constructeurs. Les pionnières ont été les Google Cars, lancées sur les routes californiennes en 2010 par le géant du numérique. Ces petites autos électriques de forme arrondie n'ont « pas de volant, de pédale d'accélérateur ou de freins, parce qu'elles n'en ont pas besoin : nos logiciels et nos capteurs font tout le travail », a expliqué Google.

2. Le marché de la voiture autonome est estimé à 42 milliards de dollars (37 milliards d'euros) d'ici à 2025, selon le Boston Consulting Group. Pas étonnant qu'il ressemble à un eldorado pour les constructeurs français confrontés à une baisse continue des achats de véhicules neufs.

    PSA creuse ce filon à fond. En juin, la marque a présenté à une poignée de chanceux journalistes ses prototypes de C4 Picasso autonome. Première fonction, le « park assist » consiste à demander à sa voiture de se garer grâce à une application smartphone. Facile. Ensuite, la voiture se lance sur circuit, elle comprend les panneaux de limitation de vitesse, mais demande la permission d'accélérer. Un dernier modèle plus perfectionné et équipé de « lidars », des radars lasers de haute technologie, lui permet de se débrouiller seul ... si le Code de la route est entièrement respecté. « Dès 2018, le groupe proposera des véhicules équipés de fonctions de conduite autonome sous surveillance du conducteur pour leur permettre de profiter de leur temps de parcours, en allégeant leur tâche de conduite », résume le constructeur.

    L'équipementier Valeo a pris quelques kilomètres d'avance. En mars dernier, il avait déjà fait découvrir sa Volkswagen du futur. « Avec le système Drive4U, nous maîtrisons déjà les solutions pour se garer automatiquement. Ce type de produits équipe déjà 5 millions de véhicules dans le monde. L'automatisation totale est une simple évolution », confiait alors un des concepteurs.

3. La voiture autonome a des airs de gadget. Mais, selon une étude de l'Organisation de coopération et de développement économiques (OCDE) publiée en avril, elle pourrait profondément transformer la ville de demain. Grâce à une modélisation des itinéraires urbains les plus empruntés de Lisbonne, au Portugal, des chercheurs ont conclu que, utilisée comme un taxi intelligent et partagé, elle ferait disparaître 90% des véhicules circulant en ville. Mieux, des dizaines de milliers de places de parking pourraient être supprimées. Autant d'espaces réalloués à la construction de logements. Autre avantage, ces voitures autonomes auraient une conduite plus « clinique » que les hommes. Grâce à une économie d'accélérations et de freinages, elles devraient consommer moins de carburant. Reste un frein à corriger : la législation. La Convention de Vienne sur la circulation routière qui disposait que « tout conducteur doit constamment avoir le contrôle de son véhicule » vient justement d'être amendée. Montez à bord.

Source: « Conduisez sans les mains ! »,
Terraeco Hors-Série, été 2015.

Questions

1. (i) Relevez un mot, dans la première section, qui veut dire « plein à craquer » ?

   (ii) Trouvez, dans la première section, un verbe au conditionnel.

2. (i) Pour quelle raison, selon Google, leurs petites autos électriques n'ont-elles pas besoin de volant, de pédale d'accélérateur ou de freins ? (Section 1)

   (ii) Citez l'expression qui indique qu'on vend moins de nouvelles voitures en France depuis un bon moment. (Section 2)

3. (i) Relevez l'expression qui montre que PSA a fait la présentation de sa C4 Picasso autonome à un petit groupe de personnes. (Section 2)

   (ii) Quelle phrase, dans la deuxième section, indique qu'il existe déjà dans le monde des voitures capables de se garer automatiquement.

4. (i) Selon la troisième section,
   (a) on aurait besoin de moins de places de parking grâce à la voiture autonome.
   (b) moins de logements pourraient être construits grâce à la voiture autonome.
   (c) les voitures autonomes auraient une conduite moins clinique que les hommes.
   (d) les voitures autonomes auront un mauvais effet sur la ville de l'avenir.

   (ii) Trouvez, dans la troisième section, deux verbes à l'infinitif.
   (a) _____
   (b) _____

5. Expliquez pourquoi la voiture autonome devrait consommer moins de carburant. (Section 3)

6. Do you think that the introduction of fully automated cars will have a positive impact on our society? Refer to the text in support of your answer. (Two points) (About 50 words in total)

7. La technologie ne cesse pas d'évoluer dans notre société moderne. Quel est votre avis sur les avances technologiques ? Sont-elles toujours positives ? (90 mots environ)

Compréhension Journalistique

15 Lisez le passage suivant et répondez aux questions.

Le grand stress du bac !

Du travail, de la détente, du sommeil, une nourriture saine, l'examen se prépare comme une épreuve sportive.

1. Les épreuves du bac arrivent, l'heure de vérité approche. Bonjour le stress, l'angoisse et toutes ces choses qui électrisent pour un temps la vie de famille. « Je n'en peux plus d'entendre mes parents me répéter qu'il faut absolument avoir son bac pour pouvoir faire des études », dit Alexandra. « Je n'ai pas besoin de ça pour y penser. Je sais bien qu'ils s'inquiètent pour moi mais le résultat c'est qu'on s'engueule tous les soirs. »

2. « Nous sommes souvent plus stressés que nos enfants », admet Irène Capdeville, vice-présidente de la PEEP (Fédération de parents d'élèves de l'enseignement public). « Mais cela ne devrait pas se voir. Au contraire, c'est le moment d'être à l'écoute, de dédramatiser et de situer l'enjeu. Et l'enjeu, c'est un diplôme, certainement pas la vie ! »

3. **Le passage à l'âge adulte** « Amandine est une très bonne élève » raconte Fabienne Desclaux de la FCPE (Fédération des conseils de parents d'élèves des écoles publiques), « mais à chaque période d'examen, elle fait des crises d'asthme et d'eczéma. Il fallait la rassurer en permanence, tenter de la détendre. Pour la sortir de ses bouquins, lui faire prendre l'air, j'étais obligée d'utiliser la ruse : « J'ai envie d'aller me promener en forêt, ne me laisse pas y aller toute seule. » Au retour, elle avait décompressé, mais la fois suivante, il fallait encore l'arracher à son travail. »

4. « Les candidats devraient se souvenir qu'ils ont passé le bac blanc en cours d'année » rappelle Judith Kelly, prof d'anglais. « Ils ont pu voir comment se déroulait l'épreuve, leurs points forts, leurs points faibles … C'est une bonne mise en condition dont on devrait sereinement tirer la leçon. »

5. Comme chaque année, on peut prédire que près de trois candidats sur quatre vont réussir et parmi eux, bien sûr, ceux qui se seront préparés toute l'année : « Passer son bac, c'est le résultat d'un entraînement régulier, comme en sport », explique Irène Capdeville. « Et si c'est un échec, il faut considérer que c'est une expérience dont on doit tirer le meilleur. »

6. Et comme pour le sport, il faut prendre soin de son physique et de son mental : bien dormir, bien se nourrir, couper les révisions de périodes de détente et d'aération, éviter les excitants et surtout, ne pas s'isoler dans l'angoisse. Simple question de bon sens à la veille d'un examen. Mais, pour beaucoup, le bac est plus que cela : « C'est aussi une épreuve symbolique qui marque le passage dans l'âge adulte », explique le docteur Samuel Le Pastier, psychiatre à l'hôpital Sainte-Anne. « C'est le fameux 'passe ton bac d'abord' des parents, le préalable indispensable. Mais justement, certains, même brillants, qui n'ont pas encore réglé leurs comptes avec l'adolescence, s'arrangent malgré eux pour échouer. Ils se trompent de jour, oublient tout des sujets qu'ils connaissent bien ou répondent à côté. Ce sont des comportements de confusion banale, le besoin de garder son enfance un an de plus. »

Source: José Benjamin. « Le grand stress du bac ! », *Télé-Loisirs*.

Questions

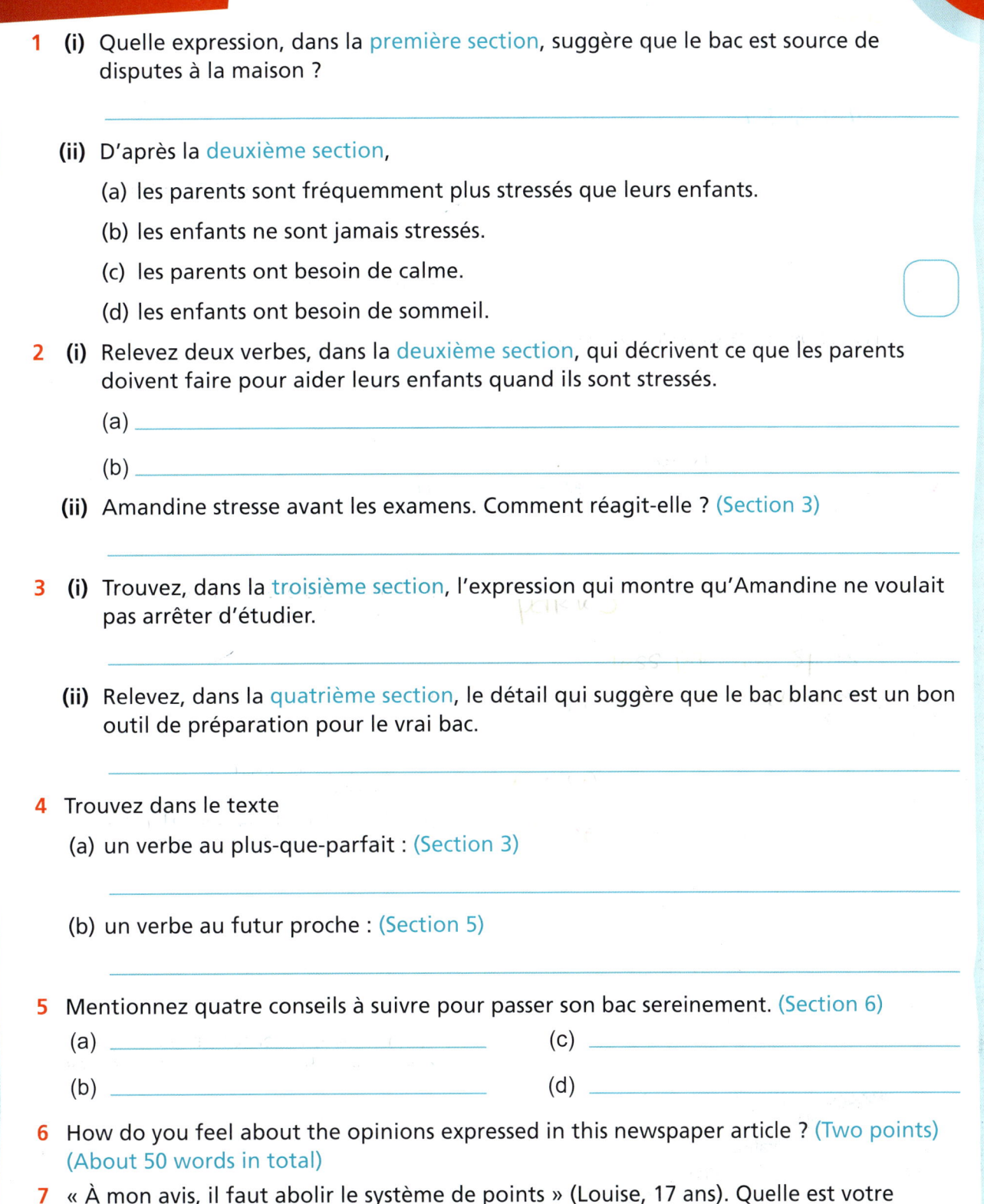

1 (i) Quelle expression, dans la première section, suggère que le bac est source de disputes à la maison ?

_____

(ii) D'après la deuxième section,

(a) les parents sont fréquemment plus stressés que leurs enfants.

(b) les enfants ne sont jamais stressés.

(c) les parents ont besoin de calme.

(d) les enfants ont besoin de sommeil.

2 (i) Relevez deux verbes, dans la deuxième section, qui décrivent ce que les parents doivent faire pour aider leurs enfants quand ils sont stressés.

(a) _____

(b) _____

(ii) Amandine stresse avant les examens. Comment réagit-elle ? (Section 3)

_____

3 (i) Trouvez, dans la troisième section, l'expression qui montre qu'Amandine ne voulait pas arrêter d'étudier.

_____

(ii) Relevez, dans la quatrième section, le détail qui suggère que le bac blanc est un bon outil de préparation pour le vrai bac.

_____

4 Trouvez dans le texte

(a) un verbe au plus-que-parfait : (Section 3)

_____

(b) un verbe au futur proche : (Section 5)

_____

5 Mentionnez quatre conseils à suivre pour passer son bac sereinement. (Section 6)

(a) _____   (c) _____

(b) _____   (d) _____

6 How do you feel about the opinions expressed in this newspaper article ? (Two points) (About 50 words in total)

7 « À mon avis, il faut abolir le système de points » (Louise, 17 ans). Quelle est votre opinion à ce sujet ? (90 mots environ)

Compréhension Journalistique

16 Lisez le passage suivant et répondez aux questions.

Une intégration parfaitement réussie

« Réfugiée du Vietnam, je suis devenue boulangère en Bretagne » Hang Luong, 39 ans, a connu le parcours difficile des « boat people », mais elle ne veut retenir que l'accueil chaleureux des Français.

1 « Un jour, je rendrai à la France ce qu'elle nous a donné ! » Voilà ce que je me disais, à 12 ans, quand le bateau de Médecins du Monde est venu à la rencontre de notre embarcation. Nous étions 171 Vietnamiens du Sud sur un bateau de bois pas du tout adapté à la grosse mer. Des « boat people », comme on nous appelait. Depuis quatre jours, nous avions déjà cru plusieurs fois que c'était fini. Dès le départ, sur le fleuve Mékong qui menait à la mer, on s'était fait tirer dessus par la marine du pays qui voulait empêcher ses habitants de partir. On essayait de fuir la misère, la mort ou la prison, comme mon père qui y a passé des années.

2 Quant à Haï, mon frère de 17 ans, il devait aller faire son service militaire et ma mère savait qu'il s'y ferait tuer « bêtement ». Alors, elle lui a dit de fuir, même si ça lui brisait le cœur. À 12 ans, j'ai eu la maturité de lui dire : « Maman, laisse-moi partir ! Moi aussi je veux vivre libre ! » Mes parents nous ont laissés tenter notre chance …

Sur le bateau, debout ou assis sur une fesse, on n'osait même pas bouger pour aller faire pipi, de peur de perdre notre place. On buvait l'eau du fleuve. On grignotait nos provisions. On s'est fait poursuivre par des pirates thaïlandais alors qu'on n'avait plus d'argent, avec le risque de viol et d'enlèvement des femmes. C'est après toutes ces peurs que l'on a vu le Rose Schiaffino, le bateau de Médecins du Monde. Il sillonnait les mers pour « repêcher » des milliers de Vietnamiens.

3 On a d'abord été parqués dans un camp aux Philippines, nourris et enfin à l'abri. Je regardais nos sauveurs, j'étais dévorée d'admiration pour leur dévouement, en me jurant d'être à la hauteur de leur humanité quand je serai grande. Je me souviens encore d'un Laurent, qui était médecin. Quelques jours plus tard, nous sommes remontés sur le bateau, où j'ai rencontré un héros de la Seconde Guerre mondiale, Peter Townsend, un tuteur qui n'a jamais cessé de prendre de mes nouvelles.

4 Le 22 juillet 1987 est l'un des plus beaux jours de ma vie. Nous avons accosté au port de Rouen, 229 réfugiés vietnamiens. Je n'oublierai jamais cette apparition, tous ces gens qui nous attendaient, des citoyens et quelques personnalités comme Bernard Kouchner ou Philippe Seguin, qui participaient à notre intégration. Tant de sourires après tant de peur. À partir de là, je me suis juré de toujours aller à la rencontre des autres. Je me suis rendu compte que l'élan solidaire était vraiment dans la nature des Français. À chaque fois qu'il y a un problème, une association se crée, j'allais pouvoir le vérifier tout au long de ma vie. Tout me semblait extraordinaire …

5 À 16 ans, dans une fête de retrouvailles des boat people, j'ai retrouvé Bau, un garçon très gentil rencontré sur le bateau, mais qui avait 30 ans quand j'en avais 12, et que j'avais vu comme un « tonton ». Je n'étais plus du tout dans le même état d'esprit ! Nous sommes tombés amoureux et nous avons eu trois filles : Élisa, 12 ans, Élodie, 16 ans, et Estelle, 20 ans. Bau travaille dans l'aéronautique, encore une fierté française, et quand les filles ont été assez grandes, j'ai pu penser à avoir une vie professionnelle !

Depuis longtemps, je rêvais de lancer un commerce avec Estelle, mon aînée, une personne gourmande, qui a fait une formation de boulangère-pâtissière car, à ses yeux (et aux miens), la nourriture est le symbole de la France. Aujourd'hui, je pense en français, je rêve en français et je fais du pain à Laurenan, en Bretagne, une région où on a trouvé un commerce après avoir eu le coup de foudre pendant les vacances !

Source: *Maxi*, 21 mars 2017.

Questions

1. (i) Relevez, dans la première section, un verbe au futur simple.

   _____

   (ii) Hang Luong voulait s'échapper de plusieurs choses au Vietnam. Mentionnez-en deux. (Section 1)

   (a) _____

   (b) _____

2. (i) Quelle expression indique que la mère de Hang Luong était très bouleversée à l'idée que son fils quitte le Vietnam ? (Section 2)

   _____

   (ii) Hang Luong et son frère ont décidé de ne pas aller aux toilettes pendant le voyage. Pourquoi? (Section 2)

   _____

3. (i) Relevez l'expression, dans la troisième section, qui montre que Hang Luong avait beaucoup de respect pour ceux qui ont sauvé sa vie et celle de son frère.

   _____

   (ii) Trouvez, dans la troisième section, un verbe pronominal au présent de l'indicatif.

   _____

4. (i) Expliquez pourquoi le 22 juillet 1987 reste un très beau souvenir pour Hang Luong. (Section 4)

   _____

   (ii) Hang Luong s'est fait une promesse le 22 juillet 1987. Laquelle ? (Section 4)

   _____

5. (i) Citez le détail, dans la cinquième section, qui suggère que la fille aînée de Hang Luong, Estelle, apprécie la nourriture.

   _____

   (ii) Quelle preuve existe-t-il que Hang Luong est vraiment devenue « française ». (Section 5)

   _____

6. Do you think that Hang Luong has integrated well into French society? Refer to the text in support of your answer. (Two points) (About 50 words in total)

   _____

7. « Il y a deux ans un garçon, qui s'appelle Azad, est arrivé dans mon école. C'est un réfugié syrien. Nous sommes devenus de vrais amis » (Luc, 17 ans). Et vous, cela vous est déjà arrivé de faire la connaissance d'un(e) réfugié(e)? Racontez l'histoire. (Votre récit peut être réel ou imaginaire.) (90 mots environ)

Triomphe au Bac Supérieur

Compréhension Journalistique

Compréhension Littéraire

1 Lisez le passage suivant et répondez aux questions.

Extrait du livre *35 kilos d'espoir* par Anna Gavalda

Dans cet extrait le narrateur se rappelle sa première journée à l'école.

1 Je hais l'école.

Je la hais plus que tout au monde.

Et même plus que ça encore …

Elle me pourrit la vie.

Jusqu'à l'âge de trois ans, je peux dire que j'ai été heureux. Je ne m'en souviens plus vraiment, mais, à mon avis, ça allait. Je jouais, je regardais ma cassette de Petit Ours Brun dix fois de suite, je dessinais et j'inventais des milliards d'aventures à Grodoudou, mon chien en peluche que j'adorais. Ma mère m'a raconté que je restais des heures entières dans ma chambre à jacasser et à parler tout seul. J'en conclus donc que j'étais heureux.

À cette époque de ma vie, j'aimais tout le monde, et je croyais que tout le monde s'aimait. Et puis, quand j'ai eu trois ans et cinq mois, patatras ! L'école.

Il paraît que, le matin, j'y suis allé très content. Mes parents avaient dû me bassiner avec ça pendant toutes les vacances : « Tu as de la chance mon chéri, tu vas aller à la grande école … » « Regarde ce beau cartable tout neuf ! C'est pour aller dans ta belle école ! » Et gnagnagna … Il paraît que je n'ai pas pleuré. (Je suis curieux, je pense que j'avais envie de voir ce qu'ils avaient comme jouets et comme Légo …) Il paraît que je suis revenu enchanté à l'heure du déjeuner, que j'ai bien mangé et que je suis retourné dans ma chambre raconter ma merveilleuse matinée à Grodoudou.

Eh bien, si j'avais su, je ***les*** aurais savourées, ces dernières minutes de bonheur, parce que c'est tout de suite après que ma vie a déraillé.

—On y retourne, a dit ma mère.

—Où ça ?

—Eh bien … À l'école !

—Non.

—Non quoi ?

—Je n'irai plus.

—Ah bon … Et pourquoi ?

—Parce que ça y est, j'ai vu comment c'était, et ça ne m'intéresse pas. J'ai plein de trucs à faire dans ma chambre. J'ai dit à Grodoudou que j'allais lui construire une machine spéciale pour l'aider à retrouver tous les os qu'il a enterrés sous mon lit, alors je n'ai plus le temps d'y aller.

2 Ma mère s'est agenouillée, et j'ai secoué la tête.

Elle a insisté, et je me suis mis à pleurer.

Elle m'a soulevé, et je me suis mis à hurler.

Et elle m'a donné une claque.

C'était la première de ma vie.

Voilà.

C'était ça, l'école.

C'était le début du cauchemar.

Cette histoire, j'ai entendu mes parents la raconter un milliard de fois. À leurs amis, aux maîtresses, aux profs, aux psychologues, aux orthophonistes et à la conseillère d'orientation. Et à chaque fois que je l'entends, ça me rappelle que je ne le lui ai jamais construit, son détecteur d'os, à Grodoudou.

Maintenant j'ai treize ans et je suis en sixième. Oui, je sais, il y a quelque chose qui ne va pas. Je vous explique tout de suite, ce n'est pas la peine de compter sur vos doigts. J'ai redoublé deux fois : le CE2 et la sixième.

3 L'école, c'est toujours le drame à la maison, vous pouvez imaginer … Ma mère pleure et mon père m'engueule, ou alors c'est le contraire, c'est ma mère qui m'engueule et mon père qui ne dit rien. Moi, ça me rend malheureux de les voir comme ça, mais qu'est-ce que je peux faire ? Qu'est-ce que je peux leur dire dans ces cas-là ? Rien. Je ne peux rien dire parce que si j'ouvre la bouche, c'est pire que tout. Eux, ils ne trouvent qu'une chose à répéter comme des perroquets :

« Travaille ! »

« Travaille ! » « Travaille ! » « Travaille ! »

« Travaille ! »

Questions

1. **(i)** Dans la première section le narrateur nous informe qu'
   - (a) il aime l'école.
   - (b) il déteste l'école.
   - (c) il ne va pas à l'école.
   - (d) il trouve l'école difficile.

   (ii) Relevez une phrase, dans la première section, qui montre que le narrateur a vécu une enfance heureuse.

2. **(i)** Qu'est-ce que le narrateur faisait dans sa chambre quand il était très jeune ? (Section 1)

   (ii) Le narrateur a refusé d'aller à l'école le premier matin. (Section 1) Écrivez « vrai » ou « faux » dans la case.

3. **(i)** Quel cadeau les parents ont-ils offert au narrateur pour aller à l'école ? (Section 1)

   (ii) Pour le pronom en italique (*les*), trouvez, dans la première section, le mot auquel il se réfère.

4. **(i)** Quelle phrase nous indique que sa mère a perdu patience avec lui ? (Section 2)

   (ii) Quel mot le narrateur utilise-t-il pour décrire sa vie à l'école ? (Section 2)

5. **(i)** Quelle expression suggère que le narrateur n'est pas un bon élève ? (Section 2)

   (ii) Comment sait-on que les parents du narrateur étaient bouleversés par sa performance à l'école ? (Section 3)

6. How would you describe this young pupil's attitude to school? Refer to the text in support of your answer. (Two points) (About 50 words in total)

7. Ce genre de conflit entre parents et enfants existe dans beaucoup de familles. Et vous ? C'est le cas chez vous ? (90 mots environ)

Compréhension Littéraire

2 Lisez le passage suivant et répondez aux questions.

Extrait du livre *Aux Délices des anges* par Cathy Cassidy

Cette famille polonaise émigre en Grande-Bretagne afin de trouver une nouvelle vie.

1. Nos dernières affaires ont été empaquetées. Maman court dans l'appartement, un plumeau à la main, pour s'assurer que tout soit parfait avant l'arrivée des prochaines locataires. Kazia, assise sur sa valise, serre contre elle le vieux lapin tricoté par grand-mère en retenant ses larmes.

    Je la comprends. J'ai beau être excitée à l'idée de déménager, moi aussi, j'ai un peu peur. J'ai imaginé cet instant si souvent … maintenant que nous y sommes enfin, je tremble comme une feuille et j'ai une grosse boule au ventre.

2. Les choses se précipitent lorsque grand-père et grand-mère viennent nous chercher pour nous conduire à l'aéroport. Le plus dur, c'est le moment des adieux. Ils m'étreignent de toutes leurs forces, comme pour prendre l'empreinte de mon corps. Entre deux sanglots, ils nous recommandent d'être courageuses, de penser à notre avenir et de profiter au maximum de la nouvelle vie qui nous attend à Liverpool. Je leur promets :

    —On vous écrira, on vous appellera, on vous enverra des e-mails … Et puis on vous rendra visite, et vous viendrez pour Noël.

    —Bien sûr, répond grand-mère.

    Je sais que c'est faux. Ils passeront les fêtes dans leur grand appartement avec oncle Zarek, tante Petra et les cousins, autour de la table dressée près du feu de cheminée. Comme tous les ans, ils prévoiront un couvert en plus, au cas où un étranger frapperait à la porte.

3. Le temps de franchir la douane, maman et Kazia sont en larmes, elles aussi. Je prends une grande inspiration pour retenir les miennes. C'est dur de quitter Cracovie et la Pologne pour se lancer vers l'inconnu. Dur de laisser sa famille, ses amis, sa maison …

    Mais c'est ce dont je rêve depuis des années.

    J'avais neuf ans quand papa est parti travailler en Grande-Bretagne. Maman nous a expliqué qu'il y gagnerait plus qu'avant et qu'un jour, bientôt peut-être, il viendrait nous chercher. Là-bas, la vie serait plus belle. Pourtant, avant qu'il s'en aille, nous n'étions pas malheureux.

    Papa me manquait beaucoup. Assise à la fenêtre de ma chambre, je contemplais les toits. Les hirondelles qui nichaient dans les combles de notre immeuble s'élançaient vers le ciel bleu avant de redescendre en piqué. Je me demandais s'il y en avait en Angleterre. Est-ce que mon père les regardait virevolter lui aussi ?

4. À l'approche de l'hiver, je rêvais de m'envoler avec elles, vers un pays du sud où le soleil brillerait toute l'année. Et où notre famille serait enfin réunie.

    À Cracovie, les hivers sont rudes. Une épaisse couche de neige recouvre le sol pendant des mois. Les toits sont saupoudrés d'un nappage blanc, et il faut porter deux paires de chaussettes pour ne pas avoir les orteils gelés.

    —Est-ce qu'il neige en Angleterre ? a demandé Kazia à papa lorqu'il est revenu pour Noël.

    —Parfois. Mais il ne fait pas aussi froid qu'ici !

    —Tu peux nous y emmener ? ai-je enchaîné.

    —Un jour, Anya ! Dans ce pays, tout est possible ; le travail y est récompensé à sa juste valeur. Les rues sont pavées d'or. Enfin, pas au sens propre, bien sûr !

    Je n'étais pas sûre de comprendre. Je me représentais un endroit magnifique, où les gens souriaient constamment car ils pouvaient avoir tout ce qu'ils voulaient.

    —Un bel avenir nous attend peut-être là-bas, a murmuré mon père, le regard rêveur.

    —Est-ce qu'il y a des hirondelles ?

    Il a éclaté de rire.

    —Oui ! Les mêmes qu'ici. L'Angleterre n'est pas si différente de la Pologne, tu sais.

    Pourtant, j'avais l'impression qu'il me parlait d'un autre monde.

Questions

1 **(i)** Relevez, dans la première section, deux expressions qui montrent que la narratrice est bouleversée à l'idée d'émigrer.

(a) _____

(b) _____

(ii) Trouvez, dans la deuxième section, une expression synonyme de « à l'instant du départ ».

_____

2 **(i)** Trouvez, dans la deuxième section, un verbe au conditionnel.

_____

(ii) Que fait la narratrice pour arrêter ses larmes ? (Section 3)

_____

3 **(i)** Quand est-ce que le père a émigré pour la première fois ? (Section 3)

_____

(ii) Mentionnez deux choses que la narratrice peut voir par la fenêtre de sa chambre. (Section 3)

(a) _____

(b) _____

4 Il est nécessaire de porter deux paires de chaussettes. Pourquoi ? (Section 4)

_____

5 Quelle expression indique qu'en Angleterre on est bien payé pour son travail ? (Section 4)

_____

6 Having to emigrate is a mixed blessing. What do you think? Refer to the text in support of your answer. (Two points) (About 50 words in total)

7 Il faut que l'Irlande accueille autant de réfugiés que possible. C'est notre devoir. Donnez vos réactions. (90 mots environ)

Compréhension Littéraire

3 Lisez le passage suivant et répondez aux questions.

Extrait du livre *La Vérité sur l'Affaire Harry Quebert* par Joël Dicker

Dans cet extrait un auteur à succès parle de la perte d'inspiration pour son deuxième roman.

1. Au début de l'année 2008, soit environ un an et demi après être devenu, grâce à mon premier roman, la nouvelle coqueluche des lettres américaines, je fus frappé d'une terrible crise de page blanche, syndrome qui, paraît-il, n'est pas rare chez les écrivains ayant connu un succès immédiat et fracassant. La maladie n'était pas venue d'un coup : elle s'était installée en moi lentement. C'était comme si mon cerveau, atteint, s'était figé peu à peu. À l'apparition des premiers symptômes, je n'avais pas voulu y prêter attention : je m'étais dit que l'inspiration reviendrait le lendemain, ou le jour d'après, ou le suivant peut-être. Mais les jours, les semaines et les mois avaient passé et l'inspiration n'était jamais revenue.

2. Ma descente aux enfers s'était décomposée en trois phases. La première, indispensable à toute bonne chute vertigineuse, avait été une ascension fulgurante : mon premier roman s'était vendu à deux millions d'exemplaires, me propulsant au rang d'écrivain à succès. C'était l'automne 2006 et en quelques semaines mon nom devint un nom : on me vit partout, à la télévision, dans les journaux, en couverture des magazines. Mon visage s'affichait sur d'immenses panneaux publicitaires dans les stations de métro. Les critiques les plus sévères des grands quotidiens de la côte Est étaient unanimes : le jeune Marcus Goldman allait devenir un très grand écrivain.

3. Un livre, un seul, et je me voyais désormais ouvrir les portes, d'une nouvelle vie : celle des jeunes vedettes millionnaires. Je déménageai de chez mes parents à Montclair, New Jersey, pour m'installer dans un appartement cossu du Village, je troquai ma Ford de troisième main pour une Range Rover noire flambant neuve aux vitres teintées, je me mis à fréquenter les restaurants huppés, je m'attachai les services d'un agent littéraire qui gérait mon emploi du temps et venait regarder le base-ball sur un écran géant dans mon nouveau chez-moi. Je louai, à deux pas de Central Park, un bureau dans lequel une secrétaire un peu amoureuse et prénommée Denise triait mon courrier, préparait mon café et classait mes documents importants.

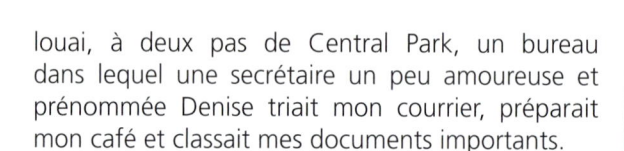

4. Durant les six premiers mois qui suivirent la sortie du livre, je m'étais contenté de profiter de la douceur de ma nouvelle existence. Le matin, je passais à mon bureau pour parcourir les éventuels articles à mon sujet et lire les dizaines de lettres d'admirateurs que je recevais quotidiennement et que Denise rangeait ensuite dans des grands classeurs. Puis, content de moi-même et jugeant que j'avais assez travaillé, je m'en allais flâner dans les rues de Manhattan, où les passants bruissaient à mon passage. Je consacrais le reste de mes journées à profiter des nouveaux droits que la célébrité m'octroyait : droit de m'acheter tout ce dont j'avais envie, droit aux loges VIP du Madison Square Garden pour suivre les matchs des Rangers, droit de marcher sur des tapis rouges avec des stars de la musique dont j'avais, plus jeune, acheté tous les disques, droit de sortir avec Lydia Gloor, l'actrice principale de la série télé du moment et que tout le monde s'arrachait. J'étais un écrivain célèbre ; j'avais l'impression d'exercer le plus beau métier au monde. Et, certain que mon succès durerait toujours, je ne m'étais pas soucié des premiers avertissements de mon agent et de mon éditeur qui me pressaient de me remettre au travail et de commencer à écrire mon second roman.

Questions

1. **(i)** Quelle expression indique que l'auteur était très célèbre aux États-Unis ? (Section 1)

   (ii) Quand on souffre de la page blanche, (Section 1)
   - (a) on ne peut pas parler.
   - (b) on ne peut pas dormir.
   - (c) on ne peut pas écrire.
   - (d) on ne peut pas lire.

2. **(i)** Qu'est-ce qu'on pouvait voir dans les stations de métro ? (Section 2)

   (ii) Trouvez, dans la deuxième section, un verbe à l'infinitif.

3. **(i)** Citez, dans la troisième section, une expression qui signifie « des stars riches ».

   (ii) Mentionnez deux tâches que la secrétaire de l'auteur faisait. (Section 3)
   - (a) _____
   - (b) _____

4. **(i)** Trouvez, dans la quatrième section, le mot qui veut dire « chaque jour ».

   (ii) Quelle expression montre que l'auteur aimait se promener dans la grande ville ? (Section 4)

5. Comment l'auteur décrit-il la profession d'écrivain ? (Section 4)

6. Do you think that success spoiled the life of this young author? Refer to the text in support of your answer. (Two points) (About 50 words in total)

7. Avoir du succès dans la vie est très important mais ce n'est pas tout. Qu'en pensez-vous ? (90 mots environ)

Compréhension Littéraire

4 Lisez le passage suivant et répondez aux questions.

Extrait du livre *Concerto à la mémoire d'un ange* par Eric-Emmanuel Schmitt

Dans cet extrait, l'auteur parle de Marie Maurestier qui avait été accusée d'avoir empoisonné ses maris.

1. Attention, voici l'empoisonneuse !

   Le groupe d'enfants se figea soudain, telle une main qui se referme. Ils coururent se réfugier au fond du lavoir, sous le banc de pierre, un coin frais, ombreux qui permettait de voir sans être vu : là, histoire de s'effrayer davantage, les gamins suspendirent leur respiration.

   Sous le soleil de midi, Marie Maurestier traversa la rue. C'était une grande femme de soixante-dix ans, lente, ridée, propre, raide et souvent agacée. Amidonnée dans un tailleur noir qui la sanglait au niveau de l'abdomen, elle avançait d'un pas parcimonieux, soit parce qu'elle redoutait la chaleur, soit parce que ses articulations enflammées retenaient sa marche crispée. Elle tanguait avec une majesté maladroite qui la rendait impressionnante.

2. Les enfants murmurèrent :

   —Elle nous a repérés, tu crois ?

   —Allez, on crie pour l'effrayer !

   —Ne sois pas idiot. Elle ne craint rien ni personne. C'est plutôt toi qui devrais paniquer.

   —Je n'ai pas peur.

   —Si tu fais quelque chose qui ne lui plaît pas, elle te zigouillera ! Comme les autres.

   —Je n'ai pas peur, je te dis …

   —Ses maris, pourtant, ils étaient plus forts et plus costauds que toi.

   —Pff ! Même pas peur …

   Prudents, ils laissèrent Marie Maurestier s'éloigner, évitant toute apostrophe ou autre mauvaise plaisanterie.

3. Vingt ans plus tôt, après deux procès, la justice avait prononcé un non-lieu et sorti Marie Maurestier de la prison où elle avait séjourné en détention préventive. À Saint-Sorlin, la majorité des villageois considéraient Marie Maurestier comme innocente sauf les enfants qui préféraient croiser une meurtrière, afin de rendre leur vie dangereuse et merveilleuse. Or, la raison pour laquelle les adultes estimaient Marie Maurestier non coupable n'était guère plus rationnelle : les villageois refusaient l'idée de côtoyer un assassin en liberté, de **lui** donner le bonjour, de partager leurs rues, leurs commerces, leur église avec une tueuse ; pour leur tranquillité, ils avaient besoin qu'elle fût honnête, comme eux.

4. Personne ici ne l'aimait vraiment car la dame, fière, réservée, capable de reparties cinglantes, ne provoquait ni la sympathie ni l'affection mais chacun se réjouissait de la notoriété qu'elle avait apportée à l'agglomération. « L'Empoisonneuse de Saint-Sorlin », « la Diabolique du Bugey », « la Messaline de Saint-Sorlin-en-Bugey », pendant quelques saisons, ces titres fracassants ouvrirent les éditions des journaux, radios et télévisions. Tant de bruit avait attiré les curieux ; même si l'on jugeait cet intérêt malsain, le nom de Saint-Sorlin s'était retrouvé sur le devant de la scène, et cette soudaine renommée avait incité les automobilistes à quitter l'autoroute pour venir boire un verre au café, grignoter un plat à l'auberge, acheter du pain à la boulangerie, feuilleter la presse en espérant apercevoir Marie Maurestier.

Questions

1 **(i)** Où est-ce que les enfants se sont réfugiés ? (Section 1)

_____

(ii) Citez l'expression qui indique que la femme marchait lentement. (Section 1)

_____

2 Trouvez, dans la deuxième section, deux verbes au passé simple.

(i) _____

(ii) _____

3 **(i)** Selon la plupart des villageois de Saint-Sorlin, Marie Maurestier était (Section 3)

(a) coupable.
(b) folle.
(c) riche.
(d) innocente.

(ii) Pour le pronom en italique (*lui*), trouvez le mot auquel il se réfère. (Section 3)

_____

4 Relevez deux adjectifs qui décrivent la personnalité de Marie Maurestier. (Section 4)

(i) _____

(ii) _____

5 **(i)** Quelle expression indique que les habitants étaient contents de la renommée du village ? (Section 4)

_____

(ii) Quelle était la vraie raison pour laquelle les automobilistes quittaient l'autoroute ? (Section 4)

_____

6 How would you describe the villagers' attitude to Marie Maurestier? Refer to the text in support of your answer. (Two points) (About 50 words in total)

7 La semaine dernière votre professeur de biologie vous a accusé(e) d'avoir triché à votre examen et vous avez été envoyé(e) au bureau du directeur. Racontez ce qui s'est passé. (Votre récit peut être réel ou imaginaire.) (90 mots environ)

Compréhension Littéraire

5 Lisez le passage suivant et répondez aux questions.

Extrait du livre *Le Crime du comte Neville* par Amélie Nothomb

La fille du Comte Neville est retrouvée en pleine nuit, dans la forêt.

1 Si l'on avait annoncé au comte Neville qu'il se rendrait un jour chez une voyante, il ne l'aurait pas cru. Si l'on avait précisé que ce serait pour y chercher sa fille qui aurait fait une fugue, cet homme sensible se serait évanoui.

Un genre de secrétaire lui ouvrit et le conduisit jusqu'à une salle d'attente.

—Madame Portenduère va vous recevoir très vite.

On se serait cru chez le dentiste. Neville s'assit, très raide, et regarda avec perplexité les motifs tibétains qui décoraient les murs. Quand il se retrouva dans le cabinet de la voyante, il demanda aussitôt où était sa fille.

2 —La petite dort dans la pièce d'à côté, répondit la dame.

Neville n'osa parler : allait-on exiger de lui une rançon ? La voyante, une femme sans âge, énergique, rondelette, d'une extrême vivacité, reprit la parole :

—Hier, après minuit, je me promenais dans la forêt non loin de votre domaine. La lune éclairait presque comme en plein jour. C'est là que je suis tombée sur votre fille, roulée en boule, qui claquait des dents. Elle n'a rien voulu me dire. Je l'ai convaincue de m'accompagner : elle allait mourir de froid si elle restait dehors. Arrivée ici, j'ai voulu vous appeler tout de suite pour vous rassurer : elle a dit que c'était inutile, que vous n'aviez pas remarqué sa disparition.

—C'est exact.

—J'ai donc attendu ce matin pour vous téléphoner. Comment est-il possible que vous n'ayez pas remarqué l'absence de votre fille, monsieur ?

—Elle a dîné avec nous et puis elle est montée dans sa chambre, comme chaque soir. Elle a dû sortir quand nous étions déjà couchés.

—Comment était-elle, au dîner ?

—À son habitude, elle n'a pas prononcé un mot, n'a guère mangé et n'a pas semblé en grande forme.

3 La voyante soupira :

—Ça ne vous inquiète pas, d'avoir une fille dans cet état ?

—Elle a dix-sept ans.

—L'explication vous suffit ?

Neville fronça les sourcils. De quel droit cette femme l'interrogeait-elle ?

—Je me doute que mes questions vous choquent, mais c'est moi qui ai trouvé votre fille dans la forêt en pleine nuit. Comprenez mon étonnement. Je lui ai demandé si elle avait un rendez-vous amoureux, elle m'a regardée avec stupéfaction.

—Ce n'est pas son genre, en effet.

—C'est quoi son genre ?

—Je ne sais pas. C'est une adolescente taciturne.

—Vous n'avez jamais pensé à lui procurer une aide psychologique ?

—Elle est renfermée. Ce n'est pas une maladie.

—Quand même, elle a fugué.

—C'est la première fois.

—Monsieur, je vous trouve étrangement peu inquiet.

4 Neville réprima sa colère d'être jugé par une inconnue. Ce matin, quand la voyante lui avait appris la nouvelle au téléphone, il avait été bouleversé. Mais il n'était pas homme à montrer ses émotions.

—Je me mêle de ce qui ne me regarde pas, d'accord, reprit-elle. Vous l'auriez vue, grelottant seule dans la forêt. Elle n'avait pas même emporté une couverture ou un manteau. Cette petite me touche, elle est si mal dans sa peau. Je me demande si vous vous intéressez assez à ses ressentis.

Questions

1. **(i)** Trouvez, dans la première section, l'expression qui indique que la jeune fille avait pris la fuite.

   (ii) Relevez, dans la première section, un adjectif possessif.

2. **(i)** Trouvez deux adjectifs, dans la deuxième section, qui décrivent la femme avec qui Neville parlait.

   (a) _____

   (b) _____

   (ii) Mentionnez deux expressions qui montrent que la jeune fille avait très froid. (Section 2)

   (a) _____

   (b) _____

3. **(i)** Quelle phrase montre que la fille avait quitté la maison quand ses parents dormaient ? (Section 2)

   (ii) Relevez, dans la troisième section, un mot qui veut dire « une personne qui peut prédire l'avenir ».

4. Citez une expression qui signifie « une jeune personne très silencieuse ». (Section 3)

5. Neville se sentait triste après avoir parlé au téléphone avec la voyante. Pourquoi a-t-il décidé de cacher ce fait ? (Section 4)

6. How would you describe the attitude of the father towards his daughter in this extract? Refer to the text in support of your answer. (Two points) (About 50 words in total)

7. La vie d'un(e) adolescent(e) peut parfois être vraiment difficile. Êtes-vous d'accord? Expliquez pourquoi. (90 mots environ)

Compréhension Littéraire

6 Lisez le passage suivant et répondez aux questions.

Extrait du livre *Fascination* par Stephenie Meyer

La narratrice va vivre avec son père qui habite à Forks, une petite ville dans l'État de Washington.

1. Ma mère me conduisit à l'aéroport toutes fenêtres ouvertes. La température, à Phoenix, frôlait les vingt et un degrés, le ciel était d'un bleu éclatant. En guise d'adieux, je portais ma chemise préférée, la blanche sans manches, aux boutonnières rehaussées de dentelle. J'avais mon coupe-vent pour seul bagage à main.

    Il existe, dans la péninsule d'Olympic, au nord-ouest de l'État de Washington, une bourgade insignifiante appelée Forks où la couverture nuageuse est quasi constante. Il y pleut plus que partout ailleurs aux États-Unis. C'est cette ville et son climat éternellement lugubre que ma mère avait fui en emportant le nourrisson que j'étais alors. C'est là que j'avais dû me rendre, un mois tous les étés, jusqu'à mes quatorze ans, âge auquel j'avais enfin osé protester. Ces trois dernières années, mon père, Charlie, avait accepté de substituer à mes séjours obligatoires chez lui quinze jours de vacances avec moi en Californie.

    Et c'était vers Forks que je m'exilais à présent – un acte qui m'horrifiait. Je détestais Forks.

2. J'adorais Phoenix. J'adorais le soleil et la chaleur suffocante. J'adorais le dynamisme de la ville immense.

    —Rien ne t'y oblige, Bella, me répéta ma mère pour la énième fois avant que je grimpe dans l'avion.

    Ma mère me ressemble, si ce n'est qu'elle a les cheveux courts et le visage ridé à force de rire. Je scrutai ses grands yeux enfantins, et une bouffée de panique me submergea. Comment ma mère aimante, imprévisible et écervelée allait-elle se débrouiller sans moi ? Certes, elle avait Phil, désormais. Les factures seraient sans doute payées, le réfrigérateur et le réservoir de la voiture remplis, et elle aurait quelqu'un à qui téléphoner quand elle se perdait. Pourtant …

    —J'en ai envie, répondis-je.

    J'ai beau n'avoir jamais su mentir, j'avais répété ce boniment avec une telle régularité depuis quelques semaines qu'il eut l'air presque convaincant.

    —Salue Charlie de ma part.

    —Je n'y manquerai pas.

    —On se voit bientôt, insista-t-elle. La maison te reste ouverte. Je reviendrai dès que tu auras besoin de moi.

    Son regard trahissait cependant le sacrifice que cette promesse représentait.

    —Ne t'inquiète pas. Ça va être génial. Je t'aime, maman.

    Elle me serra fort pendant une bonne minute, je montai dans l'avion, elle s'en alla.

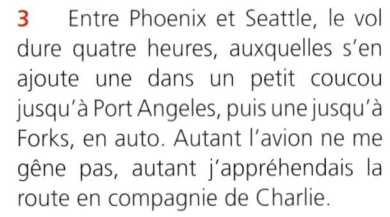

3. Entre Phoenix et Seattle, le vol dure quatre heures, auxquelles s'en ajoute une dans un petit coucou jusqu'à Port Angeles, puis une jusqu'à Forks, en auto. Autant l'avion ne me gêne pas, autant j'appréhendais la route en compagnie de Charlie.

    Charlie s'était montré à la hauteur. Il avait paru réellement heureux de ma décision – une première – de venir vivre avec lui à plus ou moins long terme. Il m'avait déjà inscrite au lycée, s'était engagé à me donner un coup de main pour me trouver une voiture. Mais ça n'allait pas être facile. Aucun de nous n'est très prolixe, comme on dit, et je ne suis pas du genre à meubler la conversation. Je devinais qu'il était plus que perturbé par mon choix – comme ma mère avant moi, je n'avais pas caché la répulsion que m'inspirait Forks.

4. Quand j'atterris à Port Angeles, il pleuvait. Je ne pris pas ça pour un mauvais présage, juste la fatalité. J'avais d'ores et déjà fait mon deuil du soleil. Sans surprise, Charlie m'attendait avec le véhicule de patrouille. Charlie Swan est le Chef de la police, pour les bonnes gens de Forks. Mon désir d'acheter une voiture en dépit de mes maigres ressources était avant tout motivé par mon refus de me trimballer en ville dans une bagnole équipée de gyrophares bleus et rouges. Rien de tel qu'un flic pour ralentir la circulation.

    Charlie m'étreignit maladroitement, d'un seul bras, lorsque, m'approchant de lui, je trébuchai.

    —Content de te voir, Bella, dit-il en souriant et en me rattrapant avec l'aisance que donne l'habitude. Tu n'as pas beaucoup changé. Comment va Renée ?

    —Maman va bien. Moi aussi, je suis heureuse de te voir, papa.

Questions

1. (i) Trouvez, dans la première section, un mot qui veut dire « un petit village sans importance ».

   _____

   (ii) D'après la première section, la narratrice
   - (a) détestait Phoenix.
   - (b) rendait visite à sa mère en été.
   - (c) rendait visite à son père.
   - (d) voulait aller en Californie.

2. (i) La narratrice avait peur que sa mère ait du mal à exister sans elle. (Section 2) Écrivez « vrai » ou « faux » dans la case.

   (ii) Trouvez, dans la deuxième section, un verbe pronominal à l'infinitif.

   _____

3. (i) Quelle expression indique que le père avait décidé d'aider sa fille à acheter une auto ? (Section 3)

   _____

   (ii) Relevez l'expression qui indique que la narratrice n'avait jamais dissimulé le fait qu'elle n'aimait pas le village de Forks ? (Section 3)

   _____

4. (i) Quel était le métier de Charlie Swan ? (Section 4)

   _____

   (ii) Quelle était la raison principale pour laquelle la narratrice voulait acheter sa propre auto ? (Section 4)

   _____

5. Trouvez, dans la quatrième section,

   (i) un mot qui signifie « une vieille auto abîmée ».

   _____

   (ii) un mot familier qui signifie « un agent de police ».

   _____

6. It could be said that the young girl, Bella, is a very practical person. In what way is this statement true? Refer to the text in support of your answer. (Two points) (About 50 words in total)

7. Le concept de famille a énormément changé depuis quelques années. Discutez. (90 mots environ)

Compréhension Littéraire

7 Lisez le passage suivant et répondez aux questions.

Extrait du livre *Le Petit Nicolas* par René Goscinny et Jean-Jacques Sempé

À l'école, les élèves se préparent pour la photo de classe annuelle.

1 Ce matin, nous sommes tous arrivés à l'école bien contents, parce qu'on va prendre une photo de la classe qui sera pour nous un souvenir que nous allons chérir toute notre vie, comme nous l'a dit la maîtresse. Elle nous a dit aussi de venir bien propres et bien coiffés.

C'est avec plein de brillantine sur la tête que je suis entré dans la cour de récréation. Tous les copains étaient déjà là et la maîtresse était en train de gronder Geoffroy qui était venu habillé en martien. Geoffroy a un papa très riche qui lui achète tous les jouets qu'il veut. Geoffroy disait à la maîtresse qu'il voulait absolument être photographié en martien et que sinon il s'en irait.

Le photographe était là, aussi, avec son appareil et la maîtresse lui a dit qu'il fallait faire vite, sinon, nous allions rater notre cours d'arithmétique. Agnan, qui est le premier de la classe et le chouchou de la maîtresse, a dit que ce serait dommage de ne pas avoir arithmétique, parce qu'il aimait ça et qu'il avait bien fait tous ses problèmes. Eudes, un copain qui est très fort, voulait donner un coup de poing sur le nez d'Agnan, mais Agnan a des lunettes et on ne peut pas taper sur lui aussi souvent qu'on le voudrait. La maîtresse s'est mise à crier que nous étions insupportables et que si ça continuait il n'y aurait pas de photo et qu'on irait en classe. Le photographe, alors, a dit « Allons, allons, allons, du calme, du calme. Je sais comment il faut parler aux enfants, tout va se passer très bien. »

2 Le photographe a décidé que nous devions nous mettre sur trois rangs ; le premier rang assis par terre, le deuxième, debout autour de la maîtresse qui serait assise sur une chaise et le troisième, debout sur des caisses. Il a vraiment de bonnes idées, le photographe.

Les caisses, on est allés les chercher dans la cave de l'école. On a bien rigolé, parce qu'il n'y avait pas beaucoup de lumière dans la cave et Rufus s'était mis un vieux sac sur la tête et il criait : « Hou ! Je suis le fantôme. » Et puis, on a vu arriver la maîtresse. Elle n'avait pas l'air contente, alors nous sommes vite partis avec les caisses. Le seul qui est resté, c'est Rufus. Avec son sac, il ne voyait pas ce qui se passait et il a continué à crier : « Hou ! Je suis le fantôme », et c'est la maîtresse qui lui a enlevé le sac. Il a été drôlement étonné, Rufus.

3 De retour dans la cour, la maîtresse a lâché l'oreille de Rufus et elle s'est frappé le front avec la main. « Mais vous êtes tout noirs », elle a dit. C'était vrai, en faisant les guignols dans la cave, on s'était un peu salis. La maîtresse n'était pas contente, mais le photographe lui a dit que ce n'était pas grave, on avait le temps de se laver pendant que lui disposait les caisses et la chaise pour la photo. À part Agnan, le seul qui avait la figure propre, c'était Geoffroy, parce qu'il avait la tête dans son casque de martien, qui ressemble à un bocal. « Vous voyez, a dit Geoffroy à la maîtresse, s'ils étaient venus tous habillés comme moi, il n'y aurait pas d'histoires. » J'ai vu que la maîtresse avait bien envie de tirer les oreilles de Geoffroy, mais il n'y avait pas de prise sur le bocal. C'est une combine épatante, ce costume de martien !

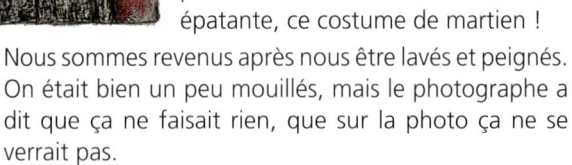

Nous sommes revenus après nous être lavés et peignés. On était bien un peu mouillés, mais le photographe a dit que ça ne faisait rien, que sur la photo ça ne se verrait pas.

« Bon, nous a dit le photographe, vous voulez faire plaisir à votre maîtresse ? » Nous avons répondu que oui, parce que nous l'aimons bien la maîtresse, elle est drôlement gentille quand nous ne la mettons pas en colère. « Alors, a dit le photographe, vous allez sagement prendre vos places pour la photo. Les plus grands sur les caisses, les moyens debout, les petits assis. » Nous, on y est allés et le photographe était en train d'expliquer à la maîtresse qu'on obtenait tout des enfants quand on était patient, mais la maîtresse n'a pas pu l'écouter jusqu'au bout. Elle a dû nous séparer, parce que nous voulions être tous sur les caisses.

Questions

1 **(i)** Pourquoi les garçons étaient-ils heureux ce matin-là ? (Section 1)

    (ii) La maîtresse grondait Geoffrey. Pourquoi ? (Section 1)

2 **(i)** Trouvez, dans la première section, le mot qui veut dire « l'enfant favori ».

    (ii) Relevez le détail qui explique pourquoi Eudes ne pouvait pas frapper Agnan sur le nez. (Section 1)

3 **(i)** Trouvez, dans la deuxième section,

        (a) un verbe au conditionnel.

        (b) un adverbe.

    (ii) Comment sait-on qu'il faisait assez noir dans la cave ? (Section 2)

4 **(i)** Relevez, dans la troisième section, une expression qui veut dire « faire l'imbécile ».

    (ii) Le visage de Geoffrey n'était pas sale. Pourquoi ? (Section 3)

5 Pour quelle raison la maîtresse a-t-elle dû séparer les garçons avant la prise de photo? (Section 3)

6 These are typical young boys for their age. Do you agree? Refer to the text in support of your answer. (Two points) (About 50 words in total)

7 « À mon avis, il y a un manque de discipline dans nos écoles secondaires » (Pierre, 18 ans). Qu'en pensez-vous ? (90 mots environ)

Compréhension littéraire

8 Lisez le passage suivant et répondez aux questions.

Extrait du livre *Un moins un* par Colm Tóibín

Sa mère est malade et le narrateur doit revenir d'urgence en Irlande.

1. Je vivais à New York en ce temps-là, la ville entamait sa dernière année d'innocence. Je louais un appartement, comme je le fais partout où je vais. Celui-là se trouvait au croisement de la 90e Rue et de Columbus Avenue. Tu ne l'as jamais vu. C'était une erreur. Je pense que c'était une erreur. Je n'y suis pas resté longtemps – six ou sept mois – mais c'est le temps le plus long que j'aie jamais passé dans un même endroit au cours de ces années-là et des suivantes. Il n'était pas meublé, et j'ai consacré quelques jours à faire des achats, avec ce plaisir aigu qu'on prend parfois à se procurer des objets : deux fauteuils que j'ai fait expédier plus tard en Irlande, un canapé en cuir de chez Bloomingdale's, que j'ai fini par donner à l'un de mes étudiants, un grand lit de chez 1800 Mattress, une table et des chaises dénichées dans le sud de Manhattan, et un bureau pas cher trouvé dans une boutique caritative.

2. Et pendant ces jours-là – un vendredi, un samedi et un dimanche, début septembre – pendant que je jonglais avec les horaires de livraison, les cartes de crédit et les taxis qui m'emmenaient d'un magasin à l'autre, ma mère se mourait et j'étais injoignable. Je n'avais pas de portable et la ligne de l'appartement n'était pas encore en service. Quand je devais passer un coup de fil, j'utilisais la cabine au coin de la rue. Aux livreurs, j'avais donné le numéro d'une amie, à qui je téléphonais plusieurs fois par jour pour prendre d'éventuels messages et qui m'accompagnait parfois dans mes courses ; elle était drôle, et je garde un bon souvenir de ces journées. Ces journées où personne en Irlande ne savait comment me joindre pour m'apprendre que ma mère était sur le point de mourir.

3. Enfin, tard le dimanche soir, je suis entré dans une téléboutique Kinko's, et c'est là que j'ai découvert tous les courriels que Sinead m'envoyait depuis trois jours, avec des mentions telles que : « Urgent », « Tu es là ? », « Réponds s'il te plaît » ou « Accuse réception », et puis simplement « Je t'en prie !!! », J'en ai ouvert un au hasard, j'ai répondu que je l'appelais tout de suite, le temps de trouver un téléphone, puis j'ai lu les autres message un à un. Ma mère était à l'hôpital. Elle allait peut-être être opérée. Sinead voulait me parler. Elle s'était provisoirement installée chez notre mère. C'était à peu près tout ; le caractère d'urgence tenait moins au contenu qu'au nombre et aux intitulés des messages.

4. J'ai réveillé Sinead en pleine nuit. Je l'imaginais dans l'entrée de la maison, au pied de l'escalier. J'aimerais tant pouvoir prétendre que ma mère avait demandé à me voir, mais Sinead n'a rien suggéré de tel. Au lieu de cela, elle m'a expliqué la situation du point de vue médical, de quelle façon elle-même avait appris l'hospitalisation de notre mère, et son désespoir en voyant que je ne répondais à aucun de ses messages. Je lui ai proposé de la rappeler le lendemain matin ; elle a approuvé : elle en saurait sans doute plus à ce moment-là. Notre mère ne souffrait pas, a-t-elle ajouté ; au début, oui, mais maintenant ça allait. Je ne l'ai pas prévenue que les cours que j'étais censé assurer démarraient trois jours plus tard. Ça ne me paraissait pas nécessaire. J'avais l'impression qu'elle voulait juste me parler, rien de plus.

5. Le lendemain matin, au téléphone, j'ai compris. Quand elle m'avait eu en pleine nuit, elle avait choisi, très vite, de ne pas tout me révéler, sachant que je ne trouverais aucun vol pour Dublin un dimanche soir et qu'il valait mieux que je profite d'une vraie nuit de sommeil – d'ailleurs, j'avais effectivement bien dormi. Elle m'a annoncé que la famille allait bientôt devoir prendre une décision. Elle a dit « la famille » comme elle aurait dit « le Conseil des ministres » ou « les Nations unies », tout en sachant, comme moi, qu'il n'y avait que nous trois en réalité. La famille, c'était nous, et, dans les hôpitaux, il n'y a jamais qu'une décision que les familles soient amenées à prendre. Je lui ai dit que je rentrais par le premier avion. Je ne serais pas chez moi pour accueillir les livreurs, je ne serais pas à l'université pour donner mes premiers cours. Je prendrais un avion pour Dublin et j'irais la voir le plus vite possible. En téléphonant à la compagnie Aer Lingus, mon amie a découvert qu'ils réservaient toujours quelques places pour des éventualités de ce type. Je pouvais partir le soir même.

Questions

1 **(i)** Où est-ce que l'appartement du narrateur était situé à New York ? (Section 1)

(ii) Trouvez, dans la première section, un verbe au présent du subjonctif.

2 **(i)** Il était impossible de contacter le narrateur. (Section 2) Pourquoi ? Mentionnez deux raisons.

(a) _____

(b) _____

(ii) Citez les mots qui veulent dire « un appel téléphonique ». (Section 2)

3 **(i)** Depuis combien de temps est-ce que la sœur de l'auteur essayait-elle de le contacter? (Section 3)

(ii) Quelle phrase indique que la sœur du narrateur dormait ? (Section 4)

4 **(i)** Trouvez, dans la quatrième section, un verbe au conditionnel.

(ii) Relevez l'expression qui montre que la sœur de l'auteur était déçue de ne pas avoir reçu de réponse à ses messages. (Section 4)

5 **(i)** Quelle phrase montre que le narrateur a voulu rentrer en Irlande le plus vite possible ? (Section 5)

(ii) Le narrateur pouvait partir sans délai avec Aer Lingus. Pourquoi ? (Section 5)

6 Do you think that the author was doing his best to settle in New York? Refer to the text in support of your answer. (Two points) (About 50 words in total)

7 En pleine nuit vous avez reçu un coup de fil urgent de votre meilleur(e) ami(e). Racontez pourquoi il/elle vous a téléphoné et ce qui s'est passé ensuite. (Votre récit peut-être réel ou imaginaire.) (90 mots environ)

Extrait du livre *L'Adversaire* par Emmanuel Carrère

L'auteur parle d'un jeune garçon très intelligent qui est enfant unique et qui habitait avec ses parents dans un petit village.

1. Sa petite enfance s'est déroulée dans le hameau où, le temps que lui laissait son travail de régisseur forestier, son père exploitait une ferme. J'y suis passé, guidé par ses plans : ce sont quelques maisons au fond d'une combe perdue dans une immense et sombre sapinière. L'école n'avait que trois élèves. Ensuite, ses parents ont fait bâtir à Clairvaux et s'y sont installés. Il avait un an d'avance, lisait beaucoup. En classe de septième, il a remporté le prix d'excellence. Les voisins, les cousins, les maîtres d'école se rappellent un petit garçon sage, calme et doux, que certains sont tentés de décrire trop sage, trop calme, trop doux, tout en reconnaissant que cet excès de mesure leur est apparu après coup, pauvre explication d'un drame inexplicable.

2. Un enfant unique, un peu couvé peut-être. Un enfant qui ne faisait jamais de bêtises, plus estimable – si on peut dire cela d'un enfant – que vraiment attachant, mais qu'on n'imaginait pas pour autant malheureux. Lui-même parle rarement de son père sans glisser une bizarre petite parenthèse endimanchée comme quoi il portait bien son prénom : « Aimé, le bien nommé. » Il dit que sa mère se faisait du souci, à tout propos, et qu'il a tôt appris à donner le change pour qu'elle ne s'en fasse pas davantage. Il admirait son père de ne jamais laisser paraître ses émotions et s'est efforcé de l'imiter. Tout devait toujours aller bien, sans quoi sa mère irait plus mal et il aurait été un ingrat de la faire aller plus mal pour des broutilles, de petits chagrins d'enfant. Mieux valait les cacher. Dans le village, par exemple, les fratries étaient nombreuses, c'était plus animé chez les autres que chez lui mais il sentait que cela peinait ses parents quand il leur demandait pourquoi lui n'avait pas de frère ou de sœur.

3. Il sentait que cette question recouvrait quelque chose de caché et que sa curiosité mais plus encore sa peine leur faisaient du chagrin. C'était un mot de sa mère, le chagrin, auquel elle donnait un sens curieusement concret, comme s'il s'agissait d'une maladie organique qui la minait. Il savait qu'en s'avouant lui aussi atteint de cette maladie il ferait empirer celle de sa mère, qui était beaucoup plus grave et risquait de la tuer. D'un côté, on lui avait appris à ne pas mentir, c'était un dogme absolu : un Romand n'avait qu'une parole, un Romand était franc comme l'or. De l'autre, il ne fallait pas dire certaines choses, même si elles étaient vraies. Il ne fallait pas causer de chagrin, pas non plus se vanter de son succès ou de sa vertu.

Questions

1. **(i)** Comment sait-on que le jeune garçon était très intelligent? (Section 1)

   (ii) Citez deux adjectifs qui décrivent le jeune garçon selon les voisins. (Section 1)
   - (a) _____
   - (b) _____

2. **(i)** Quelle expression montre que sa mère était souvent anxieuse ? (Section 2)

   (ii) Trouvez, dans la deuxième section, un verbe au présent du subjonctif.

3. **(i)** Quelle était l'attitude du jeune garçon envers son père ? (Section 2)

   (ii) Relevez un mot qui veut dire « des choses peu importantes ». (Section 2)

4. Citez le détail qui suggère qu'il y avait plusieurs enfants dans le village. (Section 2)

5. **(i)** Relevez l'élément qui veut dire « une règle inconditionnelle ». (Section 3)

   (ii) Relevez une expression qui montre que la famille Romand était très honnête. (Section 3)

6. Do you think that this family was a little unusual? Refer to the text in support of your answer. (Two points) (About 50 words in total)

7. Être enfant unique ou membre d'une famille nombreuse, que préférez-vous ? Quels sont les avantages et les inconvénients ? (90 mots environ)

Compréhension Littéraire

10 Lisez le passage suivant et répondez aux questions.

Extrait du livre *Demain est un autre jour* par Lori Nelson Spielman

La narratrice veut révéler un secret mais son copain Andrew ne veut pas l'entendre.

1. Je n'ai aucun souvenir du chemin du retour.

   Je me rappelle juste avoir titubé dans l'appartement, gravi les marches d'un pas lourd avant de m'affaler sur le lit. Pendant deux jours, j'ai enchaîné un cycle ininterrompu de sommeil, de réveil et de pleurs. Vendredi matin, la compassion d'Andrew commence à faiblir. Il s'assied au bord du lit, vêtu d'un costume noir impeccable et d'une chemise blanche sans le moindre pli, et il caresse mes cheveux emmêlés.

2. « Il faut que tu sortes de cet état, bébé. Avec ta nouvelle promotion, tu te retrouves submergée d'émotions, donc forcément, tu évites le boulot. » J'essaie de protester mais, d'un geste de l'index, il me fait taire. « Je ne dis pas que tu en es incapable, je dis juste que tu es intimidée. Mais, chérie, tu ne peux pas te permettre d'être absente comme ça plusieurs jours de suite. Ce n'est plus ton ancien poste de marketing où tu pouvais te la couler douce de temps à autre.

   —Me la couler douce ? » Je sens mes poils se hérisser sur ma nuque. Il pense que mon ancien poste de directrice marketing était insignifiant ! Et pire encore, je n'ai même pas été capable de conserver ce boulot. « Tu n'imagines pas ce que je suis en train de traverser. J'estime avoir droit à quelques jours pour porter mon deuil.

3. —Hé, je joue dans la même équipe que toi, là. J'essaie juste de t'aider à retourner sur le terrain. »

   Je me frotte les tempes.

   « Je sais. Excuse-moi. Je ne suis pas vraiment moi-même, ces derniers temps. »

   Il se lève mais je l'attrape par la manche. Il faut que je lui dise la vérité ! Mon projet de tout lui révéler mardi soir a avorté quand j'ai appris mon licenciement et, depuis, je n'ai pas réussi à trouver le courage de lui expliquer. « Reste avec moi aujourd'hui. S'il te plaît. On pourrait …

   —Désolé, chérie, je ne peux pas. Ma liste de rendez-vous est complètement folle. » D'une secousse légère, il se libère de mon étreinte et lisse sa manche. « Je vais essayer de rentrer plus tôt. »

   Dis-lui. Maintenant.

   « Attends ! »

4. Il s'arrête à mi-chemin vers la porte et me regarde par-dessus son épaule. Mon cœur me martèle la poitrine.

   « Il faut que je **te** dise quelque chose. »

   Il pivote et me regarde, les yeux plissés, comme si sa copine habituellement transparente venait soudain de se matérialiser en couleurs. Il finit par revenir au bord du lit et me dépose un baiser sur le front comme si je n'étais qu'une petite écervelée de cinq ans.

   « Arrête tes bêtises. Ce que tu dois faire, surtout, c'est sortir ton joli petit cul de ce lit. Tu as une entreprise à gérer. »

   Il me tapote la joue et avant que j'aie eu le temps de dire ouf, il a disparu.

Questions

1 **(i)** Quelle phrase indique que la narratrice était très bouleversée ? (Section 1)

(ii) Relevez une expression dans la première section qui montre qu'Andrew est très bien habillé.

2 **(i)** Trouvez, dans la deuxième section, une expression qui veut dire « relâcher ses efforts ».

(ii) Quelle phrase montre que la narratrice pense qu'elle mérite quelques jours sans devoir travailler ? (Section 2)

3 **(i)** La narratrice avait prévu de tout révéler à Andrew mardi soir mais elle a ensuite changé d'avis. Pourquoi ? (Section 3)

(ii) Citez, dans la troisième section, un verbe au conditionnel.

4 **(i)** Pourquoi Andrew ne peut-il pas rester avec la narratrice ? (Section 3)

(ii) Pour le pronom en italique (*te*), trouvez le mot auquel il se réfère. (Section 4)

5 **(i)** Citez, dans la quatrième section, un mot qui veut dire « une fillette folle ».

(ii) Écrivez la réponse dans la case. Lequel des adjectifs suivants décrit le mieux l'attitude d'Andrew dans la quatrième section :

(a) indifférente.   (c) patiente.
(b) compréhensive.   (d) sensible.

6 How would you describe the relationship between the narrator and Andrew in this extract? Refer to the text in support of your answer. (Two points) (About 50 words in total)

7 Pensez-vous que l'inégalité des sexes existe encore dans le monde contemporain? Expliquez votre opinion. (90 mots environ)

Compréhension Littéraire

11 Lisez le passage suivant et répondez aux questions.

Extrait du livre *The Bamboo Confessions* par Lauren Weisberger

La narratrice explique à ses parents ses plans de voyage. Ils ne sont pas du tout d'accord.

1 J'ai su, au moment où je suis entrée dans le vestibule du bizarrement nommé hôtel Viet-Tang pour notre conférence de groupe de six heures, que j'avais fait la plus grosse erreur de ma vie. En réalité, ce n'est pas vrai ; j'avais su très clairement, dès l'instant où j'avais ajouté ce « séjour d'aventures » à mon panier électronique, que c'était une énorme erreur de jugement, mais je n'avais pas voulu le reconnaître jusqu'à ce que je voie le reste du groupe. Les presque deux jours entiers de voyage de Newark à Hanoi en passant par Dubaï et Kuala Lumpur avaient évidemment été merdiques, tout comme la course en taxi de l'aéroport au centre-ville, la plus chaude et la plus sale que j'aie jamais connue, mais ce n'était rien en comparaison de la rencontre avec mes nouveaux compagnons de voyage. Adieu mes fantasmes soigneusement entretenus d'étrangers exotiques et sophistiqués qui se lanceraient dans de grandes discussions sur l'actualité et la politique jusque tard dans la nuit. Aucune trace des hommes beaux mais sensibles qui devaient se battre pour me charmer et me séduire et être effondrés en découvrant que j'étais déjà prise. Personne de vaguement séduisant à l'horizon.

2 La voix de ma mère résonna dans mes oreilles.

—Ma chérie, je ne pense pas que ce petit voyage soit une bonne idée. Tu *détestes* être seule. Pourquoi veux-tu traverser la moitié du globe jusqu'à je ne sais quel trou perdu ?

J'avais essayé de lui expliquer que c'était justement ça le problème – n'avoir jamais fait quoi que ce soit d'un tant soit peu spontané jusqu'à maintenant, avoir à peine osé déjeuner toute seule en six ans, depuis mon diplôme universitaire, mais elle n'avait pas compris. Les autres non plus, d'ailleurs.

—Tu vas *où* ?, m'avait demandé mon père quand j'avais annoncé mon projet lors d'une de mes deux visites mensuelles obligatoires dans leur maison de Westchester, en daignant enfin lever les yeux de son *Wall Street Journal* sans doute pour la première fois de ma vie d'adulte.

3 —Au Vietnam. Pour un voyage routard. Nous serons un groupe de huit, des gens des quatre coins du monde, et nous aurons un guide qui nous fera découvrir le pays. Je suis sûre que ça va être génial, avais-je répondu, carrément sur la défensive, tâchant de me convaincre moi-même autant que lui.

—Humph, avait-il soupiré, avant de se replonger dans son journal. J'ai passé quelques-unes des plus belles années de ma vie à tout faire pour éviter cet enfer et maintenant ma fille paye pour y aller. Sacrément ironique si vous voulez mon avis.

Fin de la discussion.

Leurs doutes avaient rendu ce voyage d'autant plus attirant, évidemment. Pas besoin d'être une ado révoltée pour trouver extrêmement satisfaisant d'emmerder ses parents, ça c'est sûr.

Questions

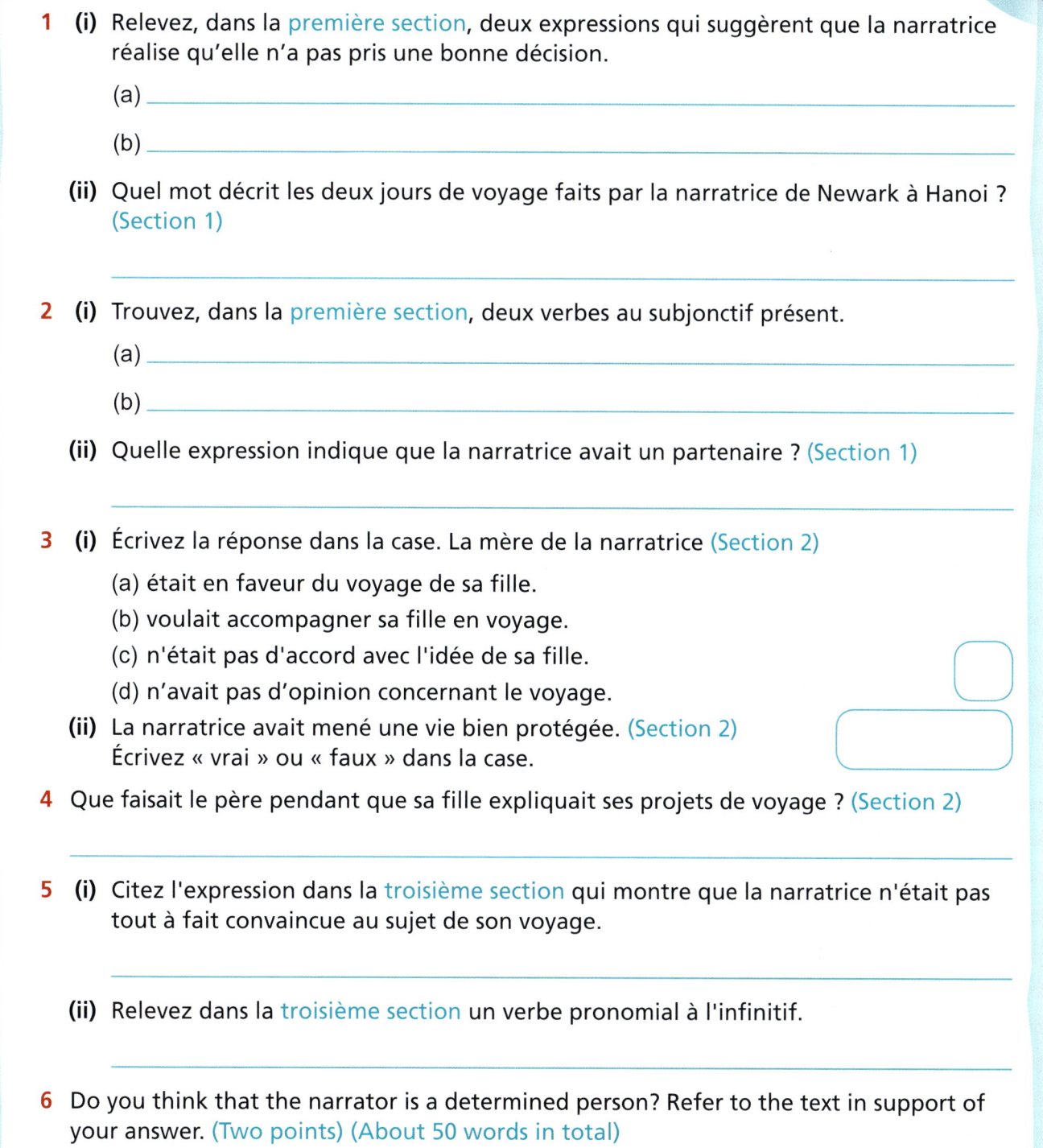

1. **(i)** Relevez, dans la première section, deux expressions qui suggèrent que la narratrice réalise qu'elle n'a pas pris une bonne décision.

    (a) _____

    (b) _____

    (ii) Quel mot décrit les deux jours de voyage faits par la narratrice de Newark à Hanoi ? (Section 1)

    _____

2. **(i)** Trouvez, dans la première section, deux verbes au subjonctif présent.

    (a) _____

    (b) _____

    (ii) Quelle expression indique que la narratrice avait un partenaire ? (Section 1)

    _____

3. **(i)** Écrivez la réponse dans la case. La mère de la narratrice (Section 2)

    (a) était en faveur du voyage de sa fille.
    (b) voulait accompagner sa fille en voyage.
    (c) n'était pas d'accord avec l'idée de sa fille.
    (d) n'avait pas d'opinion concernant le voyage.

    (ii) La narratrice avait mené une vie bien protégée. (Section 2)
    Écrivez « vrai » ou « faux » dans la case.

4. Que faisait le père pendant que sa fille expliquait ses projets de voyage ? (Section 2)

    _____

5. **(i)** Citez l'expression dans la troisième section qui montre que la narratrice n'était pas tout à fait convaincue au sujet de son voyage.

    _____

    (ii) Relevez dans la troisième section un verbe pronominal à l'infinitif.

    _____

6. Do you think that the narrator is a determined person? Refer to the text in support of your answer. (Two points) (About 50 words in total)

7. Il n'y a rien de mieux qu'un voyage pour ouvrir l'esprit des jeunes. Êtes-vous d'accord avec ce point de vue ? Pourquoi ? (90 mots environ)

Compréhension Littéraire

12 Lisez le passage suivant et répondez aux questions.

Extrait du livre *L'Alchimiste* par Paulo Coehlo

Le narrateur nous parle d'un jour où il a eu du mal à écrire.

1. Aujourd'hui, m'asseyant devant cette page, je me souviens d'une chaude nuit de février 1988 où j'ai dû affronter une autre page blanche.

   Fou d'angoisse, j'avais passé toute la journée à repousser ce moment. Je m'étais réveillé de bonne heure, mais décidais de lire d'abord le journal – comme s'il n'y avait rien de plus important à faire. J'ai tout lu, jusqu'aux petites annonces, moi qui avais quitté mon emploi pour m'embarquer dans ce monde « périlleux et imprévisible » de la littérature. Au bout d'une heure et demie de lecture méthodique et soigneuse des pages imprimées, j'ai compris qu'il me fallait sortir, essayer d'oublier ces nouvelles qui ne sont plus inquiétantes parce que ce sont toujours les mêmes. Je voulais faire le vide dans ma tête, comme on nettoie un grenier, et me préparer pour la page blanche qui m'attendait sur la machine à écrire.

2. J'ai marché d'un pas rapide sur le large trottoir de Copacabana, ressentant une certaine nostalgie de l'Espagne, où j'avais vécu quelque temps et connu souvent le même ciel nuageux et la même chaleur matinale. La nature autour de moi semblait confrontée à elle-même et aux éléments ; la mer se jetait violemment contre la plage, le vent secouait les feuilles des rares palmiers qui restaient, les nuages contenaient des orages qui allaient bientôt s'abattre sur la ville et provoquer les embouteillages habituels. Mon cœur battait trop vite : j'avais une idée, j'avais une histoire, mais simplement je ne savais pas comment commencer à **la** raconter.

   J'avais déjà écrit un livre, *Le Pèlerin de Compostelle*, récit de mon pèlerinage sur un chemin du nord de l'Espagne quasi oublié à l'époque. À ma surprise, le sujet avait éveillé la curiosité des lecteurs brésiliens, il se vendait bien, et cela signifiait la possibilité de publier un nouveau texte. Je devais saisir cette opportunité : avoir écrit un livre, cela ne suffisait pas pour faire de moi un écrivain. Je devais aller plus loin, pour que mon rêve demeure vivant, pour que le fleuve de mots ne cesse pas de couler.

3. Je suis rentré chez moi. Christina, ma femme, n'a rien dit. Elle savait que j'étais pris dans une tempête semblable à celle qui menaçait de tomber d'un moment à l'autre sur la ville de Rio de Janeiro. Le déjeuner terminé, fatigué de ne rien faire, je suis allé dormir d'un sommeil lourd, sans rêves. À mon réveil, l'horloge marquait déjà 7 heures du soir. Les télévisions des voisins étaient allumées et j'entendais dans les maisons le bruit et l'agitation des familles qui se préparaient à dîner, à regarder entre elles quelques émissions et à parler de la journée de travail. Un peu coupable, je suis retourné vers la table du bureau, devant la page blanche. Je me suis promis de rester là au moins une demi-heure, même si je ne faisais rien.

Questions

1 (i) Écrivez la réponse dans la case. D'après la première section, le narrateur

   (a) est né au mois de février.
   (b) s'est réveillé tard.
   (c) n'a pas lu le journal.
   (d) a lu le journal en entier.

   (ii) Comment l'auteur décrit-il le monde littéraire dans la première section ? (Deux mots)

   (a) _____

   (b) _____

2 (i) Pourquoi le narrateur a-t-il décidé de quitter la maison ? (Section 1)

   _____

   (ii) Trouvez, dans la deuxième section, un verbe au participe présent.

   _____

3 (i) Quelle expression indique qu'il y avait souvent des problèmes de circulation dans la ville ? (Section 2)

   _____

   (ii) Pour le pronom en italique *(la)*, trouvez le mot auquel il se réfère. (Section 2)

   _____

4 (i) Quel est le thème du premier livre écrit par le narrateur, *Le Pèlerin de Compostelle* ? (Section 2)

   _____

   (ii) Le premier roman du narrateur n'était pas populaire au Brésil. (Section 2) Écrivez « vrai » ou « faux » dans la case.

5 (i) Qu'est-ce qui menaçait la ville de Rio de Janeiro ? (Section 3)

   _____

   (ii) Trouvez, dans la troisième section, un mot qui veut dire « programmes ».

   _____

6 How would you describe the narrator's general mood in this extract? Refer to the text in support of your answer. (Two points) (About 50 words in total)

7 « Il m'arrive parfois de ne pas pouvoir me concentrer sur les devoirs » (Paul, 18 ans). Cela vous arrive-t-il aussi ? Quelle est votre solution ? (90 mots environ)

Compréhension Littéraire 13

Lisez le passage suivant et répondez aux questions.

Extrait du livre *Brooklyn* par Colm Tóibín

En arrivant à Brooklyn, la jeune Eilis loge dans la pension de Mme Kehoe, qui est originaire de Wexford.

1. Eilis se réveillait au milieu de la nuit, repoussait la couverture et tentait de se rendormir, mais le simple drap lui paraissait encore trop lourd. Elle était en nage. C'était, lui avait-on dit, probablement la dernière semaine de canicule ; ensuite la température chuterait et il lui faudrait plusieurs épaisseurs de couvertures pour avoir chaud. Mais, entre-temps, la touffeur moite persistait et les gens, dans la rue, avançaient au ralenti, comme accablés.

   Sa chambre était située à l'arrière de la maison, et la salle de bains se trouvait en face, de l'autre côté du couloir. Le plancher grinçait, les portes lui semblaient faites d'un matériau curieusement léger et les canalisations étaient si bruyantes que lorsque les autres pensionnaires allaient aux toilettes, soit pendant la nuit, soit quand elles rentraient tard, le week-end, elle les entendait. Cela ne la dérangeait pas d'être réveillée ainsi pourvu qu'il fasse nuit encore, pourvu qu'elle puisse se pelotonner dans son lit et se rendormir. Dans ce cas, elle pouvait éviter de penser à la journée qui l'attendait. Mais s'il faisait déjà clair dans la chambre, elle savait qu'il ne lui restait qu'une heure ou deux tout au plus avant la sonnerie du réveil.

2. Mme Kehoe, la propriétaire de la pension, était, comme Eilis, originaire du comté de Wexford et ne manquait pas une occasion d'évoquer avec elle les excursions du dimanche à Curracloe ou à Rosslare Strand, les matchs de hurling, les magasins de la rue commerçante de la ville de Wexford, où elle était née, pour sa part, et les personnages hauts en couleur dont elle gardait le souvenir. Au début, présumant que Mme Kehoe était veuve, Eilis lui avait demandé d'où était originaire M. Kehoe, mais n'avait obtenu en retour qu'un sourire triste. Mme Kehoe lui avait ensuite appris qu'il était natif du village de Kilmore Quay, sans plus de précisions. Plus tard, Eilis en parla au père Flood, qui **lui** conseilla d'éviter toute allusion à M. Kehoe. En effet, celui-ci était parti vers l'Ouest en emportant l'argent du ménage et en laissant sa femme avec des dettes et, pour seule ressource, leur maison de Clinton Street. Voilà pourquoi, ajouta le père Flood, Mme Kehoe louait des chambres ; cela expliquait la présence des cinq pensionnaires qui, outre Eilis, logeaient chez elle.

3. Mme Kehoe avait ses appartements personnels au rez-de-chaussée : une suite composée d'un salon, d'une chambre à coucher et d'une salle de bains en enfilade. Elle possédait aussi le téléphone, mais avait bien fait comprendre à Eilis qu'elle ne prenait les messages téléphoniques sous aucun prétexte. Pour le reste, la maison était occupée par deux pensionnaires au sous-sol, deux au premier étage et deux autres au second ; toutes avaient l'usage de la vaste cuisine du rez-de-chaussée, où Mme Kehoe leur servait le repas du soir. Elles pouvaient se préparer du thé ou du café à toute heure, à condition d'utiliser leur propre tasse et leur propre soucoupe et de les laver, les essuyer et les ranger elles-mêmes.

   Le dimanche, Mme Kehoe avait pour règle de se rendre invisible. Il revenait alors aux filles de préparer le repas et de veiller à laisser la cuisine parfaitement propre. Mme Kehoe, elle, assistait à la première messe et, le soir, elle recevait ses amies pour une partie de poker à l'ancienne, qui se disputait dans le plus grand sérieux. À entendre Mme Kehoe, écrivit Eilis dans une lettre à sa mère et à sa sœur, le poker était un devoir dominical de plus, dont elle s'acquittait uniquement par obligation morale.

Questions

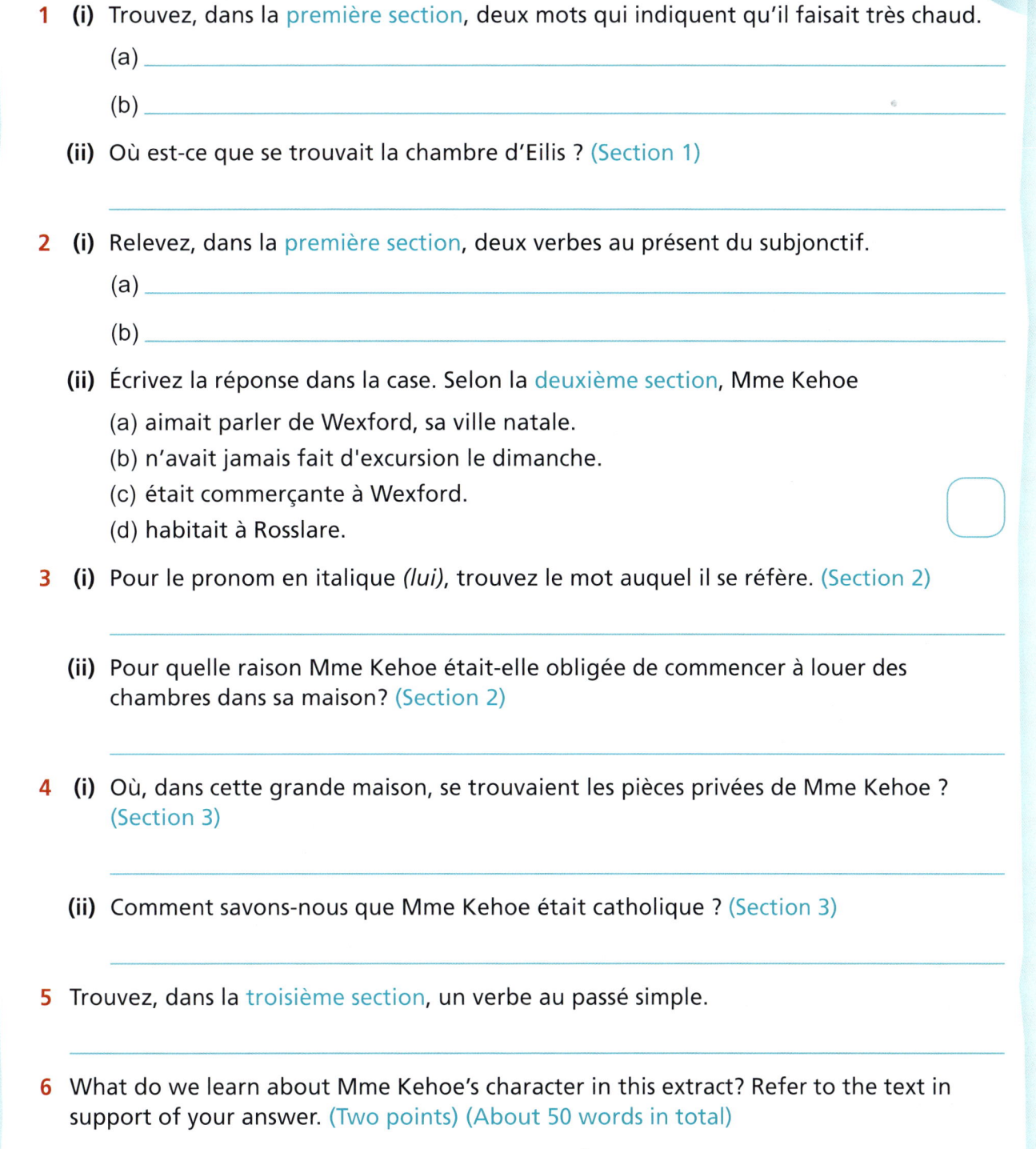

1 **(i)** Trouvez, dans la première section, deux mots qui indiquent qu'il faisait très chaud.

(a) _____

(b) _____

(ii) Où est-ce que se trouvait la chambre d'Eilis ? (Section 1)

_____

2 **(i)** Relevez, dans la première section, deux verbes au présent du subjonctif.

(a) _____

(b) _____

(ii) Écrivez la réponse dans la case. Selon la deuxième section, Mme Kehoe

(a) aimait parler de Wexford, sa ville natale.
(b) n'avait jamais fait d'excursion le dimanche.
(c) était commerçante à Wexford.
(d) habitait à Rosslare.

3 **(i)** Pour le pronom en italique *(lui)*, trouvez le mot auquel il se réfère. (Section 2)

_____

(ii) Pour quelle raison Mme Kehoe était-elle obligée de commencer à louer des chambres dans sa maison? (Section 2)

_____

4 **(i)** Où, dans cette grande maison, se trouvaient les pièces privées de Mme Kehoe ? (Section 3)

_____

(ii) Comment savons-nous que Mme Kehoe était catholique ? (Section 3)

_____

5 Trouvez, dans la troisième section, un verbe au passé simple.

_____

6 What do we learn about Mme Kehoe's character in this extract? Refer to the text in support of your answer. (Two points) (About 50 words in total)

7 Dans cet extrait, la jeune fille Eilis a émigré aux États-Unis. Et vous ? Avez-vous l'intention de partir à l'étranger un jour ? Expliquez vos raisons. (90 mots environ)

Compréhension Littéraire

14 Lisez le passage suivant et répondez aux questions.

Extrait du livre *Le Petit Nicolas s'amuse* par René Goscinny et Jean-Jacques Sempé

Geoffroy ne se comporte pas bien pendant la récréation, ce qui a des conséquences graves.

1. Hier après-midi, Geoffroy a apporté un gros ballon à l'école et pendant la récré, le Bouillon (notre surveillant) lui a dit : « Ne jouez pas avec ce ballon ; vous allez finir par casser quelque chose ou faire mal à quelqu'un. »

   Alors, Geoffroy a pris son ballon sous le bras, il est allé plus loin et, pendant que le Bouillon était occupé à parler avec un grand, il a donné un shoot terrible dans le ballon, mais il n'a pas eu de chance, parce que le ballon a rebondi contre le mur, il est allé taper sur le bras du Bouillon, et Geoffroy s'est mis à pleurer. Le Bouillon est devenu tout rouge, il a ramassé le ballon, il a pris Geoffroy par le bras et ils sont partis tous les trois chez le directeur. Et puis, Geoffroy n'est pas revenu en classe, parce que le Bouillon a fait suspendre Geoffroy pour deux jours.

2. En sortant de l'école, on était tous très embêtés, parce que Geoffroy, c'est un copain, et ça fait des histoires terribles quand vous êtes suspendu, et puis parce que le Bouillon avait confisqué le ballon, qui aurait été chouette pour jouer au foot dans le terrain vague.

   —Il n'avait pas le droit de faire ça, le Bouillon, a dit Eudes.
   —Ouais, j'ai dit.
   —Il n'avait peut-être pas le droit, mais il l'a fait, a dit Rufus.
   —Ah oui ? a dit Eudes. Eh bien, on va lui montrer qu'il n'a pas le droit ! Vous savez ce qu'on va faire, les gars ? Demain, on viendra tous de bonne heure à l'école, et quand le Bouillon sonnera la cloche pour monter en classe, nous, on n'ira pas. Et puis, on lui dira, au Bouillon : « Si vous voulez qu'on monte en classe, enlevez la suspension de Geoffroy, et rendez-lui le ballon, sans blague ! » Et toc !

   Ça, c'était une idée formidable, et on a tous crié :
   « Hip, hip, hourra ! »
   —Ouais, a dit Maixent, ils vont voir qu'avec la bande des Vengeurs, on ne rigole pas !
   La bande des Vengeurs, c'est nous, et c'est vrai qu'avec nous il ne faut pas rigoler.
   —Si vous voulez qu'on monte en classe, enlevez la suspension de Geoffroy et rendez-lui le ballon, sans blague, on lui dira au Bouillon, a dit Eudes.
   —Et toc ! a dit Clotaire.
   —Alors, on est tous d'accord ? a demandé Joachim.
   —Ouais ! on a tous crié.

3. —Allez, à demain, les gars ! a dit Eudes.

   Et il est parti avec Joachim qui habite près de chez lui, et il lui expliquait ce qu'on lui dirait, demain, au Bouillon. Moi, j'étais drôlement fier d'appartenir à une chouette bande de copains, avec lesquels il ne faut pas rigoler. Alceste, qui marchait à côté de moi en mangeant un croissant, a fait un gros soupir et, avant de rentrer chez lui, il m'a dit :
   —Ça va faire une drôle d'histoire, demain.
   Pour ça, il avait raison, Alceste ; ça ferait une drôle d'histoire, et le Bouillon verrait une fois pour toutes qui est le plus fort, lui ou nous.

   Je n'ai pas très bien dormi, cette nuit ; c'est toujours comme ça quand on doit faire une chose terrible le lendemain matin ; et quand maman est venue pour me dire que c'était l'heure de me lever, j'étais déjà réveillé, et drôlement énervé.

4. —Allons, allons, debout, paresseux ! m'a dit maman.
   Et puis, elle m'a regardé et elle m'a demandé :
   —Tu en fais une tête, Nicolas ? Ça ne va pas ?
   —Je ne me sens pas très bien, j'ai dit.
   Et c'est vrai que je ne me sentais pas très bien ; j'avais une grosse boule dans la gorge, un peu mal au ventre et très froid aux mains. Maman m'a mis sa main sur le front et elle a dit :
   —Tu es un peu moite, en effet …
   Papa, qui revenait de la salle de bains, est entré dans ma chambre et il a demandé :
   —Qu'est-ce qui se passe ? Nous avons les symptômes du matin avant d'aller à l'école ?
   —Il n'a vraiment pas l'air bien, a dit maman. Je me demande si … Tu sais, son petit camarade Agnan a les oreillons, et …
   —Mais il les a déjà eus, les oreillons, a dit papa. Tire un peu la langue, toi, phénomène.
   J'ai tiré la langue, papa m'a passé la main sur les cheveux et il a dit :
   —Je crois qu'il s'en tirera … En piste, bonhomme, tu vas être en retard. Et ne fais pas cette tête-là ; si à midi ça ne va pas mieux, tu ne retourneras pas à l'école cet après-midi. D'accord ?
   Alors, je me suis levé ; papa, avant de sortir de ma chambre, s'est retourné et il m'a demandé :
   —Tu n'as pas d'ennuis à l'école, par hasard ?
   —Ben, non, j'ai dit.

Questions

1 **(i)** Selon la première section, Geoffroy

(a) ne jouait pas avec son ballon.
(b) s'est bien comporté.
(c) a cassé la fenêtre avec son ballon.
(d) n'a pas obéi au surveillant.

(ii) Comment est-ce que Geoffroy a réagi quand le ballon a frappé le Bouillon ? (Section 1)

_____

2 **(i)** Relevez, dans la deuxième section, un verbe au participe présent.

_____

(ii) Qu'est-ce que les garçons décident de faire le lendemain matin quand le Bouillon sonnera la cloche pour monter en classe? (Section 2)

_____

3 **(i)** Comment s'appelle le groupe d'amis dans cet extrait ? (Section 2)

_____

(ii) Relevez le mot qui montre que Nicolas était vraiment heureux de faire partie de cette bande ? (Section 3)

_____

4 Trouvez, dans la troisième section, deux verbes au conditionnel.

(a) _____

(b) _____

5 **(i)** Nicolas se sentait un peu malade avant d'aller à l'école. Relevez deux de ses symptômes. (Section 4)

(a) _____

(b) _____

(ii) Le père de Nicolas a fait un compromis avec son fils. Quel compromis ? (Section 4)

_____

6 Do you think that the young friends in this extract are typical of their age? Refer to the text in support of your answer. (Two points) (About 50 words in total)

7 Il faut que les professeurs soient abordables et compréhensifs afin d'encourager les élèves à faire de leur mieux. Êtes-vous d'accord ? Parlez de vos rapports avec vos profs. (90 mots environ)

Triomphe au Bac Supérieur

Compréhension Littéraire

Compréhension Littéraire

15 Lisez le passage suivant et répondez aux questions.

Extrait du livre *Le Roi Arthur* par Michael Morpurgo

Dans cet extrait, le narrateur découvre un étrange secret familial.

1. Quand je te regarde, il me semble revoir l'enfant que j'ai été, rêveur, aventureux. Il faut que je fasse un effort pour me rappeler le château où j'ai grandi, le lit où j'ai dormi, la table où j'ai mangé, mais je revois clairement, par la pensée, les forêts sauvages du pays de Galles et les montagnes balayées par les vents où j'ai passé mes jeunes années. Des années insouciantes, en vérité. J'avais une mère comme meilleure amie et un père comme compagnon de tous les instants et comme professeur. C'est lui qui m'apprit à chasser, à marcher sans bruit, à tuer proprement. C'est lui qui me montra comment tenir un faucon, comment maîtriser un renard, comment tirer à l'arc sans trembler en bandant la corde, et comment manier l'épée et la lance comme un chevalier doit savoir le faire.

2. Mais c'est ma mère qui m'enseigna les choses importantes. Par elle, j'appris ce qui est bien et ce qui est mal, ce qui doit être et ce qui ne doit pas être. Des leçons que je continue à apprendre, mon ami. De ma vie entière, je n'ai jamais aimé personne plus que ma mère, et je crois n'avoir jamais détesté personne plus que mon frère aîné Kay.

Kay avait six ans de plus que moi, et il fut le fléau de ma jeunesse. Il s'ingéniait toujours à me faire endosser la responsabilité de ses propres méfaits en essayant de monter Père contre moi … et en y parvenant souvent. Je me retrouvais confiné dans ma chambre ou fouetté pour une faute que je n'avais pas commise, et je revois la lueur sarcastique et triomphante qui brillait alors dans les yeux de mon frère. Mais avec Mère, il ne réussit jamais à me faire accuser. Jamais **elle** n'accepta d'écouter un seul mot contre moi, que ce fût de Kay ou de Père. Elle fut mon alliée constante, mon roc.

3. Mais elle mourut. Elle mourut alors que je venais d'atteindre mes douze ans. Quand elle fut couchée sur son lit de mort, les yeux ouverts mais aveugles, je tendis la main pour caresser une dernière fois sa joue. Kay m'empoigna par un bras et me tira brutalement en arrière.

—Ne t'avise pas de la toucher, grinça-t-il, les yeux étincelants. C'est ma mère, pas la tienne. Toi, tu n'as pas de mère.

Je me tournai vers Père et, à son battement de paupières, je compris que Kay disait la vérité.

—Kay, dit-il en secouant tristement la tête. Comment peux-tu dire une chose pareille en ce moment alors que le froid de la mort n'a pas encore envahi ta mère ? Ce que je t'ai révélé, je te l'ai confié sous le sceau du secret. Comment peux-tu être aussi cruel ? Toi, mon propre fils.

—Et moi ? dis-je. Je ne suis pas votre fils ? Elle n'était pas ma mère ?

—Ni l'un ni l'autre, répondit Père, et il détourna les yeux. J'aurais dû te l'expliquer plus tôt, mais je n'ai jamais pu m'y résoudre.

—Mais alors, m'écriai-je, si je ne suis pas votre fils et si je ne suis pas le sien, de qui suis-je le fils ? Je ne peux pas être le fils de personne.

Questions

1. (i) Citez deux adjectifs qui décrivent le narrateur quand il était jeune. (Section 1)

   (a) _____

   (b) _____

   (ii) Où se trouvaient les forêts dont le narrateur parle ? (Section 1)

   _____

2. (i) Trouvez, dans la première section, un verbe à l'imparfait.

   _____

   (ii) Lequel des mots suivants décrit le mieux l'émotion du narrateur envers sa mère ? (Section 2)

   (a) haine.   (c) amour.
   (b) peur.   (d) indifférence.

3. (i) Quelle expression indique que Kay a rendu la vie du narrateur très difficile quand il était jeune ? (Section 2)

   _____

   (ii) Quelle était la punition que le narrateur recevait de son père ? (Section 2)

   _____

4. (i) Pour le pronom en italique (*elle*), trouvez dans la deuxième section le mot auquel il se réfère.

   _____

   (ii) Quel âge avait le narrateur quand sa mère est morte ? (Section 3)

   _____

5. (i) Relevez le mot qui indique que la mère du narrateur ne voyait rien avant de mourir. (Section 3)

   _____

   (ii) Quel secret Kay a-t-il révélé au narrateur ? (Section 3)

   _____

6. Describe the narrator's brother Kay as he is portrayed in this extract. Refer to the text in support of your answer. (Two points) (About 50 words in total)

7. Le rôle de la mère ne cesse d'évoluer dans notre société. Êtes-vous d'accord avec cette opinion ? Pourquoi ? (90 mots environ)

Compréhension Littéraire 16

Lisez le passage suivant et répondez aux questions.

Extrait du livre *La Nostalgie heureuse* par Amélie Nothomb

La narratrice a du mal à obtenir le numéro de téléphone d'un ancien fiancé.

1   Il a fallu renouer avec Rinri, le fiancé éconduit de mes vingt ans. J'avais égaré toutes ses cordonnées, sans qu'il soit possible d'y voir une étourderie. C'est ainsi que de mon bureau parisien, j'ai appelé les renseignements internationaux :

—Bonjour. Je cherche un numéro à Tokyo, mais j'ai seulement le nom de la personne.

—Dites toujours, répondit l'homme qui ne semblait pas conscient de l'énormité de ma question – l'agglomération de Tokyo comptant vingt-six millions d'habitants.

—Le patronyme est Nakano, le prénom Rinri.

J'épelai, moment pénible, car je n'ai jamais retenu les classiques, et je dis des choses comme « M de Macédoine, R de Rossinante », et au bout du fil je sens qu'on m'en veut.

—Un instant, s'il vous plaît, j'effectue la recherche.

J'attendis. Mon cœur se mit à battre fort. J'étais peut-être à quarante secondes de reparler à Rinri, le garçon le plus gentil que j'aie connu.

—Personne de ce nom à Tokyo, reprit-il.

—Pardon ? Vous voulez dire qu'il n'y a pas de Rinri Nakano ?

—Non. Il n'y a pas de Nakano à Tokyo.

2   Il ne s'en rendait pas compte, mais cela revenait à dire qu'il n'y avait pas de Durand à Paris. Rinri est un prénom aussi exceptionnel que, chez nous, Athanase, sans doute pour compenser la banalité de son nom.

—Comment vais-je faire ?

—Attendez, je trouve ici un numéro, je crois que c'est les renseignements japonais.

Il me dicta les 14 chiffres. Je remerciai, raccrochai et appelai les renseignements nippons.

—*Moshi moshi*, me dit une très jolie voix féminine.

Je n'avais plus parlé cette langue admirable depuis seize années. Néanmoins, je parvins à demander si elle pourrait m'obtenir le numéro de Nakano Rinri. Elle répéta à haute voix son prénom avec l'amusement poli d'une personne **qui** prononce un mot rarissime pour la première fois, puis me pria d'attendre un peu.

—Il n'y a pas de Nakano Rinri, finit-elle par déclarer.

—Mais il y a des Nakano ? insistai-je.

—Non. Je suis désolée.

—Il n'y a pas de Nakano à Tokyo ? m'exclamai-je.

—À Tokyo, si. Mais pas dans l'annuaire de la société Takamatsu, que vous avez eu l'obligeance d'appeler.

—Pardonnez-moi.

Dans les mystères de l'univers, il y aurait désormais celui-ci : pourquoi l'employé des renseignements internationaux français, à qui j'avais demandé le numéro des renseignements nationaux japonais, m'avait refilé celui de l'annuaire de la société Takamatsu, inconnue au bataillon, mais dont la standardiste était charmante.

3   Je rappelai les renseignements internationaux français et tombai sur un autre homme. Une brillante idée m'était passée par la tête :

—Je voudrais le numéro de l'ambassade de Belgique à Tokyo, s'il vous plaît.

—Un instant.

Il me brancha sur une ritournelle si indigente qu'au lieu d'agacer, elle inspirait une sorte d'attendrissement.

Dix minutes plus tard, tandis que mon esprit approchait du néant, l'homme me reprit en ligne :

—Cela n'existe pas.

—Pardon ?

Je ne savais plus de quoi nous parlions.

—Il n'existe pas d'ambassade de Belgique à Tokyo, me dit-il comme une évidence.

Il aurait employé le même ton pour me signifier qu'il n'existait pas de consulat d'Azerbaïdjan à Monaco. Je compris qu'il serait inutile de dire que mon père avait longtemps été ambassadeur de Belgique à Tokyo et que ce n'était pas si ancien. Je remerciai et raccrochai.

Questions

1 (i) Qu'a fait la narratrice quand elle n'a pas pu trouver le numéro de téléphone de son ancien fiancé ? (Section 1)

(ii) Relevez, dans la première section, un mot qui signifie « une ville et ses environs ».

2 (i) Quelle phrase, dans la première section, indique que la narratrice se sentait anxieuse en attendant la réponse du standardiste.

(ii) Trouvez, dans la deuxième section, un autre mot pour « japonais ».

3 (i) Citez la phrase qui suggère que la narratrice n'avait pas parlé japonais depuis longtemps. (Section 2)

(ii) Pour le pronom en italique *(qui)*, trouvez le mot auquel il se réfère. (Section 2)

4 (i) Trouvez, dans la deuxième section, un verbe à l'impératif.

(ii) Trouvez un détail, dans la troisième section, qui montre que la narratrice a dû patienter pendant assez longtemps au téléphone.

5 (i) Comment savons-nous qu'il y avait une ambassade de Belgique à Tokyo ? (Section 3)

(ii) Quelle phrase nous informe que la narratrice n'a pas continué ses recherches au téléphone ? (Section 3)

6 Select two words which you think best describe the narrator in this extract and explain why. Refer to the text in support of your answer. (Two points) (About 50 words in total)

7 Dans cet extrait la narratrice se montre bien irritée. Avez-vous jamais été agacé(e) par une personne ou bien une situation ? Racontez ce qui s'est passé. (Votre récit peut être réel ou imaginaire.) (90 mots environ)

Notes

2

Expression orale

Examination information

As most Higher Level students prepare well for this section, the Oral Examination in French tends to improve the overall grade. It is worth 100 marks or 25 per cent of the overall total of 400 marks. The questions asked in the early part of the interview are normally easy. Prepare them well. Good answering at the start will help you to relax and will impress the examiner.

It is a good idea to record yourself and to listen to the answers. If you have a good friend who is also doing the oral, practise asking and answering questions in French. Write out the things you hope to say and practise saying them. Remember that all the material you learn for the Oral French Examination will be of great benefit to you in the written paper.

On the day

The examiner is likely to be a teacher from another school whose own students are doing the oral at the same time. They are there to help you, not to hinder you. They want to find out what you know, not what you do not know.

- Listen carefully for key words and expressions such as 'prochain', 'dernier', 'le week-end', 'en été', 'le matin', 'l'année prochaine', 'l'été prochain'.
- Avoid simply answering 'Oui' or 'Non'. Try to expand on the answers as much as you can, even if your French is not perfect. The Oral Examination is meant to be a conversation.
- Speak slowly, as if you were chatting to a friend, and try not to give the impression that you have learned long answers off by heart.
- Lead the examiner to the topic you want. Mention things you want them to notice.
- Remember that the answer you give to one question will often form the basis of the next question you will be asked. Therefore, don't be tempted to mention things you have not prepared and will not be comfortable discussing. For instance, it is better to say your favourite pastime is television rather than deep-sea diving, unless you have sentences prepared on that topic.
- The examiner will question you in the following tenses: *présent*, *passé composé/imparfait*, *futur*, *conditionnel*. Listen carefully to the tense being used by the examiner and reply in that tense.
- If necessary, ask the examiner to repeat the question: 'Pouvez-vous répéter la question, s'il vous plaît ?' or 'Excusez-moi, je n'ai pas compris'.

If you have decided to bring a document in to your oral exam or are considering doing so, please refer to pp. 104–8 to help you in your preparation.

> **Tip!**
> Try to relax. Smile and look at the examiner (eye contact is important in any interview).

Parlez-moi de vous

💬 Qui êtes-vous ?

Comment vous appelez-vous ?
→ Je m'appelle _____
→ … mais mon surnom est _____.
→ … mais mes amis m'appellent _____.

Quel âge avez-vous ?
→ J'ai dix-sept ans.
→ Je viens d'avoir dix-huit ans.
→ Je viens de fêter mon dix-huitième anniversaire.
→ Je vais bientôt avoir dix-neuf ans.

Pour fêter mon anniversaire …	je suis allé(e)/j'irai au restaurant avec ma famille.
	je suis allé(e)/j'irai en boîte de nuit avec mes amis.
	on m'a offert/je compte recevoir plein de beaux cadeaux, y compris un iPad et des billets de concert.

Quelle est la date de votre anniversaire ?
→ Mon anniversaire est le 13 février.
→ Je fête mon anniversaire le 26 juin.

- janvier
- février
- mars
- avril
- mai
- juin
- juillet
- août
- septembre
- octobre
- novembre
- décembre

Vous êtes né(e) en quelle année ?
→ Je suis né(e) en deux mille (2000)/deux mille un (2001)/deux mille deux (2002).
→ J'ai dix-huit ans.
→ Mon anniversaire est le 6 septembre, et je suis né(e) en deux mille un.

Vous êtes né(e) où ?
→ Je suis né(e) dans la banlieue de Dublin.
→ Je suis né(e) aux Philippines mais nous sommes venus vivre ici quand j'avais douze ans.
→ Je suis né(e) à Galway mais nous sommes venus vivre ici quand mon père a changé de travail.

→ Je suis estonien(ne) et je suis né(e) dans la capitale de l'Estonie qui s'appelle Tallinn mais j'habite en Irlande depuis dix ans maintenant.

Tip!

It is often better to include most of the introductory details in just one sentence. This will tend to make a better impression on the examiner. Begin with the direct answer to the question asked and then include the other details.

Pourriez-vous vous décrire ?
→ Je suis assez grand(e) et mince.
→ Je suis de grande taille/petite taille/de taille moyenne.
→ Je suis plutôt petit(e).

J'ai les cheveux	longs mi-longs courts	J'ai les yeux …	bruns marron noisette verts bleus gris
	raides lisses ondulés bouclés frisés		
	noirs blonds bruns châtains roux		

→ J'ai les cheveux longs, blonds et ondulés, et j'ai les yeux verts.
→ J'ai les cheveux noirs et courts, et j'ai les yeux bleus.
→ Comme vous pouvez le voir, j'ai des tâches de rousseur. J'ai l'air d'un(e) vrai(e) Irlandais(e) !
→ Je pèse environ soixante kilos.
→ Je pèse une cinquantaine de kilos.
→ Je mesure un mètre quatre-vingts.

Quel est votre signe du zodiaque ?

→ Mon signe du zodiaque est Bélier. Je suis donc de nature travailleuse, sensible et ordonnée.

→ Je suis Sagittaire. On dit que je suis têtu(e), indépendant(e) et ambitieux/ambitieuse.

→ Je suis censé(e) être …

Parlez-moi un peu de votre personnalité.

→ Je suis timide, sensible et studieux/studieuse. Les examens sont très importants pour moi et je fais toujours de mon mieux à l'école.

→ Je pense que je suis calme, facile à vivre et optimiste. Je vois la vie en rose, comme on dit en français !

→ Mes amis me disent que je suis indépendant(e) et assez compétitif/compétitive. C'est vrai que je suis plutôt ambitieux/ambitieuse. Je prends les études au sérieux car je rêve d'aller à la fac pour devenir traducteur/traductrice.

→ Je suis quelqu'un de très ouvert d'esprit, sociable et optimiste. J'aime rire et sortir avec mes amis. Mon principal défaut c'est que je suis un peu impatient(e) de temps en temps.

→ Je suis amical(e) et fidèle. Mes amis comptent beaucoup sur moi et je suis toujours là pour eux/elles.

→ Je suis généreux/généreuse et bavard(e) mais je dois avouer qu'il m'arrive d'être un peu paresseux/paresseuse de temps en temps. C'est mon principal défaut.

→ Je suis honnête, compréhensif/compréhensive et très sportif/sportive. J'adore la vie en plein air et je suis passionné(e) de football.

actif/active	drôle	indécis(e)	prudent(e)
affectueux/affectueuse	égoïste	indépendant(e)	raisonnable
agaçant(e)	élégant(e)	intelligent(e)	réaliste
agréable	embêtant(e)	introverti(e)	réservé(e)
agressif/agressive	énergique	loyal(e)	rêveur/rêveuse
aimable	énervant(e)	malheureux/malheureuse	rigolo(te)
ambitieux/ambitieuse	enthousiaste	malhonnête	sage
amical(e)	équilibré(e)	marrant(e)	sensible
amusant(e)	exigeant(e)	méchant(e)	sérieux/sérieuse
arrogant(e)	extraverti(e)	mignon(ne)	serviable
autoritaire	facile à vivre	modeste	sévère
bavard(e)	fainéant(e)	motivé(e)	sincère
calme	fêtard(e)	naïf/naïve	sociable
chaleureux/chaleureuse	fidèle	naturel(le)	spontané(e)
charmant(e)	fier/fière	nerveux/nerveuse	sportif/sportive
compétitif/compétitive	gâté(e)	obstiné(e)	strict(e)
compréhensif/compréhensive	généreux/généreuse	optimiste	studieux/studieuse
content(e)	gentil(le)	ordonné(e)	sympa
courageux/courageuse	grincheux/grincheuse	organisé(e)	têtu(e)
créatif/créative	heureux/heureuse	ouvert(e)	timide
curieux/curieuse	honnête	paresseux/paresseuse	tolérant(e)
décontracté(e)	idéaliste	patient(e)	travailleur/travailleuse
dépensier/dépensière	impatient(e)	pénible	
désorganisé(e)	impoli(e)	pessimiste	
doux/douce	impulsif/impulsive	poli(e)	

Votre quartier

Où est-ce que vous habitez ?

- J'habite en pleine campagne, à dix kilomètres du centre-ville. Mon quartier s'appelle _____.
- J'habite à Glasnevin, dans la banlieue de Dublin.
- J'habite un lotissement à Rochestown, dans la banlieue de Cork.
- J'habite à _____ /à deux pas du lycée.
- Ma maison se trouve dans un quartier très tranquille et pittoresque au bord d'une rivière.
- Nous vivons dans une maison jumelée/un petit appartement en ville/au centre-ville.

Est-ce que c'est loin du lycée ?

- Non, c'est à deux pas du lycée. J'ai vraiment de la chance.
- Oui, malheureusement, c'est à quinze kilomètres d'ici.
- Oui, c'est assez loin, à vingt minutes d'ici en voiture/en bus/à vélo/à pied.

Décrivez-moi votre quartier/région.

- Je dois dire que j'aime bien l'endroit où j'habite.
- Mon quartier est très animé et vivant. Il y a toujours beaucoup de bruit et de circulation, surtout aux heures d'affluence.
- C'est un quartier pittoresque et calme, assez loin du centre-ville.
- L'ambiance est plutôt agréable et tout le monde est très amical.
- Notre maison se trouve en pleine campagne, au bord d'un lac donc c'est plutôt tranquille.
- Ma région est connue pour la pêche et la chasse. Il y a beaucoup de touristes étrangers tout au long de l'année.

Qu'est-ce qu'il y a à faire pour les jeunes dans votre quartier/région ?

- Il y a pas mal de choses à faire pour les jeunes. Il y a, par exemple, un centre commercial, des clubs sportifs, des boîtes de nuit, des parcs et des cafés.
- Il y a toujours quelque chose à faire dans mon quartier. Par exemple, on peut faire du sport, aller au cinéma, au café ou en discothèque. On ne s'ennuie jamais.
- Dans mon village, il n'y a pas grand-chose à faire pour les jeunes, surtout en hiver. On doit se contenter de rester à la maison. Je dois avouer que c'est plutôt mort.
- Je peux aller en ville si je veux, il me faut seulement vingt minutes en bus pour y aller et là il y a un grand choix de distractions : des magasins, un gymnase, des cafés et des restaurants.
- Mon quartier est bien desservi par les transports en commun. C'est très pratique.

Préféreriez-vous habiter en ville ou à la campagne ?

- Je préfere/préférerais habiter en ville, parce que le rythme de vie est beaucoup plus dynamique. On est à côté de tout : les boutiques, les cinémas, les cafés et plein d'autres choses. On ne s'ennuie jamais.
- Je n'aimerais pas habiter en ville, car l'ambiance est trop stressante et il y a trop de bruit et de saleté. En revanche, la vie à la campagne est plus tranquille. Les gens sont moins pressés et ils prennent le temps de vivre.
- En ville il y a un manque d'espaces verts. Et je trouve que l'air est trop pollué par les gaz d'échappement des voitures.

Triomphe au Bac Supérieur

- J'aime me réveiller le matin avec le chant des oiseaux.
- À la campagne, je me sens beaucoup plus près de la nature qu'en ville. L'air est pur et c'est tellement reposant. Ça fait du bien.
- C'est vrai qu'à la campagne, on est loin des attractions de la ville, comme les piscines, les cinémas et les discothèques. Et en plus c'est mal desservi par les transports en commun.
- La circulation en ville est affreuse. Les embouteillages sont nombreux surtout aux heures de pointe. Et on entend les gens klaxonner dans la rue sans cesse !
- Mais c'est comme pour tout : il y a toujours le pour et le contre, n'est-ce pas ? 

Et votre appartement/maison, comment est-il/elle ?

- J'habite une maison individuelle/jumelée à deux étages.
- C'est une maison assez moderne, à deux étages.
- En bas, il y a cinq pièces : la cuisine, le salon, le séjour, la salle à manger et la salle de bains. En haut, nous avons une deuxième salle de bains et trois chambres : la chambre de mes parents, la chambre de mon frère et ma chambre.
- Chez moi, il y a sept pièces, dont quatre chambres.
- Au rez-de-chaussée, il y a quatre pièces y compris la cuisine et le séjour. Au premier étage, il y a trois chambres et une salle de bains.
- J'habite un grand appartement, au dixième étage d'un immeuble.
- C'est un joli pavillon en pleine campagne, avec un grand jardin.
- J'aime beaucoup ma maison. Elle est spacieuse, moderne et très confortable.
- Ma maison n'est pas très élégante. Je ne l'aime pas tellement. J'aimerais habiter une maison beaucoup plus grande et plus moderne.
- Notre appartement est assez petit, mais très confortable.
- Je m'y sens vraiment à l'aise.

Avez-vous un jardin ?

- Oui, nous avons un grand jardin derrière la maison où il y a des arbres, des plantes et plusieurs variétés de fleurs, par exemple des roses et des jonquilles. 
- Oui, nous en avons deux. Il y a un petit jardin devant la maison et puis un grand jardin derrière où je passe beaucoup de temps à jouer au foot avec mon frère.
- Moi, je n'aime pas particulièrement jardiner mais ma mère a la main verte ! Elle aime passer du temps dans le jardin à arracher les mauvaises herbes, à arroser les fleurs et à tondre la pelouse.
- Malheureusement, nous n'avons pas de jardin. J'aimerais bien en avoir un car j'aime la nature.

Comment sont vos voisins ?

→ J'aime beaucoup mes voisins. Ils sont chaleureux et compréhensifs. On peut toujours compter sur eux.

→ J'ai de très bons rapports avec mes voisins. Je les aime beaucoup.

→ Nous sommes très proches de nos voisins. Ils sont tellement serviables et attentionnés. Ils sont toujours là si on a besoin de quelque chose. C'est très rassurant.

→ Malheureusement, on ne connaît pas très bien nos voisins. Quand on vit dans un immeuble, c'est assez difficile de faire connaissance.

Décrivez votre chambre.

→ Ma chambre est assez grande/spacieuse et très confortable.

→ J'adore y passer du temps. Les murs sont blancs et les rideaux sont beiges.

→ Ma chambre est trop petite. C'est vraiment énervant/agaçant !

→ Je n'ai pas assez de place pour ranger toutes mes affaires/tous mes trucs.

→ Les murs sont couverts de posters de mes groupes préférés/mon chanteur favori/ma chanteuse favorite/mon équipe de foot préférée.

→ J'ai un grand lit, une armoire pour ranger mes vêtements, une table de chevet avec une lampe, un bureau où je fais mes devoirs, des étagères pour mes livres, un téléviseur et mon ordinateur.

→ Le soir, je fais mes devoirs dans ma chambre.

→ Je passe beaucoup de temps dans ma chambre à écouter de la musique, à lire, à regarder la télévision ou à surfer sur le Net.

Avez-vous votre propre chambre ou bien partagez-vous votre chambre ?

→ Je partage ma chambre avec ma petite sœur, Denise. Ça ne me dérange pas du tout. On passe des heures à bavarder le soir ! On s'entend très bien.

→ Malheureusement je dois partager ma chambre avec mon petit frère Simon. Il laisse traîner ses affaires partout donc la chambre est toujours en désordre. Ça m'agace !

→ J'ai de la chance parce que j'ai ma propre chambre/une chambre à moi ! Je m'y sens vraiment bien. C'est mon refuge, mon petit coin à moi !

→ C'est de loin ma pièce préférée à la maison !

Que faites-vous pour aider vos parents à la maison ?

→ Mes parents sont très occupés. Pour les aider, mon frère et moi partageons les tâches ménagères : on fait les lits, on prépare les repas, on met la table et on la débarrasse, on s'occupe du jardin, etc.

→ Je vis avec ma mère. Elle travaille souvent tard, donc je fais de mon mieux pour l'aider. Par exemple, je fais la lessive, je prépare les repas et je passe l'aspirateur.

→ Je suis pour le partage des tâches ménagères. Mes parents ne peuvent pas tout faire.

→ Moi, je remplis et je vide le lave-vaisselle tous les soirs et je fais le repassage. Mon frère Paul s'occupe du jardin et il promène le chien. Mais ma sœur Kathleen est une vraie fainéante ! Elle ne fait rien du tout à la maison !

→ À mon avis, c'est très important de donner un coup de main à la maison. Chacun son tour.

- Je fais la cuisine/Je prépare le repas du soir.
- Je range ma chambre.
- Je mets la table.
- Je fais les lits.
- Je débarrasse la table.
- Je fais le ménage.
- Je fais la vaisselle.
- Je passe l'aspirateur.
- Je lave la voiture.
- Je passe le balai.
- Je remplis le lave-vaisselle.
- Je fais les courses.
- Je vide le lave-vaisselle.
- Je m'occupe de mes petits frères et sœurs.
- Je sors la poubelle.
- Je fais du jardinage/Je m'occupe du jardin.
- Je fais la lessive.
- Je tonds la pelouse.
- Je fais le repassage.
- Je promène le chien.
- Je trie les déchets.
- Je donne à manger au chat.

Votre famille

Parlez-moi de votre famille.

- Je fais partie d'une famille nombreuse. Nous sommes six à la maison : mes parents et quatre enfants, deux garçons et deux filles.
- Mes parents s'appellent Patrick et Margaret. J'ai deux frères qui s'appellent Michael et Cormac, et une petite sœur qui s'appelle Róisín.
- Ma famille n'est pas très grande. Nous sommes quatre chez moi : mes parents, mon frère aîné qui s'appelle Robert et moi.

Avez-vous des frères et sœurs ?

- Oui, j'ai deux frères et une sœur. Mes frères s'appellent Barry et Garret, et ma sœur s'appelle Sarah. Barry a vingt ans et il va à la fac à Cork où il étudie les sciences. Garret a dix ans et il va à une école primaire près d'ici et Sarah a quinze ans. Elle va au collège. Elle passe le brevet cette année.
- Oui, j'ai deux frères plus jeunes que moi, Paul et Kyle, mais je n'ai pas de sœur. Paul a douze ans. Il est en première année ici et il est assez timide. Kyle est le benjamin de la famille. Il n'a que sept ans. Il est très sportif et il va à l'école primaire. Je suis l'aîné(e) de la famille.
- Oui, j'ai un frère mais je n'ai pas de sœur. Il s'appelle Shane et il a trois ans de plus que moi. Il est menuisier. Il est très drôle et il me fait tout le temps rire. J'adore passer du temps avec lui.
- Oui, j'ai une sœur et un frère. Ils s'appellent Sandra et Donal mais ils n'habitent pas avec moi. Mes parents ne sont plus ensemble. Moi, je vis avec mon père. Mon frère et ma sœur vivent avec ma mère. Je leur rends visite tous les week-ends car ils me manquent beaucoup pendant la semaine.
- Non, Monsieur/Madame. Je n'ai ni frère, ni sœur. Je suis fils/fille unique. Il n'y a que mes parents et moi à la maison.

Est-ce que cela vous plaît de faire partie d'une famille nombreuse ?

- Oui, Monsieur/Madame. Je pense qu'il y a une meilleure ambiance quand on est nombreux à la maison.
- La plupart du temps, tout le monde s'entend bien.
- Non, Monsieur/Madame. On se dispute trop souvent et la maison n'est pas assez grande.
- Personnellement, je trouve que nous n'avons pas assez d'intimité.

Quels avantages/inconvénients y a-t-il à être fils/fille unique ?

- D'un côté, je voudrais faire partie d'une famille nombreuse. J'aimerais pouvoir partager des choses avec des frères et des sœurs. D'un autre côté, j'ai l'habitude d'être le centre d'attention de mes parents. Je dois avouer que je suis un peu gâté(e).

- → J'aime être enfant unique parce que mes parents me gâtent mais c'est vrai que je me sens parfois seul(e) et isolé(e).
- → De temps en temps, je trouve que c'est trop calme à la maison, j'aimerais qu'il y ait une meilleure ambiance. Mais bon, je suis habitué(e) maintenant.

Qui est le cadet/la cadette dans votre famille ?

- → Ma sœur Ciara est la cadette. Elle n'a que dix ans. Elle est pourrie gâtée par toute la famille, surtout par mes parents. On lui offre des vêtements et des cadeaux tout le temps ! C'est ridicule !
- → Je suis le cadet/la cadette de la famille.
- → Je suis le/la plus jeune, mais je vous assure que je ne suis pas du tout gâté(e).
- → David est le plus jeune d'entre nous. Il aura bientôt douze ans et il vient d'entrer à l'école secondaire.

Est-ce que c'est difficile d'être le cadet/la cadette de la famille ?

- → Non, pas vraiment. À vrai dire, ça ne me gêne pas du tout.
- → Parfois oui, car tout le monde a l'impression que je suis gâté(e) alors que ce n'est pas du tout le cas. Au contraire, c'est moi qui récupère l'uniforme de mon frère aîné et qui doit utiliser les mêmes livres et tout.
- → Oui, car mes parents ont tendance à me traiter comme un(e) enfant alors que je ne suis plus leur petit bébé. J'ai besoin d'un peu plus d'indépendance.

Qui est l'aîné(e) de la famille ?

- → Mon frère Jonathan est l'aîné de notre famille. Il a fêté ses vingt ans il y a quelques jours.
- → Il va à la fac où il fait des études de comptabilité. Il est très intelligent et compréhensif. Il m'aide souvent à faire mes devoirs et il me conseille sur plein de choses.
- → C'est moi qui suis le/la plus âgé(e) à la maison. C'est difficile d'être l'aîné(e).

Pourquoi est-ce difficile ?

- → J'ai toujours plus de responsabilités que les autres, par exemple …
- → Je dois m'occuper de mes frères et sœurs. Je dois faire à manger, vider les poubelles, ranger les chambres et des choses comme ça. C'est fatigant, je vous assure !
- → Mes parents veulent que je sois plus responsable que les autres et que je montre le bon exemple !
- → De plus, je crois que les parents sont toujours plus stricts avec l'aîné(e). C'est souvent plus facile pour les suivants !

Est-ce que vous vous entendez bien avec vos frères et sœurs ?

- → Heureusement oui, on s'entend super bien et on se raconte tout. Nous sommes très proches. On pourrait même dire que nous sommes les meilleurs amis du monde.
- → Oui, je m'entends très bien avec eux/elles. Bien sûr, on se dispute de temps en temps mais c'est normal, n'est-ce pas ? Ce n'est jamais très grave.
- → Avec mes sœurs oui, mais je ne m'entends pas très bien avec mon frère aîné, Cathal. Il est vraiment têtu et égoïste. Il pense qu'il a toujours raison alors que ce n'est pas du tout le cas. Ça m'agace !
- → Pas tellement, on se dispute très souvent pour tout un tas de raisons.

À propos de quoi vous disputez-vous ?

→ Ça va de la télécommande aux vêtements, en passant par la vaisselle !

→ On se dispute au sujet de petits trucs vraiment pas importants comme les émissions de télé ou le ménage. Par exemple, mon frère Eddie veut toujours regarder le sport à la télé, alors que moi je préfère les feuilletons.

→ Ma sœur me pique mes vêtements et mon maquillage sans me demander la permission et elle entre dans ma chambre sans frapper à la porte. Elle est vraiment insupportable.

Comment s'appellent vos parents ?

→ Mon père s'appelle Andrew. Il a quarante-huit ans. Il est tolérant et facile à vivre.

→ Ma mère s'appelle Claire. Elle vient de fêter ses cinquante ans. C'est une mère formidable mais elle est beaucoup plus sévère que mon père !

Vos parents, qu'est-ce qu'ils font dans la vie ?

→ Mon père/Ma mère est
  - agent de police
  - agriculteur/agricultrice
  - comptable
  - dentiste
  - facteur
  - fonctionnaire
  - gérant(e)
  - homme/femme d'affaires
  - informaticien(ne)
  - médecin
  - menuisier
  - plombier
  - secrétaire
  - vendeur/vendeuse

→ Mon père/Ma mère travaille comme professeur/enseignant(e).

→ Mes parents tiennent un petit magasin près de chez nous.

→ Mes parents travaillent comme des forcenés, sept jours sur sept. Je les admire beaucoup car ils travaillent très dur pour nous.

→ Ma mère est femme au foyer, ce qui est pour moi le travail le plus difficile au monde. Ses journées sont très chargées, elle n'a pas un moment de repos.

→ Mon père est actuellement au chômage. Voilà trois mois qu'il s'est fait licencier, après la fermeture de son usine. Il est en train de chercher un nouvel emploi en ce moment. Croisons les doigts !

→ Mon père a pris sa retraite il y a deux ans. Il était fonctionnaire.

→ Mon père tient une ferme de 25 hectares, à dix kilomètres de la ville. C'est une ferme assez grande pour la région.

→ On élève des moutons et des veaux. Je donne un coup de main le week-end et pendant les vacances. Par exemple, je trais les vaches, je conduis le tracteur et je donne à manger aux animaux.

Est-ce que vous vous entendez bien avec vos parents ?

→ Oui, je m'entends très bien avec mes parents. Ils m'écoutent et ils me traitent en adulte. Je ne peux pas me plaindre.

→ Oui, j'ai de bons rapports avec mes parents. Ils me font confiance et en général ils me laissent faire ce que je veux.

→ Je me comporte bien et donc mes parents ne s'inquiètent pas trop pour moi. Par exemple, j'ai le droit de sortir tard le week-end, même pendant l'année scolaire.

→ Je me dispute très rarement avec mes parents car ils sont vraiment compréhensifs. Cette année, je suis sous pression à cause des examens et ils me soutiennent beaucoup.

→ Avec ma mère, oui. Elle est patiente et compréhensive. Je lui fais confiance et nous sommes très proches. Elle est toujours là pour moi. Mais c'est la guerre entre mon père et moi. Il se met souvent en colère contre moi si je rate mes examens, si je rentre trop tard le week-end, si je passe trop de temps au téléphone et ainsi de suite.

→ J'ai un(e) petit(e) ami(e) de vingt-deux ans que mes parents n'aiment pas trop. Ils disent qu'il/elle est trop âgé(e) pour moi.

→ Non, Monsieur/Madame. Je me dispute presque tout le temps avec eux. Ils sont trop stricts et ne me permettent pas de prendre mes propres décisions. J'ai besoin de plus de liberté et d'indépendance.

- Disons qu'il y a des hauts et des bas. Bien sûr qu'on se dispute de temps en temps au sujet de mes amis, de mes résultats, des corvées à la maison, des sorties … mais en même temps je sais que j'ai de la chance d'avoir des parents qui s'intéressent à moi et à tout ce que je fais. Je peux toujours compter sur eux, ce qui est très rassurant.

Et avez-vous des animaux domestiques ?

- Oui nous avons deux petits chats qui s'appellent Molly et Leo. Molly est blanche et Leo est noir. Ils ont tous les deux sept ans. Ils sont vachement mignons et font vraiment partie de notre famille. Ils aiment bien être au chaud donc ils passent la plupart de leur temps devant la cheminée dans le salon !
- Oui, j'ai un chien de berger qui s'appelle Rocco. Je l'ai adopté il y a deux ans. Il est fidèle, protecteur, intelligent et très espiègle. On s'amuse bien ensemble. Pour moi c'est le meilleur compagnon du monde. Je l'adore !

- Nous avons aussi
  - un cheval
  - un cochon d'Inde
  - une gerbille
  - un hamster
  - un lapin
  - un perroquet
  - une perruche
  - deux poissons rouges

- Je promène mon chien chaque jour après être rentré(e) de l'école et c'est moi qui lui donne à manger le matin et soir aussi.
- Non je n'ai pas d'animal à la maison. Et à vrai dire les animaux domestiques ne m'intéressent pas trop.

La vie quotidienne

Décrivez-moi une journée typique pendant la semaine.

- En général, je me lève vers huit heures pendant la semaine.
- Je fais ma toilette, je m'habille et ensuite je descends à la cuisine. 
- Je prépare un sandwich que j'emporte à l'école et puis je prends mon petit-déjeuner, du pain grillé et une tasse de thé/café.
- Comme j'ai souvent du mal à me lever, je prends mon petit-déjeuner à toute vitesse : des céréales, un jus d'orange et du pain grillé si j'ai le temps …
- Après avoir pris mon petit-déjeuner, je quitte la maison.

Comment est-ce que vous allez à l'école ?

- Je prends le car scolaire/bus pour aller à l'école.
- J'y vais à pied/à vélo.
- Mes parents me déposent à l'école avant d'aller au travail.
- Je conduis car j'ai ma propre voiture. C'est une petite Volkswagen noire.

Comment se passe votre journée à l'école ?

- J'arrive au lycée toujours un peu avant neuf heures parce que les cours commencent à neuf heures cinq.
- Quand j'arrive, je bavarde avec mes ami(e)s et je m'organise pour le premier cours.
- Bien que j'habite à deux pas du lycée, je suis souvent en retard le matin.
- Les cours commencent à neuf heures et chaque cours dure quarante minutes.
- On a neuf cours par jour avec un petit battement de quinze minutes à onze heures. C'est la récréation.
- À treize heures, c'est la pause-déjeuner. Je mange un sandwich ou une salade dans la salle de classe avec mes copains/copines ou bien je rentre manger à la maison. 
- On a étude surveillée au lycée entre seize heures et dix-huit heures.
- Je trouve ça très utile, parce qu'il y a une bonne ambiance de travail et qu'on peut vraiment se concentrer.

Et le soir, qu'est-ce que vous faites ?

- Après avoir pris un petit goûter, je commence mes devoirs tout de suite et puis je mange/dîne à sept heures et demie.
- Ensuite je passe encore deux heures à terminer mes devoirs.
- Je vais au magasin du coin pour acheter un sandwich et des chips.
- J'ai toujours une faim de loup à l'heure du déjeuner, donc je vais à la cantine où je prends un repas chaud comme de la viande et des légumes.
- Après avoir mangé, je sors dans la cour pour prendre un bol d'air frais avant de reprendre les cours.
- On bavarde, on discute des devoirs, des garçons/des filles et de nos projets pour le week-end.
- Les cours se terminent à seize heures et je rentre directement chez moi.
- Je reste à l'école le mardi et le jeudi pour m'entraîner avec mon équipe de foot/pour assister aux répétitions de la chorale.
- Je m'entraîne avec mon équipe de basket de six heures et demie jusqu'à huit heures.
- Le soir, je passe quatre heures à faire mes devoirs.
- Comme vous le savez, je prépare mon bac. Je suis toujours débordé(e) de travail et il faut que je consacre tout mon temps à mes devoirs.
- Avant de me coucher, je regarde la télé pendant une heure/je lis un roman/j'écoute de la musique pour me détendre.

- Après avoir fini mes devoirs, je me détends en regardant la télé/en lisant un roman/en passant du temps devant l'ordinateur.
- Je me couche toujours à onze heures pendant la semaine. Je m'endors tout de suite !
- Je suis toujours fatigué(e)/crevé(e) après avoir fait mes devoirs.

Et hier soir/ce matin, qu'est-ce que vous avez fait ? Et ce soir, qu'est-ce que vous allez faire ?

Hier soir …	Ce matin …	Cet après-midi/Ce Soir …
Je suis rentré(e) chez moi vers	Je me suis réveillé(e)	Je vais rentrer/Je rentrerai
J'ai fait	Je me suis habillé(e)	Je vais faire/Je ferai
J'ai passé	Je me suis levé(e)	Je vais passer/Je passerai
J'ai mangé/dîné	J'ai fait	Je vais manger/Je mangerai
Je me suis reposé(e)	Je suis descendu(e)	Je vais me reposer/Je me reposerai
Je me suis détendu(e)	J'ai préparé	Je vais me détendre/Je me détendrai
J'ai regardé	J'ai pris	Je vais regarder/Je regarderai
J'ai lu	J'ai quitté	Je vais lire/Je lirai
J'ai écouté	Je suis arrivé(e)	Je vais écouter/J'écouterai
Je me suis couché(e)/Je me suis endormi(e)	Je suis allé(e)	Je vais me coucher/Je me coucherai

Le week-end

Que faites-vous le vendredi soir ?

- Pendant la semaine, on ne fait que travailler, mais le week-end c'est une autre histoire ! On est libre !
- Le vendredi soir, j'aime aller au cinéma/en boîte avec mes amis.
- D'habitude je reste à la maison et je fais mes devoirs.
- Je me repose en regardant la télé/un DVD avec mon copain/ma copine. Je suis souvent trop fatigué(e) pour sortir.
- Je suis toujours épuisé(e)/fatigué(e) après la semaine à l'école donc je me détends chez moi.
- Ça dépend des semaines. Parfois, j'ai vraiment envie de sortir avec mes amis. D'autres soirs, je préfère rester à la maison avec mes parents/mes frères et sœurs.

Qu'est-ce que vous faites le samedi matin ?

- Le samedi est un jour de détente chez nous. Le samedi matin, j'adore faire la grasse matinée jusqu'à midi ou même plus tard.
- C'est toujours la guerre entre maman et moi : « Lève-toi paresseux/paresseuse ! » 
- Malheureusement, j'ai un petit boulot et je dois me lever tôt le samedi matin pour aller travailler.

Et l'après-midi ?

→ Je passe l'après-midi à me balader à la campagne/bricoler à la maison.
→ Je regarde mes émissions préférées à la télé. Ça me détend toujours.
→ Je passe quelques heures à faire mes devoirs/à réviser pour mes examens.
→ J'écoute de la musique sur mon iPod.
→ Je passe l'après-midi à ne rien faire.
→ Je surfe sur le Net et je mets à jour ma page Facebook.
→ J'aide mes parents à faire le ménage.
→ Je sors avec mon/ma petit(e) ami(e), soit au cinéma, soit au café du coin.

→ Mes amis et moi aimons aller en ville pour faire du lèche-vitrine/faire du shopping.
→ Je retrouve mes amis et nous flânons en ville.
→ Nous allons boire un café ensemble.
→ Je vais lire/bouquiner à la bibliothèque.
→ Quand il fait mauvais, je passe l'après-midi à lire. C'est une bonne façon de se détendre.

Vous avez un(e) petit(e) ami(e) ?

→ Oui, il/elle s'appelle _____.
→ Il/Elle a dix-sept ans, comme moi.
→ Il/Elle est très sportif/sportive et passe pas mal de temps à jouer au foot/au tennis.
→ Il/Elle est très beau/belle et sympa.
→ Il/Elle a les cheveux _____ et les yeux _____.
→ Je le/la connais depuis un an maintenant.
→ Nous nous sommes rencontrés en boîte/à une fête il y a six mois.
→ J'ai tout de suite craqué pour lui/elle. Ça a été le coup de foudre !
→ Il/Elle est toujours là pour moi. On est très proches.
→ Quand on sort, on va soit au cinéma, soit en boîte le week-end.
→ Pendant la semaine, on bavarde au téléphone.
→ On a les mêmes goûts et les mêmes centres d'intérêt, par exemple la musique, la danse, le vélo et le jogging.
→ On a l'intention de partir ensemble en vacances au mois de juillet. J'ai vraiment hâte !
→ L'année prochaine, nous espérons aller à la fac ensemble à Dublin.

Tip! Many of the above sentences and expressions can be used to describe one's best friend, etc.

Décrivez un samedi soir typique pour vous.

→ Je n'aime pas trop aller en boîte de nuit le samedi soir. Je préfère inviter des amis chez moi pour regarder un bon film ou me détendre avec un bon livre.
→ Je fais du baby-sitting pour mes voisins.
→ Le samedi soir, j'adore aller en discothèque/en boîte de nuit.
→ Avant d'y aller, on prend un verre/un pot dans un bar au centre-ville.
→ Je bois un peu de bière, mais toujours avec modération.
→ La discothèque est toujours pleine à craquer.
→ On danse, on chante et naturellement on flirte avec les filles/les garçons.

Triomphe au Bac Supérieur

- J'adore l'ambiance en boîte de nuit, les lumières et la musique forte.
- Il y a toujours trop de bruit et c'est difficile de parler !
- Je passe des heures sur la piste de danse avec mes ami(e)s. On s'éclate !
- Ensuite, on va au fast-food avec la bande de copains/copines pour manger un hamburger et des frites ensemble.

Et vous rentrez à quelle heure ?
- Je rentre très tard, vers trois heures du matin.
- Le dimanche matin, je me dispute souvent avec mes parents parce qu'ils trouvent que je suis rentré(e) trop tard. Ils ne se rendent pas compte que c'est difficile de trouver un taxi. Enfin, c'est l'excuse que j'utilise !

Parlez-moi du dimanche chez vous.
- Il n'y a pas grand chose à faire le dimanche.
- En général, toute la famille va à la messe de midi.
- Je suis toujours épuisé(e) après être sorti(e) le samedi soir donc je fais la grasse matinée.
- C'est vraiment une journée en famille.
- On mange vers 14 heures, après avoir préparé le repas ensemble.

Décrivez-moi votre menu du dimanche.
- On mange très bien chez nous le dimanche.
- En entrée, nous mangeons souvent une salade de crudités, une soupe de champignons ou du melon.
- Ensuite, comme plat principal, nous mangeons un steak frites, du poulet rôti ou de l'agneau avec des légumes de saison.
- En dessert, nous avons un gâteau au chocolat, de la crème caramel ou bien une tarte aux pommes avec de la crème anglaise.
- Le repas est toujours suivi d'un bon café, bien entendu !

Que faites-vous d'habitude le dimanche après-midi ?
- L'après-midi, j'aime me promener à la campagne avec mon chien/aller courir.
- Je m'entraîne au gymnase. Je fais du vélo et de la musculation.
- Je lis les journaux. Pour moi, il n'y a rien de mieux que de se détendre le dimanche en lisant les journaux. 
- J'invite des ami(e)s à venir chez moi.
- Je regarde un bon film/ma série préférée sur ma tablette.
- Je passe l'après-midi à réviser pour le bac et à achever mes devoirs pour le lundi matin.
- Je joue un match/j'assiste à un match/je retrouve mes ami(e)s en ville pour boire un café.
- De temps en temps, je vais au centre de loisirs/à la maison des jeunes.
- Il y a pas mal de choses à faire : on peut jouer au bowling/au baby-foot/au snooker/ au billard/ au foot sur le terrain en gazon artificiel.
- Souvent, on rend visite à mes grands-parents.

Expression orale

Et le dimanche soir ?

→ Le dimanche soir, ça dépend de mes devoirs.
→ En général, je passe à peu près trois heures à finir/terminer mes devoirs pour le lundi matin.
→ Ensuite, je me détends devant la télévision avec mes parents.
→ On regarde un feuilleton ensemble et, quelquefois, il y a un bon film après le journal de 21 heures.
→ Avant de me coucher, je prépare mes livres et mon cartable pour la semaine qui vient.
→ La télévision, ce n'est pas mon style. Je préfère écouter de la musique dans ma chambre.
→ Je me couche assez tôt pour être sûr(e) d'avoir la pêche le lundi matin.

Parlez-moi du week-end dernier/prochain.

Le week-end dernier (passé composé) …	Le week-end prochain (futur) …
J'ai aidé	Je vais aider/J'aiderai
Je suis allé(e)	Je vais aller/J'irai
Il/Elle est allé(e)	Il/Elle va aller/Il/Elle ira
Je me suis amusé(e)	Je vais m'amuser/Je m'amuserai
J'ai assisté à	Je vais assister à/J'assisterai à
Je me suis baladé(e)	Je vais me balader/Je me baladerai
J'ai étudié	Je vais étudier/J'étudierai
J'ai fait	Je vais faire/Je ferai
Je me suis entraîné(e)	Je vais m'entraîner/Je m'entraînerai
J'ai joué	Je vais jouer/Je jouerai
J'ai passé	Je vais passer/Je passerai
J'ai pris	Je vais prendre/Je prendrai
J'ai regardé	Je vais regarder/Je regarderai
Je suis rentré(e)	Je vais rentrer/Je rentrerai
Je me suis reposé(e)	Je vais me reposer/Je me reposerai
Je suis resté(e)	Je vais rester/Je resterai
J'ai révisé	Je vais réviser/Je réviserai
Je suis sorti(e)	Je vais sortir/Je sortirai
Il y a eu	Il y aura

Tip!

The same sentences/expressions can be used by simply changing the 'présent' of the verbs to the 'passé composé' or the 'futur'.

Votre ville

Décrivez-moi votre ville.

→ J'habite une petite/grande ville de cinq/vingt mille habitants au nord-est du pays.
→ Ma ville natale se trouve
- au nord
- au sud
- à l'est
- à l'ouest
- au beau milieu
- au sud-ouest du pays
→ à cent kilomètres de la capitale
→ Je viens de Dublin, la capitale de l'Irlande.
→ Il y a seize mille habitants, en comptant les villages environnants, mais la population augmente tout le temps.
→ C'est une ville à la fois historique et industrielle.
→ Il y a quelques usines importantes ici qui fabriquent des produits pour les télécommunications/des produits pharmaceutiques.

Y a-t-il des problèmes dans votre ville ?

- Il y a un vrai problème de circulation dans ma ville. Les rues sont encombrées et il y a beaucoup d'embouteillages/de bouchons, surtout aux heures de pointe. C'est très embêtant.
- La pollution est un vrai souci chez nous, surtout la pollution de l'air liée aux usines et aux gaz d'échappement des voitures.
- A mon avis on devrait utiliser les transports en commun plus souvent. Moins il y a de voitures, moins il y a de circulation et de pollution. 
- Les ordures sont un vrai problème. Les gens jettent des emballages, du chewing-gum et des mégots de cigarette par terre. C'est dommage parce que ça nuit à la beauté de la ville. On se demande pourquoi ils ne peuvent pas utiliser les poubelles.
- Le problème le plus sérieux est la drogue. Souvent les jeunes sont tentés d'essayer des drogues pour faire comme leurs amis. Il faut punir les trafiquants très sévèrement, à mon avis.

Qu'est-ce qu'il y a à faire et à voir dans votre ville pour les touristes ?

- C'est une ville très touristique. De nombreux touristes français et allemands viennent tout au long de l'année mais surtout en été. 
- Il y a un grand choix d'attractions touristiques.
- Il y a tant de choses à voir dans ma ville pour les touristes, comme le château, la cathédrale, l'église qui date du dix-neuvième siècle, les vieilles maisons pittoresques, les monuments historiques et les jardins publics. Il y a aussi un terrain de golf pour ceux qui aiment le golf.
- Ce n'est pas loin de la mer si on veut aller se baigner.
- Le fleuve qui traverse la ville attire beaucoup de touristes qui veulent pêcher.
- On est à dix minutes seulement en voiture des attractions historiques telles que …
- La ville est pleine d'activités, surtout en été. Il y a souvent des festivals de musique et des concerts. 
- Malheureusement, il n'y a pas grand-chose. C'est une ville assez ordinaire. On n'a ni château ni musée.

Y a-t-il beaucoup de distractions pour les jeunes dans votre ville ?

- C'est une ville très animée. Il y a tout un tas de choses à faire pour les jeunes : des cafés, des discothèques/boîtes de nuit, un cinéma.
- Il y a un grand centre commercial, un centre de loisirs, un club d'aviron et un centre omnisports avec une piscine chauffée, un gymnase et deux nouveaux terrains en gazon artificiel.
- Le lac ne se trouve pas trop loin de chez nous et on peut faire des sports nautiques en été, comme de la planche à voile ou du ski nautique.
- L'ambiance est plutôt bonne en ville et tout le monde est très sympa. Je me sens en sécurité.
- Je suis toujours à l'aise en ville et j'ai plein d'amis.
- Il n'y a pas grand-chose pour les jeunes à part une piscine et le pub du coin. La ville est un peu morte, surtout en hiver. On s'ennuie facilement.

Vos Loisirs

Quels sont vos passe-temps préférés ?

→ Le sport/la lecture/la télévision/la musique … c'est ma passion dans la vie.
→ Je m'intéresse au sport/à la musique/à la télévision/à la lecture.
→ 'Je me passionne pour' + passe-temps (le sport/la lecture/la télévision/la musique)
→ 'Mon passe-temps préféré est' + passe-temps (le sport/la lecture/la télévision/la musique)

💬 Le sport

Aimez-vous le sport ?

→ Oui je suis très sportif/sportive.
→ Le sport, c'est ma grande passion dans la vie.
→ Je joue/J'aime jouer
  - au basket
  - au foot
  - au football gaélique
  - au golf
  - au hockey
  - au hurling
  - au ping-pong
  - au rugby
  - au tennis
  - au volley
→ Je fais
  - de l'athlétisme
  - de la boxe
  - du canoë-kayak
  - de la gymnastique
  - du judo
  - du karaté
  - du kite-surfing
  - de la natation
  - de la planche à voile
  - du ski
  - du surf
  - du vélo
  - de la voile

→ J'en fais depuis cinq ans.
→ C'est un sport rapide/intense/exigeant/qui détend.
→ J'aime tous les sports : les sports d'équipe tout comme les sports individuels.
→ Je m'intéresse énormément au sport, surtout au foot et au basket. Je suis fana de sport.
→ Je passe des heures à jouer au golf avec mon père surtout le week-end et pendant les vacances. J'adore être en plein air.

→ Les équipements coûtent cher/ne coûtent pas très cher.
→ Il me faut une raquette/un maillot et un short/des clubs.
→ Mon sportif/Ma sportive préféré(e) est _____ car il/elle reste modeste malgré ses exploits. Il/elle montre le bon exemple aux jeunes à mon avis.
→ Je ne suis pas très sportif/sportive mais je vais parfois au gymnase car je pense qu'il est important de rester en forme.

Est-ce que vous faites partie d'une équipe ?

→ Je fais partie du club de ma ville/de mon quartier qui s'appelle _____.
→ Je suis membre de _____.

→ Je cours régulièrement/je fais du jogging.
→ Je joue au basket depuis l'âge de neuf ans.

- → Je fais partie de l'équipe du lycée.
- → Je joue à l'arrière/à l'avant/en milieu de terrain.
- → Je porte le maillot numéro _____.
- → On s'entraîne deux fois par semaine sur les terrains de sports à l'école. On fait du jogging, de la musculation, des abdominaux et des étirements.
- → Notre entraînement est très chargé.
- → Notre entraîneur s'appelle Colm. Il est très strict : l'alcool et les cigarettes sont totalement interdits. Et il ne faut pas manquer les séances d'entraînement.
- → J'ai gagné pas mal de médailles et de trophées dont je suis très fier/fière.
- → Il y a souvent un match le week-end.
- → On a gagné pas mal de matchs cette année.
- → Le week-end dernier, on a gagné/perdu un match contre _____. C'était la demi-finale du championnat régional.
- → Je faisais partie de l'équipe de foot l'année dernière mais j'ai arrêté de jouer cette année. Tout dépend de mes résultats au bac et donc il faut que je consacre tout mon temps à mes études.

Et votre école, est-elle très forte en sport ?

- → Oui, Monsieur/Madame. C'est une école très réputée pour le sport.
- → Notre lycée a obtenu de très bons résultats l'année dernière dans différentes disciplines sportives.
- → Il y a vraiment un grand choix de sports au lycée, par exemple le hockey, le basket, le football gaélique.
- → Non, pas tellement. L'école est bien aménagée mais nos équipes ne gagnent pas très souvent.

Quelles installations sportives avez-vous ici ?

- → Nos installations sportives sont très bonnes. On a un terrain de football et un terrain de hockey, plusieurs courts de tennis, un terrain de basket et un gymnase bien équipé.

Pourquoi est-il important de faire du sport, à votre avis ?

- → Cela fait du bien au corps et à la tête. On se sent toujours mieux après avoir fait du sport.
- → Il est essentiel de faire du sport pour garder la forme et se sentir bien.
- → C'est bon pour garder la ligne.
- → Ça développe l'esprit d'équipe. On apprend à gagner et à perdre en faisant du sport et on se fait souvent des amis aussi.
- → On a besoin de faire du sport pour se défouler/se détendre, surtout quand on est en terminale.
- → Le sport me permet de lutter contre le stress du bac/d'échapper à la pression des examens.
- → À mon avis, l'éducation physique devrait être obligatoire à l'école.
- → La vie sédentaire de nos jours nuit à la santé et le niveau d'obésité augmente de jour en jour. Le sport est la meilleure façon de se maintenir en forme.

La musique

Est-ce que vous aimez la musique ?

→ J'adore la musique, surtout la musique
- rock
- pop
- rap
- hip-hop
- R'n'B
- techno
- folklorique
- classique
- traditionnelle

→ Je suis mélomane. J'aime n'importe quel genre de musique.
→ Mon chanteur préféré est _____.
→ Ma chanteuse préférée est _____.
→ Mon groupe favori est _____.
→ C'est un groupe américain avec quatre membres : le chanteur principal, le batteur, le bassiste et le guitariste.
→ Ma chanson préférée est _____. Je trouve les paroles émouvantes.
→ Son/Leur style de musique me plaît beaucoup.
→ J'ai vraiment de la chance, parce que mes parents m'ont offert un iPod pour mon anniversaire. Je l'adore. Je télécharge beaucoup de musique sur mon iPod.
→ Je passe des heures entières à écouter de la musique dans ma chambre.
→ Je me dispute de temps en temps avec mes parents quand je mets la musique un peu trop fort dans ma chambre.
→ La musique classique/folklorique ? Non. Ce n'est pas mon style, je trouve ça un peu ennuyeux.
→ Je préfère la musique _____.

Est-ce que vous jouez d'un instrument de musique ?

→ Je joue de la guitare, mais seulement pour me détendre. Je ne suis pas trop doué(e) pour la musique.
→ Oui, je joue du piano depuis dix ans maintenant. Je prends des cours de musique chaque samedi et je crois que je joue assez bien.
→ J'ai commencé à jouer de la flûte à l'âge de huit ans.
→ Il faut s'entraîner tous les jours. Cela demande beaucoup de travail et de patience, je vous assure !
→ Je suis membre de l'orchestre/de la chorale du lycée et nous répétons deux fois par semaine.
→ On donne un grand concert chaque Noël pendant lequel on chante des chants de Noël comme « Douce Nuit ». C'est très beau.
→ Je joue de la batterie dans un groupe de musique rock. Nous sommes six dans le groupe.
→ Il y a une longue tradition musicale dans ma famille, tout le monde joue d'un instrument.
→ Nous avons la musique dans le sang/les veines.

Avez-vous déjà assisté à un concert de votre chanteur/ groupe préféré ?

→ Oui, j'ai assisté à son/leur concert au 3Arena à Dublin, il y a quelques semaines.
→ Tout le monde s'est mis à crier quand il/elle est arrivé(e) sur scène.
→ Le moment où ils sont arrivés sur scène était vraiment inoubliable.
→ Les tickets coûtaient quatre-vingts euro, mais à mon avis, ça en valait vraiment le prix.
→ Le stade était plein à craquer et l'ambiance était électrique.

- → Non, mais il va jouer à Electric Picnic en septembre et j'ai l'intention d'y aller.
- → Non, mais il/elle est actuellement en tournée en France et viendra en Irlande au mois d'août. Les tickets ne sont pas encore en vente, mais je compte bien en acheter un !
- → Je rêve d'assister au festival de Glastonbury un jour. Il y a toujours plein de bons chanteurs, chanteuses et groupes à l'affiche !

La lecture

Est-ce que vous aimez lire ?

- → La lecture est mon passe-temps préféré.
- → Je lis n'importe quoi, n'importe où ! Je suis un vrai rat de bibliothèque !
- → Croyez-moi, Monsieur/Madame, un bon livre, ça me détend toujours.
- → Je suis abonné(e) à la bibliothèque municipale et j'emprunte des livres presque chaque semaine.
- → À la maison, on me dit que j'ai toujours le nez plongé dans un livre !
- → J'aime les romans d'amour, d'aventure, d'espionnage, d'épouvante et de science-fiction.
- → Je lis des magazines/revues de mode car j'aime être au courant des dernières tendances.
- → Moi, je me passionne pour les bandes dessinées (les BD) comme _____. Elles me font rire.
- → Je n'aime pas du tout lire. Je suis beaucoup trop paresseux/paresseuse. Et puis, les meilleurs livres finissent toujours par passer à l'écran !

Est-ce que vous lisez aussi les journaux ?

- → Oui, l'actualité m'intéresse beaucoup. Je pense qu'il est important d'être au courant de ce qui se passe dans le monde.
- → Comme je suis vraiment sportif/sportive, je lis régulièrement les articles sur le sport, surtout le lundi après les matchs du week-end.
- → J'aime lire les articles sur la politique car il est très important de comprendre la politique de son pays, à mon avis.
- → Non, à vrai dire, je ne lis jamais de journaux.

Qui est votre auteur(e) préféré(e) et pourquoi ?

- → Mon auteur(e) préféré(e) est sans doute _____.
- → J'ai déjà lu tous ses romans, comme _____.
- → J'aime beaucoup son style. Ses romans sont toujours divertissants et faciles à lire.
- → Dès que je commence un de ses livres, je n'arrive plus à le poser. Je suis accro !

De quoi parle votre roman préféré ?

- → C'est l'histoire d'un(e) _____.
- → Il s'agit de _____.
- → L'histoire se passe au dix-huitième siècle à _____.
- → L'histoire se passe en l'an 2000 à _____.
- → Le personnage principal s'appelle _____.
- → Mon personnage favori s'appelle _____.
- → Il/Elle joue un rôle très important parce que _____.
- → Il/Elle est généreux/généreuse, patient(e) et compréhensif/compréhensive, et je l'admire beaucoup.
- → L'histoire était si fascinante que je ne pouvais pas m'arrêter de lire.
- → Je viens de terminer un roman de _____. C'est un auteur irlandais assez connu. Je l'aime beaucoup.
- → En ce moment je lis un roman de _____ qui s'appelle _____. C'est triste/amusant/passionnant.

la télévision

Est-ce que vous aimez la télévision ?

→ J'adore regarder la télévision. On pourrait dire que je suis 'télévore' !
→ Je trouve que c'est une bonne façon de se détendre après les devoirs.
→ Ça m'aide à oublier le stress des examens.
→ En moyenne, je passe _____ heure(s) par jour devant la télévision.
→ Je la regarde beaucoup en hiver.
→ J'essaie de trouver un équilibre entre regarder la télé et faire mes devoirs. Mais, malheureusement, je finis souvent par regarder la télé !
→ Le week-end, j'aime regarder mes émissions préférées à la télé ou bien un bon film. Selon Maman je suis scotché(e) à l'écran !
→ Le soir, on se dispute souvent pour choisir une chaîne.

Quel genre de programmes préférez-vous ?

→ Je m'intéresse aux …
→ J'aime regarder des …
- actualités
- comédies
- documentaires
- émissions de télé-réalité
- émissions sportives
- feuilletons
- programmes de variété
- séries

Avez-vous une série/une émission préférée ?

→ Ma série préférée s'appelle _____.
→ Oui, Monsieur/Madame. J'adore les feuilletons et mon feuilleton préféré s'appelle _____. Je ne manque jamais un épisode.
→ C'est l'histoire de la vie quotidienne dans une ville fictive en/au/à _____.
→ En bref, ça raconte l'histoire de _____.
→ Le scénario est très bien écrit et à mon avis les personnages sont vraisemblables.
→ Mon personnage préféré s'appelle _____. Je le/ la trouve marrant(e) et naturel(elle).
→ Je trouve qu'il y a une leçon à tirer de chaque épisode.
→ Bien que cette émission/cette série soit un peu vieille maintenant, je l'adore toujours autant !

Que pensez-vous de la télévision ?

→ Je pense que c'est utile ; ça permet de se détendre et de s'informer.
→ La télévision nous informe de ce qui se passe dans le monde entier.
→ Grâce à elle, le monde est devenu un village planétaire. Partout dans le monde, on peut regarder la même chose au même instant.
→ La télé permet de se distraire, ce qui est très important dans ce monde plein de stress.
→ À mon avis, il y a toujours quelque chose de divertissant à la télé.
→ De nos jours, on voit beaucoup de violence à la télé. Les jeunes sont souvent trop influencés par ce qu'ils regardent et il faut que les parents surveillent leurs enfants de très près.
→ Moi, je ne la regarde presque jamais, parce que ça gâche la vie de famille. On ne peut pas parler, on ne peut pas bouger. Je préfère bavarder avec mes parents et mes deux frères.

Est-ce que vous allez souvent au cinéma ?

→ Oui, je vais assez souvent au cinéma, environ deux fois par mois. J'adore y aller. Je suis un(e) vrai(e) cinéphile.
→ J'y vais de temps en temps le vendredi soir avec mon/ma petit(e) ami(e).
→ Non, j'y vais rarement. Ça coûte cher à mon avis, alors je préfère regarder la télé/un film sur Netflix.

→ J'aime regarder des films …
  • d'épouvante
  • d'aventure
  • d'amour
  • d'espionnage
→ Ma star préférée s'appelle _____ car il/elle _____.
→ Mon film préféré s'appelle _____. C'est l'histoire de _____.

Quel est le dernier film que vous avez vu au cinéma ?

→ Je suis allé(e) au cinéma samedi dernier et j'ai vu un film qui s'appelle _____.
→ C'est l'histoire de _____.
→ L'histoire se passe en l'an _____ à _____.
→ Il s'agit de _____.
→ L'intrigue était vraiment très intéressante/un peu difficile à suivre.
→ Les effets spéciaux étaient impressionnants.
→ La star du film est _____.
→ Ce film a été réalisé par _____. C'est un(e) excellent(e) réalisateur/réalisatrice. Il/Elle a fait beaucoup de films comme _____.

L'argent

💬 L'argent de poche

Est-ce que vos parents vous donnent de l'argent de poche ?

→ Ça dépend, certaines semaines oui, et d'autres non.
→ En général, je reçois vingt euros par semaine.
→ Ils ne me donnent pas d'argent régulièrement, seulement pour les fêtes et quand j'ai de bonnes notes à l'école.
→ Mes parents me donnent de l'argent de poche quand j'en ai besoin.
→ Quand mes notes sont mauvaises, je ne reçois pas d'argent de poche.
→ Non, mais j'ai un petit boulot. Je travaille tous les samedis.

Que faites-vous pour que vos parents vous donnent de l'argent de poche ?

→ Je donne un coup de main à la maison.
→ J'aide mes parents à faire le ménage.

- Il y a plein de choses à faire, par exemple laver la voiture, passer l'aspirateur, tondre la pelouse, peindre la maison, faire la cuisine ou m'occuper de mon petit frère/mes petites sœurs.
- Ça dépend des semaines.

Parlez-moi de votre petit boulot.
- Je travaille dans une station-service.
- Depuis trois mois, je suis caissier/caissière dans un supermarché.
- Je travaille dans un supermarché. 
- Je suis vendeur/vendeuse dans une boutique.
- Je suis serveur/serveuse dans un café/un restaurant.
- Je fais régulièrement du baby-sitting pour mes voisins.
- J'ai vu une petite annonce dans un journal/sur Internet/dans un magasin l'été dernier/il y a deux mois et j'ai posé ma candidature.
- J'ai passé l'entretien et on m'a embauché(e).
- Je n'ai pas de petit boulot cette année car je n'ai pas le temps mais j'espère en trouver un après le bac.
- J'ai travaillé l'été dernier mais j'ai arrêté fin août car j'ai trop de travail cette année.
- Mes parents ne veulent pas que je travaille cette année car mon avenir dépend de mes résultats au bac.

En quoi consiste votre travail ?

Au garage/À la station-service
- Je vérifie l'eau et l'huile.
- Je fais le plein d'essence.
- Je gonfle les pneus et je vérifie la pression.

Au supermarché/À la caisse
- Je travaille à la caisse.
- Je remplis les sacs.
- Je range les rayons.
- Je balaie le plancher.

À la boutique
- Je sers les clients.
- J'aide les clients à choisir leurs vêtements, les tailles, les couleurs, etc.

Au restaurant/Au café
- Je mets les couverts sur les tables.
- Je prends les commandes.
- Je sers les plats.
- Je débarrasse les tables.
- Je nettoie les tables.

Chez les voisins pour le baby-sitting
→ Je m'occupe des enfants.
→ Je leur lis des histoires/des contes de fées.
→ Je les mets au lit.

Aimez-vous votre travail ? Êtes-vous bien payé(e) ?
→ Oui, j'aime beaucoup mon travail car …
  • je m'intéresse beaucoup aux voitures.
  • je me passionne pour la mode.
  • je m'entends très bien avec les enfants.
→ Oui, je trouve mon travail intéressant, parce que je suis sociable et j'aime rencontrer des gens.
→ Non, je trouve ce travail un peu ennuyeux.
→ Au début, le travail était difficile, mais après quinze jours, je m'y suis habitué(e).
→ J'ai des heures fixes. Je travaille chaque samedi de neuf heures du matin à cinq heures du soir, avec une pause d'une heure à midi.
→ Les heures sont assez longues mais le salaire est bon.
→ Je suis assez bien payé(e) à mon avis.
→ Je ne suis pas bien payé(e). Heureusement que je reçois des pourboires !
→ Je gagne dix euros de l'heure, c'est-à-dire soixante-dix euros par jour. Ce n'est pas beaucoup, mais c'est mieux que rien.

Qu'est-ce que vous faites/achetez avec votre argent de poche ?
→ Je gère bien mon argent. En ce moment, je fais des économies pour m'acheter une moto/un iPhone/une nouvelle console/une petite voiture d'occasion/pour me payer des vacances à l'étranger avec mes amis cet été.
→ Je dépense la moitié de mon salaire mais je mets le reste sur un compte en banque car la vie universitaire coûte cher. Il me faudra beaucoup d'argent l'année prochaine.
→ Je dépense mon argent en gadgets, en bonbons, en magazines et en vêtements.
→ Je sors le week-end avec mon/ma meilleur(e) ami(e) et ça coûte assez cher, surtout le cinéma et les discothèques.
→ Mes parents disent que je gaspille tout mon argent en bêtises.

Est-ce que les jeunes devraient avoir un petit boulot ?
→ Oui, il y a de nombreux avantages à avoir un petit boulot.
→ On gagne de l'argent par soi-même et on se sent plus indépendant.
→ Le travail enseigne la discipline. Il faut arriver à l'heure, respecter son patron et travailler en équipe.
→ C'est une bonne préparation pour la vie après l'école/pour la vie active.
→ On a l'occasion d'acquérir de nouvelles compétences.
→ Pendant les vacances scolaires oui, mais pas quand on est en terminale car les études sont plus importantes que le travail.
→ Quand on travaille le week-end on est souvent fatigué le lundi matin et on a du mal à se concentrer en cours.
→ Il est essentiel de trouver un équilibre entre travailler le week-end et faire les devoirs.
→ Certains jeunes se font exploiter par leur employeur.

🗨 La loterie nationale

Vous vous intéressez à la loterie nationale ?

→ Oui, je joue au loto presque toutes les semaines, mais, malheureusement, je n'ai jamais gagné.
→ Moi non, mais mes parents jouent au loto chaque samedi.

Aimeriez-vous gagner le gros lot ?

→ Je n'aimerais pas gagner le gros lot parce que je crois que ça bouleverserait trop ma vie.
→ Ça me plairait de partager le prix avec cinq ou six autres personnes, disons une somme de deux cent mille euros.

Que feriez-vous avec cet argent ?

→ Si je gagnais le gros lot, j'aimerais faire le tour du monde. Je visiterais des pays lointains comme l'Australie, le Canada et la Chine. C'est mon rêve ! 
→ J'aimerais mettre cet argent à la banque et offrir des cadeaux à mes amis.
→ J'aimerais investir la plus grande partie de cet argent afin d'avoir une rente annuelle.
→ Je donnerais de l'argent à des organisations humanitaires/caritatives pour aider les moins fortunés.

L'école

🗨 Les matières

Vous étudiez combien de matières à l'école ?

→ J'étudie sept matières : anglais, maths, gaélique, français, histoire, biologie et chimie.
→ J'étudie huit matières dont le français, qui est ma matière préférée. J'apprends le français depuis cinq ans.
→ J'étudie sept matières, dont cinq au niveau supérieur et deux au niveau ordinaire.
→ Je suis fort(e) en maths.
→ Je suis faible en géographie.
→ Je suis moyen(ne) en anglais.
→ Je suis nul(le) en musique.
→ Je suis doué(e) pour le français.
→ Mes notes en histoire sont excellentes/très bonnes/moyennes/plutôt mauvaises.

Quelle est votre matière préférée et pourquoi ?

→ Ma matière préférée est _____ parce que je trouve ça assez facile. Et puis, notre prof est très sympa/patient(e). Il/Elle est toujours de bonne humeur et enthousiaste en cours aussi.

→ J'aime beaucoup mon professeur de _____ parce que ses cours sont toujours bien organisés et intéressants.

→ Le/la prof de _____ nous fait travailler dur et il/elle est toujours là pour nous si on a besoin d'aide.

→ Je suis fort(e) en chimie et j'adore faire des expériences dans le laboratoire. C'est ma matière préférée.

→ Je suis assez doué(e) pour la musique donc c'est ma matière favorite.

→ Ma matière préférée est sans aucun doute le gaélique car mes notes sont toujours bonnes et je m'entends à merveille avec le/la prof.

→ Je passe en moyenne une heure chaque soir à étudier cette matière. Je la trouve passionnante.

→ Ce que je trouve le plus intéressant, c'est l'anglais car j'adore lire.

Quelle est la matière que vous aimez le moins et pourquoi ?

→ La biologie. C'est ma bête noire. Je trouve cette matière difficile car il y beaucoup trop de choses à apprendre.

→ Je dois avouer que mes notes sont plutôt mauvaises.

→ Je déteste les maths mais, malheureusement, c'est obligatoire. Je préfère les matières facultatives que j'ai choisies moi-même.

→ Le professeur est trop sévère et il nous donne un tas de devoirs. Et puis, il n'arrête pas de nous gronder !

→ La géographie ne m'intéresse pas du tout. Je préfère de loin l'histoire car j'aime apprendre comment était la vie autrefois.

→ Je suis nul(le) en chimie. Je n'arrive pas à suivre les cours.

→ La matière qui me pose le plus de problèmes, c'est la physique. Je ne la supporte pas. C'est tellement compliqué !

Depuis combien de temps étudiez-vous le français ?

→ J'étudie/J'apprends le français depuis cinq/ six ans.

→ Ça fait cinq/six ans que j'apprends le français.

→ J'ai cinq cours de français par semaine et chaque cours dure quarante minutes.

→ Je m'intéresse beaucoup au français. Je trouve que c'est une langue captivante. La musique de la langue est tellement belle et romantique.

→ J'aime beaucoup le français. C'est une très belle langue qui m'attire beaucoup.

→ Je n'aime pas trop le français. Je trouve que c'est une langue assez difficile, surtout la grammaire … les verbes, l'accord des adjectifs et tout le reste.

Pourquoi est-il important d'étudier le français ?

→ C'est important pour tout un tas de raisons.

→ La France est un pays ami de l'Irlande depuis très longtemps. Il existe des liens très forts entre les deux pays.

→ La connaissance du français est indispensable pour le commerce et le tourisme.

→ De nos jours, c'est un vrai atout dans le monde du travail de maîtriser une langue étrangère.

→ Beaucoup d'entreprises irlandaises exportent en France et il y a aussi des entreprises irlandaises qui sont basées en France.

→ On peut trouver plus facilement du travail si on parle français car beaucoup d'entreprises embauchent des employés qui peuvent communiquer dans une ou plusieurs langues étrangères.

- On dit que plus de 200 millions de personnes parlent français sur les cinq continents.
- Des milliers de Français passent leurs vacances chez nous chaque été et je pense qu'il faut faire un effort pour communiquer avec eux dans leur langue.
- Quand on étudie le français, on apprend à mieux connaître la culture française et les gens. C'est très intéressant et enrichissant.
- Quand on voyage, on peut communiquer plus facilement si on parle la langue du pays.

Votre lycée

Décrivez votre lycée.
- Mon lycée se trouve au centre-ville/en banlieue/à dix kilomètres de la ville.
- Mon lycée est assez grand/petit.
- C'est un nouveau bâtiment et les installations sont modernes.
- Nous avons une piscine, un gymnase bien équipé, un laboratoire de langues, deux laboratoires de science, un terrain de basket, une salle d'informatique et même une cantine.
- C'est un vieux bâtiment et les installations laissent à désirer. Nous n'avons ni bibliothèque ni salle d'informatique. C'est embêtant.
- C'est une école pour garçons/filles seulement.
- C'est une école mixte avec cinq cents élèves.
- Il y a environ huit cents élèves et une soixantaine de professeurs ici.
- Il y a une très bonne ambiance entre les élèves et tout le monde se respecte.
- Je me sens bien ici. L'ambiance est assez décontractée, les professeurs sont très gentils et je suis entouré(e) de copains et copines.
- Le lycée a une très bonne réputation. Les résultats au bac sont toujours excellents.

Comment sont les professeurs ?
- Les professeurs sont assez stricts mais très compréhensifs et abordables.
- Ils sont très consciencieux et travaillent dur pour nous.
- Ils nous encouragent à faire de notre mieux.
- Ils sont toujours disponibles pour nous donner un coup de main.
- J'apprécie tout ce qu'ils font pour nous.
- Les rapports entre professeurs et élèves sont très bons.
- Bien sûr, il y a des professeurs qui se fâchent facilement mais pour la plupart ils sont sympathiques et patients.

Décrivez votre uniforme.
- Comme vous pouvez le voir, je porte un pantalon gris/bleu avec une chemise blanche/grise/bleue.
- Je porte une jupe écossaise bleue/grise/verte avec un chemisier blanc/bleu/gris.
- Mon pull est _____ et la cravate est _____.
- Tous les élèves doivent porter l'uniforme/ L'uniforme est obligatoire.
- Les jeans et les baskets sont totalement interdits au lycée.

Êtes-vous pour ou contre l'uniforme scolaire ?
- J'aime porter mon uniforme car je le trouve élégant/confortable.
- Je suis pour l'uniforme scolaire car je trouve que c'est pratique et moins cher pour les parents.
- Ça m'évite de perdre du temps le matin : je ne suis pas obligé(e) de choisir des vêtements différents tous les jours.
- Comme tout le monde porte un uniforme, on ne voit pas de différences entre les élèves. D'un côté, je trouve que c'est dommage car chaque individu est différent et l'uniforme supprime un peu l'individualité. Mais d'un autre côté, il y a moins de pression/concurrence/rivalité parmi les élèves quand tout le monde est habillé de la même façon.

- → Je déteste mon uniforme. Il est démodé/moche et pas très agréable à porter, surtout quand il fait chaud.
- → J'aimerais porter mes propres vêtements/un pantalon au lieu d'une jupe mais c'est interdit.

Est-ce que votre école organise des échanges scolaires ?

- → Oui, notre école est jumelée avec un lycée dans le nord de la France. Donc, on participe souvent à des échanges scolaires.
- → Mon/ma prof de français est en train d'organiser un échange privé entre un(e) jeune Français(e) et moi.
- → J'ai déjà fait deux échanges à l'étranger, en Belgique et en Allemagne.
- → Je me suis bien amusé(e) et la vie dans ma famille d'accueil m'a beaucoup plu.
- → Un séjour à l'étranger coûte assez cher. Il faut payer les frais de voyage, le logement et la vie sur place.
- → C'est difficile pour certaines familles parce qu'elles n'en ont pas les moyens.
- → Malheureusement, non. Notre lycée n'organise pas de séjours linguistiques et je trouve que c'est vraiment dommage.

Avez-vous fait l'année de transition ?

- → Oui, j'ai fait l'année de transition.
- → Non, je n'ai pas fait l'année de transition. Je suis passé(e) directement en première après le brevet.
- → C'est obligatoire/facultatif ici.
- → Je voulais me reposer un peu après le brevet et avant le bac.
- → C'était une très bonne expérience/une expérience inoubliable.
- → Nous avons participé à beaucoup de concours comme _____.
- → Nous avons étudié de nouvelles matières comme le japonais et le droit et on a même fait des cours de secourisme et de karaté.
- → Nous avons monté des entreprises aussi. J'ai fait/crée _____ avec mon équipe.
- → On a fait un voyage scolaire en _____.
- → On a fait des stages. J'ai travaillé _____.
- → Le travail était …
  - intéressant
  - facile
  - satisfaisant
  - difficile
  - fatigant
  - ennuyeux
- → Grâce à mon année de transition, je suis devenu(e) plus indépendant(e)/mûr(e)/sûr(e) de moi.
- → Tout le monde devrait faire l'année de transition.
- → Je m'ennuyais un peu, surtout à la fin de l'année car il n'y avait pas assez d'activités.
- → Pour moi, l'année de transition a été une vraie perte de temps.
- → C'était mal organisé ici et donc nous n'avons pas fait grand-chose.
- → J'avais vraiment du mal à me remettre au travail en première.

💬 La discipline scolaire

Parlez-moi du règlement.

- → La discipline est assez stricte et il y a une bonne ambiance de travail.
- → À mon avis, il y a beaucoup trop de règles ici.
- → Le règlement est strict mais juste, il me semble.
- → On n'a pas le droit de fumer.
- → Il est absolument interdit de mâcher du chewing-gum.
- → Il faut porter l'uniforme et des chaussures correctes.
- → On est obligé d'arriver à l'heure.
- → Il est défendu d'utiliser les portables en cours.
- → Les bagarres sont strictement interdites.
- → Il est défendu de déranger les autres élèves.
- → Il faut respecter les profs et faire ses devoirs.
- → Bien sûr, il est interdit de sécher les cours/faire l'école buissonnière.

Quelles sont les sanctions si on ne respecte pas le règlement ?

- → Il y a tout un tas de sanctions.
- → Si on ne respecte pas le règlement, on est collé. On est obligé de rester en salle d'étude pendant la pause déjeuner/après les cours.
- → On a des devoirs supplémentaires à faire.
- → Il faut aller voir le proviseur/le directeur/la directrice.
- → Les professeurs font venir les parents, si nécessaire.

- On est renvoyé à la maison et exclu de l'école pendant trois jours.
- On est expulsé pour les fautes les plus graves.

Que feriez-vous si vous étiez directeur/directrice de votre lycée ?

- Si j'étais directeur/directrice, je ferais rénover le lycée. Je peindrais les murs et j'installerais un laboratoire de langues.
- Je donnerais un après-midi de congé à tout le monde, le mercredi, et j'allongerais la pause déjeuner.
- Je changerais l'uniforme car il n'est pas très chic.
- Je n'obligerais pas les élèves à porter un uniforme.

Que feriez-vous si vous étiez ministre de l'éducation ?

- Si j'étais ministre de l'éducation, j'abolirais le système de points car cela met trop de pression sur les élèves. J'introduirais le contrôle continu qui est plus juste. Les élèves devraient être évalués de façon continue tout au long de l'année.
- Je donnerais plus de bourses aux élèves qui veulent aller à la fac.
- Il y aurait une bonne cantine dans toutes les écoles où on pourrait manger sain à midi.

💬 La vie en terminale

Est-ce que la vie d'un(e) élève de terminale est difficile ?

- Oui, Monsieur/Madame, la vie d'un(e) lycéen/ne en classe de terminale est assez difficile.
- Je consacre beaucoup de temps à mes études.
- Je suis accablé(e) de travail jour et nuit.
- On a énormément de travail à faire.
- La concurrence est rude pour être accepté(e) en fac.

- Les élèves travaillent d'arrache-pied afin d'obtenir un maximum de points.
- La pression des examens est permanente.
- Les parents et les professeurs sont très exigeants envers nous.
- J'ai une peur bleue de redoubler l'année prochaine.
- Il faut que j'aie/j'obtienne au moins quatre cents points pour pouvoir aller à l'université.
- Je suis/Je me sens sous pression en permanence.
- Je suis souvent stressé(e).
- Je n'ai même pas le temps de me reposer.
- Ça dépend de mes résultats, mais j'espère être sélectionné(e).
- J'ai peur de ne pas avoir assez de points, mais qui sait ?
- Je veux absolument réussir au bac et poursuivre mes études à l'université donc je fais toujours de mon mieux à l'école.

Que pensez-vous du système de points qui existe en Irlande ?

- Je suis tout à fait contre le système de points.
- On ne peut pas nier que c'est un système anonyme et objectif mais ce n'est pas du tout juste.
- À mon avis, on devrait abolir le système de points parce que cela met trop de pression sur les élèves.
- On passe cinq ou six ans à étudier une matière et puis on juge tout ce travail dans un seul examen qui dure quelques heures au mois de juin. C'est ridicule !
- Le contrôle continu serait beaucoup plus juste.
- Le contrôle continu prendrait en compte le travail de l'année et tout ne dépendrait pas d'un seul examen.

💬 L'école mixte

Quels sont les avantages d'une école mixte ?

→ J'aime être élève dans une école mixte pour beaucoup de raisons.
→ C'est très agréable d'être assis(e) à côté d'une jeune fille ravissante/d'un beau garçon.
→ L'ambiance est toujours très agréable et tout le monde est très sympa.
→ Je crois que garçons et filles sont moins timides dans une école mixte.
→ À mon avis, on est mieux préparé pour la vie.
→ Il y a moins de mystère en ce qui concerne l'autre sexe.
→ Un autre avantage, c'est qu'on peut souvent faire plus de matières dans une école mixte, comme par exemple les arts ménagers pour les garçons ou les travaux manuels pour les filles.

Y a-t-il des inconvénients à être dans une école mixte ?

→ Non, Monsieur/Madame, je n'en vois aucun !
→ À mon avis, les élèves, garçons et filles, sont souvent plus distraits et ne travaillent pas comme il faut dans une école mixte.
→ On dit qu'il est plus difficile de se concentrer dans une classe mixte à cause de la présence de garçons/filles.
→ Moi je préfère aller dans une école de filles/de garçons car je ne pourrais pas me concentrer si j'étais entouré(e) de garçons/de filles.

Votre choix de carrière

💬 Vos projets

Qu'est-ce que vous allez faire après vos études secondaires ?

→ Ça dépend de mes notes au bac, mais je voudrais être _____.
→ J'irai à la fac pour devenir _____.
→ J'espère aller à la fac pour étudier …
  - la médecine
  - les lettres
  - les sciences
  - le commerce
  - le droit
  - l'architecture
  - l'histoire
  - la musique
  - l'ingénierie
→ J'ai l'intention d'aller à la fac pour faire une licence en/de _____.
→ Je voudrais faire carrière en informatique.
→ Mon rêve, c'est de devenir infirmier/infirmière.
→ Je compte faire une formation pour être comptable.
→ Je n'ai pas encore décidé ce que je vais faire.
→ Je vais peut-être _____.
→ Je n'ai pas l'intention d'aller à la fac.
→ J'aimerais être mécanicien(ne) ou électricien(ne).

- J'aimerais devenir menuisier.
- Afin de travailler en tant que _____, il faut faire un apprentissage de quatre ans. On reçoit une petite rémunération pendant la formation.
- Je n'ai pas encore décidé, mais je crois que je vais chercher un travail tout de suite.
- J'ai l'intention de prendre une année sabbatique et de voyager un peu avant de me lancer dans les études.

Pourquoi est-ce que vous avez choisi ce genre d'études/de travail ?

- Je voudrais poursuivre mes études en anglais/en histoire/en commerce car c'est ma matière préférée.
- J'espère me spécialiser plus tard.
- C'est une licence générale qui me permettra de me spécialiser plus tard.
- Je suis assez doué(e) pour les langues modernes et donc je pense que j'ai les compétences nécessaires pour devenir interprète.
- J'aimerais travailler plus tard dans le domaine de _____.
- J'ai toujours rêvé d'aider les gens/de soigner les malades.
- Mon père est comptable/professeur et j'ai envie de suivre ses traces/le même chemin professionnel que lui.
- Mes parents sont tous les deux ingénieurs. Je crois que j'ai ça dans le sang.
- Le conseiller/La conseillère d'orientation m'a conseillé d'étudier _____/de devenir _____ car il/elle croit que ça me conviendrait.

- Ce métier me plairait/conviendrait car je suis sérieux/sérieuse, organisé(e), compréhensif/compréhensive, créatif/créative, méthodique, patient(e), travailleur/travailleuse.
- Je m'intéresse beaucoup à la mode/aux ordinateurs/aux animaux donc c'est un choix plutôt logique pour moi.
- C'est un travail très exigeant mais aussi très satisfaisant.
- Il y a pas mal de postes/débouchés dans ce domaine et, de nos jours, la sécurité de l'emploi est ce qui compte le plus.
- Pour moi, le plus important ce n'est pas forcément le salaire, mais plutôt de faire un travail qui m'intéresse vraiment.
- Les journées sont très chargées mais le travail est varié et le salaire est élevé.
- J'aimerais voyager, voir le monde et surtout rencontrer des gens de toutes les nationalités.
- Il est possible que j'aille chercher du travail en France ou en Allemagne. J'aimerais y acquérir de l'expérience.
- À vrai dire, être heureux dans la vie est le plus important pour moi.

Êtes-vous impatient(e) d'aller à la fac ?

- J'ai hâte d'aller à la fac car j'aurai beaucoup plus de liberté. Je vais louer un appartement au centre-ville avec mes amis. Ce sera chouette !
- J'attends la vie universitaire avec grande impatience car je me ferai plein de nouveaux amis et j'aurai l'occasion d'étudier des matières vraiment intéressantes.
- Il me tarde d'être à la fac.

Que ferez-vous si vous n'obtenez pas les notes nécessaires pour suivre les études de votre choix ?

- Je serai obligé(e) de redoubler, ce qui serait affreux, je vous assure.
- J'espère être sélectionné(e) pour un autre cursus sur ma liste. Je ne veux absolument pas redoubler.
- Il est souvent très difficile d'avoir les notes nécessaires pour les cursus les plus demandés.
- C'est vraiment 'chacun pour soi'.
- Le niveau devient de plus en plus élevé d'une année à l'autre.

Les vacances

💬 Visites en France

Êtes-vous déjà allé(e) en France ?

→ Oui. Il y a deux ans, notre professeur de français a organisé un voyage scolaire à Paris. Nous avons pris l'avion de Dublin à Beauvais et nous sommes resté(e)s dans un petit hôtel dans le 5ème arrondissement.

→ On y a passé quatre jours et on a visité tous les sites historiques y compris le musée du Louvre, le château de Versailles, la cathédrale de Notre-Dame et le quartier de Montmartre.

→ Nous sommes allés à la plage pour nous faire bronzer et pour nous baigner dans la mer.

→ J'ai pratiqué mon français et j'ai fait pas mal de progrès !

→ Non, mais j'espère y aller l'été prochain.

→ Non, mais j'aimerais beaucoup y aller pour améliorer mon français, voir le pays et comprendre la culture française.

→ J'aimerais goûter la cuisine et les vins français, et aussi profiter du beau temps !

→ J'aimerais bien travailler en France plus tard.

→ C'était vraiment formidable et je suis impatient(e) d'y retourner.

→ L'année dernière, j'ai passé un mois chez mon/ma correspondant(e) qui habite près de Nantes.

→ Oui, je suis allé(e) plusieurs fois en France.

→ Oui, j'ai fait du camping à Carnac en Bretagne il y a deux ans avec ma famille.

→ On a loué une grande tente/une caravane/un mobile home.

→ Le camping était très bien équipé. Il y avait deux piscines avec des toboggans, un terrain de foot, des courts de tennis et plusieurs restaurants.

→ Il y avait une belle plage à deux kilomètres du camping.

💬 Les destinations

Où est-ce que vous allez en vacances ?

→ Ça dépend des années, Monsieur/Madame.
→ Certains étés, on reste en Irlande et d'autres étés, on part/va à l'étranger.
→ Quand on reste en Irlande, on loue une maison au bord de la mer ou bien on loge dans un hôtel.
→ On va à la mer et on prend des bains de soleil.
→ Quand il fait beau, j'adore me faire bronzer au soleil.
→ J'aime faire des randonnées en montagne. 
→ J'aime faire de la planche à voile quand il y a du vent.
→ Quand il fait mauvais temps, nous jouons aux cartes ou à des jeux de société.
→ Le soir, on dîne au restaurant.
→ Ma mère est née à la campagne donc chaque été je passe deux semaines à la ferme de mes grands-parents.
→ Je donne un coup de main à la ferme.
→ Je travaille dans les champs, je trais les vaches et je donne à manger aux animaux.
→ On fait les moissons/les foins au mois d'août.
→ J'aime bien travailler en plein air, loin du bruit de la ville.
→ Nous aimons aller à l'étranger aussi, surtout en France.
→ Nous prenons le ferry de Rosslare à Cherbourg.
→ Mes parents aiment beaucoup faire du camping.
→ D'habitude, on passe deux semaines dans un terrain de camping.
→ Les terrains de camping sont modernes et confortables. 
→ J'adore aller en Espagne avec ma famille.
→ On prend l'avion et on reste quinze jours/une quinzaine.
→ On loue un appartement dans un immeuble qui donne sur la mer.
→ On va à la plage tous les jours et puis le soir, on sort manger au restaurant.
→ J'aime bien visiter les petits villages typiques et me promener dans la campagne. 
→ En plein été, il fait parfois trop chaud.
→ J'adore manger en plein air et dormir à la belle étoile.
→ Le soir, on prend un verre en ville.
→ Pour moi, c'est le paradis.

Tip!

The same sentences can be used to describe what you did last summer or what you intend to do next summer simply by changing the 'présent' of the verbs to the 'passé composé' or the 'futur'.

Les temps grammaticaux

Infinitif	Passé composé (l'été dernier)	Futur (l'été prochain)
aller	Je suis allé(e) au bord de la mer. Nous sommes allé(e)s en France. Je suis allé(e) en boîte de nuit.	J'espère aller à la montagne. J'irai à la plage. J'ai l'intention d'aller en France avec mes amis.
faire	J'ai fait de la randonnée. On a fait de nombreuses promenades. On a fait du shopping. Il a fait très chaud.	On a l'intention de faire du camping. Je vais faire de la voile. Je ferai des excursions. J'espère qu'il fera beau.
louer	On a loué un appartement.	Nous allons louer une maison.
manger	On a mangé	On mangera
nager	On a nagé. J'ai nagé tous les jours.	On va nager. Je nagerai.
parler	J'ai beaucoup parlé en français.	Je parlerai en français.
passer	J'ai passé trois semaines en France. On a passé un mois à Paris.	Je vais passer une semaine en Italie. Je passerai deux semaines aux États-Unis. J'espère passer un mois à Paris.
prendre	On a pris l'avion de Dublin à Nice. J'ai pris de nombreux bains de soleil.	Nous allons prendre le ferry. Je vais prendre des bains de soleil.
rencontrer	J'ai rencontré des jeunes de mon âge.	Je rencontrerai des jeunes de mon âge.
rester	Nous sommes resté(e)s dans un hôtel.	Je vais rester dans une auberge de jeunesse.
s'amuser	Je me suis bien amusé(e).	On s'amusera bien.
travailler	J'ai travaillé trois semaines. J'ai travaillé pendant les vacances.	J'espère travailler un mois. Je travaillerai tout l'été.
visiter	Nous avons visité la Provence.	Nous allons visiter le musée du Louvre. Nous visiterons Dijon.

The 'imparfait' may also be used.

Infinitif	Imparfait (l'été dernier)	Futur (l'été prochain)
faire	Il faisait chaud.	Il fera chaud.
aller	Nous allions à la plage.	Nous irons à la plage.
nager	Je nageais dans la mer.	Je vais nager dans la mer.

Le document

You have the option of bringing a document (**un document**) into your French oral exam. You should pick your own personal document that means something to you and that you feel comfortable discussing. No language other than French should appear on your document. There must be no English on the document. Your document can be one of the following for example:

- a photo (a holiday, a family occasion, a pet, a concert with friends, a sports team of which you are a member, a hero of yours, etc.)
- a postcard (of a holiday destination in Ireland or abroad)
- a poster or DVD cover of a French film you have seen
- a cover of a French novel you have read
- an article or photograph from a French newspaper or magazine on a topic or problem that interests you
- an extract from a literary work, such as a French novel
- a French song or poem that you like
- a montage of different photos (for example, those taken on a school tour to France or elsewhere)
- an advertisement that interests you
- a brochure
- a cartoon.

Preparing a document that has a link with France or French culture is a nice idea as it will afford you the opportunity to show some cultural awareness and discuss your interest in the country and in the French language.

Bringing in a document to your 'épreuve orale' will allow you to introduce a wide range of varied and relevant vocabulary and in so doing impress the examiner and stand out in your own individual way. It also allows you to work on your pronunciation and intonation in advance.

Many students who prepare a document will feel far more confident going in to their oral exam, and this can pay dividends in the exam in terms of marks.

Don't forget to present your document neatly. Remember that if the examiner forgets to talk to you about your document, you can simply remind them before the end of the exam by saying, 'Pardon Monsieur/Madame, puis-je vous parler de mon document?' or 'Je voudrais vous parler de mon document'.

The examiner will usually invite you to introduce your document to them midway through your interview, unless the topic has come up naturally in the early part of your oral exam. For example, you might be discussing music as your favourite pastime when the examiner asks you if you have attended a concert by your favourite artist. If your document happens to be a photo of you at such a concert, you can simply point to your document and say, 'En fait, c'est le sujet de mon document', or 'Mon document porte sur ___. Puis-je vous en parler maintenant?'

Generally speaking you will spend approximately three minutes of your oral exam discussing your document with the examiner. Remember that the examiner is likely to spend more time on a document that is original, well-prepared and has enough scope to give rise to further discussion. So choose carefully!

Preparation

Prepare good-quality answers relating to the questions the examiner is likely to ask on the document. Think:

Qui	Who
Quoi/Quel	What
Quand	When
Où	Where
Pourquoi	Why
Comment	How
Pour combien de temps	For how long
Vos impressions	Your impressions

- A photograph of you and your grandparents could lead to a discussion on the needs of the older generation, the increasing incidence of attacks on the elderly, burglaries, etc.
- A photograph of you with your basketball team could lead to a more general discussion around the importance of sport, obesity, doping in sport, etc.
- A photograph of you abroad on holidays could lead to a discussion on cultural differences, other countries you might have visited, communicating in a foreign language, etc.
- A specific French poem could lead to a broader discussion around your interest in poetry in general, the poets on the Leaving Certificate English course, etc.

Focus not only on the obvious aspects you will discuss but also on the more general issues to which your document may lead. Ask friends, family and your teacher what questions they would ask you if they were examining you. Predict and prepare as much as you can.

Talking about your document

Avez-vous apporté un document ?/Vous avez un document ?

→ Oui, j'ai apporté un document.
→ Oui, j'ai préparé un document.
→ Oui, voici mon document.
→ Oui, le voilà.

While the questions you will be asked will largely depend on the type of document you choose and how the conversation develops, some common questions include the following:

→ Parlez-moi de votre document.
→ Vous avez préparé un document … parlons-en.
→ Alors, votre document, de quoi s'agit-il ?
→ Pourquoi avez-vous choisi ce document ?
→ Où avez-vous trouvé votre document ?
→ Quel est le sujet de cet article ?
→ Vous vous intéressez au/à la/à l'/aux … depuis combien de temps ?
→ Expliquez-moi ce qu'on voit sur la photo.
→ Où étiez-vous ?
→ Qui a pris la photo ?
→ Quand est-ce que la photo a été prise ?

Les photos

Photographs are by far the most popular choice of document, with significant numbers of these being holiday photographs, school trips, exchanges, etc. The following possible questions and answers may help you to prepare such a document.

Qui est sur la photo ?

- C'est une photo de ma mère et moi pendant notre séjour/en vacances en Espagne l'été dernier.
- C'est une photo de mon/ma petit(e)-ami(e) et moi qui a été prise en septembre dernier avant d'aller à un bal/à une fête d'anniversaire.
- C'est une photo de ma sœur aînée et moi le jour de son mariage.

Qui a pris la photo ?

- La photo a été prise par mon père/un(e) passant(e).
- C'est mon père qui a pris la photo.
- C'est moi qui ai pris la photo/J'ai pris la photo moi-même/Je l'ai prise/C'est un selfie.

Où étiez-vous ?/Où est-ce que la photo a été prise ?

Quand est-ce que la photo a été prise ?

- La photo a été prise l'année dernière au mois de mars, pendant un voyage scolaire à Paris.

- La photo a été prise juste devant l'appartement qu'on a loué pour notre séjour.
- C'est une photo qui a été prise en juin dernier, pendant mes vacances en Espagne avec ma famille.

Décrivez/Parlez-moi de ce qu'on voit sur la photo.

- Sur la photo, on voit/on peut voir
- Au premier plan, on voit/on peut voir
- À l'arrière plan, on peut voir
- Au milieu
- Et ici on voit
- Et là
- à droite
- à gauche
- au fond
- à côté de
- près de
- devant
- derrière
- en bas à droite, il y a
- en haut à gauche, il y a
- un gros plan
- Au loin, on voit des ados jouer au basket
- On voit quelqu'un assis/étendu/debout
- Nous avons l'air très content/triste
- Elle fait un grand sourire
- Moi, je porte
- Ma mère porte

Parlez-moi de votre séjour. Combien de temps avez-vous passé à/au/en/aux … ?

- On a passé une semaine/une quinzaine à Madrid.
- Nous y avons passé dix jours.

Comment avez-vous voyagé ?

- Nous avons pris l'avion de Dublin à Charles de Gaulle avec Aer Lingus et ensuite nous avons loué une voiture pour aller au centre de Paris.

- → On a pris le ferry de Rosslare à Cherbourg. 
- → Les billets d'avion étaient bon marché/ont coûté assez cher.
- → Le ferry a coûté assez cher.
- → Le car nous attendait à la sortie de l'aéroport.

Où êtes-vous restés ?
- → Nous sommes restés dans un petit-hôtel qui était très bien équipé.
- → On a loué un appartement qui donnait sur la mer.
- → Nous sommes restés dans un camping à quatre étoiles qui s'appelait ___.

Le temps était comment ?
- → Comme vous voyez sur la photo, il a fait un temps magnifique/terrible/rien que du soleil/de la pluie du matin au soir.
- → C'était la vraie canicule. Quelle joie !

Qu'est-ce que vous avez fait pendant votre séjour ?
- → On a fait plein de choses intéressantes.
- → Il y avait tant de choses à faire et à voir.
- → On a visité des sites touristiques/des monuments historiques comme un vieux château qui date du 12ème siècle. 
- → On a mangé au restaurant.
- → Nous sommes allé(e)s à la plage et nous avons pris des bains de soleil.
- → J'ai fait du shopping.
- → Chaque jour, on se levait tôt pour aller à la plage.
- → On prenait des bains de soleil et on nageait dans la mer.
- → Je me faisais bronzer sur la plage et je me baignais dans la mer.
- → L'après-midi on faisait du shopping/du lèche-vitrine.
- → On se reposait dans l'appartement/On faisait la sieste.
- → Le soir on mangeait/dînait au restaurant.

Comment avez-vous trouvé la nourriture ?
- → La nourriture était délicieuse/très bonne.
- → La nourriture espagnole fait venir l'eau à la bouche. C'était vraiment délicieux. J'ai goûté les spécialités de la région comme ___.
- → Je n'ai pas vraiment apprécié/aimé la nourriture.
- → À vrai dire, je préfère la cuisine de ma mère ici … les ragoûts, les côtelettes de porc, les pommes de terre et des choses comme ça.

Qu'avez-vous pensé des gens/de la culture/du paysage/du pays ?

Avez-vous remarqué des différences entre les Irlandais et les Italiens/entre les cultures ?
- → J'ai remarqué quelques différences/pas mal de différences entre ___ et ___.
- → Les Espagnols mangent beaucoup de poisson et ils boivent pas mal de vin aussi alors qu'ici en Irlande on boit plus de bière !
- → Le temps est bien différent aussi. Il fait très chaud en France alors qu'ici, même en été, il ne fait pas très chaud.
- → Les gens étaient amicaux/chaleureux/sympas/gentils/accueillants.
- → Je trouve que les Français sont un peu plus réservés/sérieux que les Irlandais.
- → À mon avis, ils ne sont pas aussi bavards et sociables que les Irlandais/nous !
- → L'architecture m'a beaucoup plu aussi surtout …

→ Le paysage dans le Connemara était impressionnant. J'ai surtout aimé les paysages sauvages, les falaises et les petits ruisseaux.

→ J'ai fait beaucoup de progrès en français/J'ai beaucoup amélioré mon français pendant mon séjour.

Pourquoi avez-vous choisi cette photo/ce document ?

→ J'ai choisi cette photo parce que je garde de très bons souvenirs de mon séjour en Espagne l'été dernier.

→ C'est un de mes plus beaux souvenirs de vacances.

→ Cette photo me rappelle un séjour vraiment magnifique chez ma famille d'accueil.

→ Mon/Ma petit(e)-ami(e)/Cette équipe représente beaucoup pour moi.

→ Je me rappellerai ce voyage/cet évènement toute ma vie.

→ Cela a été une expérience enrichissante.

→ J'ai passé un séjour fabuleux à Nice. Je m'en souviendrai toujours.

→ Je me suis très bien amusé(e)/Je me suis éclaté(e) pendant mon séjour à New York et je m'en souviendrai toujours.

→ Cette photo me rappelle un moment vraiment magnifique.

→ C'était inoubliable.

Autres questions possibles

→ Voyagez-vous beaucoup ?
→ Aimez-vous voyager ?
→ Partez-vous souvent à l'étranger ?
→ Avez-vous déjà visité la France ?
→ Avez-vous visité d'autres pays européens ?

Quelques exemples

1 Mes vacances à New York

Examiner Et bien Saoirse, parlez-moi de votre document maintenant.

Saoirse Voici mon document. Ce sont des photos de mon séjour à New York l'année dernière au mois de juillet. J'y suis allée avec ma famille pour fêter l'anniversaire de ma mère. Elle a fêté ses quarante ans donc c'était une occasion importante. J'ai choisi ces photos pour mon document car je me suis éclatée à New York et je me souviendrai toujours de mon séjour. C'était inoubliable !

Comme vous pouvez le voir, on a fait pas mal de choses intéressantes et nous nous sommes bien amusés. On a visité des sites touristiques comme par exemple Times Square qu'on voit ici sur mon document. On a aussi visité la Statue de la Liberté, et l'Empire State Building et nous avons également assisté à un spectacle musical sur Broadway qui s'appelait *Le Fantôme de L'Opéra*.

Examiner Très bien. Expliquez-moi ce qu'on peut voir sur les trois photos.

Saoirse Alors on me voit ici à Times Square. C'est le coeur touristique de New York. Ça bouge jour et nuit et les touristes sont partout. C'est toujours animé. C'est moi qui ai pris la photo donc c'est un selfie! A l'arrière plan on peut voir plein de publicités. C'était le soir donc il faisait noir et tout était illuminé. Et puis, me voici à L'Empire State Building. C'est un des bâtiments les plus connus à New York et la vue du sommet était à vous couper le souffle ! Que des gratte-ciel à perte de vue! L'Empire State était de loin mon site préféré. Et enfin sur la troisième photo on peut voir un panneau de signalisation pour Broadway. C'est ma mère qui a pris celle-là. *Le Fantôme de L'Opéra* était un spectacle fabuleux – j'ai adoré la musique, les chansons et puis les acteurs qui jouent sur Broadway sont très doués à mon avis. Cette pièce de théâtre est très connue partout dans le monde. C'était une histoire d'amour mais une tragédie aussi, avec la musique d'Andrew Lloyd Webber.

Examiner Comment avez-vous voyagé ?

Saoirse Nous avons pris l'avion de Dublin à JFK avec Aer Lingus. C'était un long vol, sept heures au total, donc nous étions crevés à notre arrivée. On a ensuite pris un taxi pour aller à Manhattan.

Examiner Et êtes-vous restés dans un hôtel à Manhattan ?

Saoirse Non Monsieur/Madame, nous sommes restés dans un appartement qui se trouvait près de Times Square donc c'était vraiment pratique pour nous. C'était bien équipé et confortable. Il y avait une petite cuisine, un salon, deux chambres et une salle de bain aussi. Et heureusement pour moi, c'était à deux pas des boutiques !

Examiner Vous avez donc fait du shopping à New York ? Vous vous intéressez à la mode Saoirse ?

Saoirse Oui je suis fana de mode donc j'ai fait du shopping presque chaque jour ! Il y a un grand choix de boutiques et de marques à New York. J'ai acheté des tas de nouveaux vêtements et bien sûr du maquillage aussi quand je suis allée chez Macy's. J'ai dépensé tout mon argent donc j'étais fauchée à mon retour en Irlande ! Tout est bon marché à New York par rapport à ici.

Examiner Et vous y êtes allée au mois de juillet. Faisait-il très chaud à cette période de l'année ?

Saoirse Ah oui il faisait super chaud. À vrai dire, j'avais parfois du mal à supporter la chaleur tellement c'était étouffant. Heureusement qu'il y avait la climatisation à l'intérieur!

Examiner Est-ce que vous avez goûté la cuisine américaine ?

Saoirse Oui, la nourriture était délicieuse, elle a donné l'eau à la bouche ! Chaque matin, on prenait le petit-déjeuner dans un café. On prenait du pain grillé, des bagels, du thé et des choses comme ça. Et le soir, on mangeait au restaurant. La nourriture n'était pas tellement différente mais la cuisine est très variée là-bas: il y a la cuisine italienne, la cuisine chinoise, la cuisine indienne et celle du Mexique. J'ai aussi aimé les stands de hot-dogs qui étaient à tous les coins de rue. Ils vendaient des hot-dogs traditionnels.

Examiner Quelles ont été vos impressions des gens et de la culture américaine ?

Saoirse J'ai trouvé que les gens étaient amicaux et très chaleureux … tout comme les Irlandais. Les États-Unis sont un pays qui réunit plusieurs nationalités différentes: des Américains, des Espagnols, des Chinois, des Italiens, donc c'est très international à mon avis. Par conséquent, il y a beaucoup de traditions, de cultures et de langues différentes. J'ai adoré cela !

Examiner Et avez-vous remarqué beaucoup de différences entre les États-Unis et l'Irlande ?

Saoirse Oui les bâtiments sont très impressionnants aux États-Unis. Il y a des gratte-ciel partout et l'architecture est très moderne. Ici en Irlande, on n'a pas de gratte-ciel ! J'ai remarqué aussi que les Américains mangent beaucoup de fast-food et les portions dans les cafés et les restaurants sont énormes par rapport à nos portions ici en Irlande. Voilà peut-être pourquoi l'obésité est un très grand problème aux États-Unis.

Examiner Très bien. Et partez-vous souvent en vacances à l'étranger ?

Saoirse Oui, presque chaque année Monsieur/Madame. Normalement, je pars en Italie ou en Espagne avec ma famille pour une semaine. Ma meilleure amie Karen nous accompagne souvent. On loue un appartement qui donne sur la mer. On fait des excursions, on va à la plage pour se faire bronzer et le soir, on mange au resto. J'aime beaucoup voyager car c'est l'occasion de découvrir d'autres pays et d'autres cultures aussi.

Examiner Et est-ce que c'était votre premier séjour aux États-Unis ?

Saoirse Oui Monsieur/Madame. Mais j'ai hâte d'y retourner maintenant !

2 Le sport

Examiner Alors Mark, parlons de votre document maintenant. De quoi s'agit-il ?

Mark Voici mon document. C'est une photo de mon ami John et moi, qui a été prise en septembre dernier, après avoir gagné le championnat national de hurling pour les mineurs avec l'équipe de Galway. Le match a eu lieu à Dublin dans notre stade national qui s'appelle Croke Park. Nous avons joué contre Cork et nous avons gagné de cinq points. Pour moi, c'était une expérience inoubliable dont je garde de très bons souvenirs et voilà pourquoi j'ai choisi cette photo pour mon document.

Sur la photo, je suis à droite et John est à ma gauche. Nous tenons tous les deux le trophée et nous avons l'air très heureux! Nous étions les vainqueurs et donc nous étions très fiers ce jour-là. Je porte le maillot numéro 20 et je joue au milieu. A l'arrière plan de la photo, on peut voir mes co-équipiers qui sont, eux aussi, en train de fêter notre victoire. On faisait le tour du stade et les spectateurs et fans nous applaudissaient et nous félicitaient. C'était un moment vraiment special…à savourer!

Examiner Qui a pris cette belle photo?

Mark C'est un photographe professionnel qui travaille pour un journal à Galway qui a pris la photo. Elle a fait la une de ce journal le lendemain! Disons que nous étions célèbres pendant un moment à Galway!

Examiner Décrivez-moi un peu l'ambiance au stade le jour du match.

Mark L'ambiance était électrique! Le stade était plein à craquer de fans criants pour leur comté, soit Cork soit Galway, évidemment! J'assiste à des matchs à Croke Park depuis que je suis très jeune mais c'était la toute première fois où j'ai joué un match, moi-même, à Croke Park. J'en avais toujours rêvé donc c'était un moment vraiment magique pour moi.

Examiner Je l'imagine bien. Félicitations Mark! Parlez-moi maintenant de votre entraînement avec l'équipe des mineurs.

Mark Eh bien, j'ai été sélectionné par les entraîneurs en mars dernier à la suite de plusieurs épreuves et je dois avouer que mon programme d'entraînement est très chargé depuis. On s'entraîne trois fois par semaine: le lundi, le mercredi et le jeudi à l'université de Galway où les installations sportives sont très bonnes. Chaque séance d'entraînement dure deux heures. Pendant les séances nous faisons du jogging, de la musculation, des abdominaux et des étirements. C'est très rigoureux mais aussi très satisfaisant. Et puis on joue souvent un match le samedi matin contre les autres comtés.

Examiner Et comment s'appelle votre entraîneur ?

Mark Nous en avons plusieurs dont Patrick Wall, qui est notre entraîneur principal. Il est super strict avec nous. Il est interdit de manquer des séances d'entraînement sauf si on est malade par exemple. Il faut manger sainement, et les cigarettes et l'alcool sont totalement interdits. Mais selon moi, ceci est tout à fait normal car l'alcool est mauvais pour la santé et la cigarette réduit le souffle.

Examiner Comment sont vos rapports avec les membres de votre équipe ?

Mark Je m'entends à merveille avec mes coéquipiers. Ils sont travailleurs. On rigole bien ensemble mais on travaille vachement dur aussi … il le faut ! C'est un grand honneur de jouer pour son comté donc tout le monde fait de son mieux. Nous sommes trente membres au total mais nous sommes seulement quinze sur le terrain pendant un match.

Examiner Et faites-vous partie d'autres équipes à part celle de Galway ?

Mark Oui, je fais partie du club de mon quartier qui s'appelle Kilbeacanty et je suis membre de mon équipe scolaire aussi. Notre entraîneur ici au lycée s'appelle Peter, c'est un prof. Nous avons de la chance d'avoir un entraîneur comme lui. Il nous encourage beaucoup. Nous nous entraînons chaque semaine sur les terrains de sport à l'école. Cette année nous avons gagné le championnat scolaire de Galway pour les moins de 18 ans, mais malheureusement, nous avons perdu contre Rice College, un lycée à Westport, dans la finale de Connaught le mois dernier.

Examiner Donc vous faites partie de trois équipes différentes et vous êtes en terminale. Avez-vous du mal à trouver le temps pour les devoirs et les études ainsi que le sport ?

Mark Parfois oui. Mais à mon avis, il est essentiel de trouver un équilibre entre le sport et les études. Je me passionne pour le hurling et c'est vrai que je m'entraîne pas mal pendant la semaine mais à part ça, je consacre tout mon temps à mes devoirs. J'ai l'intention d'aller à la fac l'année prochaine pour devenir kinésithérapeute et il faut que j'obtienne cinq cent cinquante points pour pouvoir entrer à Trinity donc je dois travailler très dur à l'école. Je veux absolument réussir au bac.

Examiner Et quels sont les bienfaits du sport à votre avis Mark ?

Mark Les bienfaits sont vraiment nombreux à mon avis. Il est essentiel de faire du sport pour garder la forme et la ligne et pour se sentir bien. Cela fait du bien au corps et à la tête. Personnellement, je me sens toujours mieux après avoir fait du sport. Le hurling m'aide à déstresser et à oublier la pression du bac. En faisant du sport, on apprend à gagner et à perdre aussi. On apprend à jouer en équipe et à travailler ensemble. Et bien sûr, on se fait aussi beaucoup d'amis. Par ailleurs je pense que l'exercice physique joue un rôle indispensable pour les jeunes dans la lutte contre l'obésité dans notre société.

Examiner Est-ce que le problème de l'obésité vous préoccupe Mark ?

Mark Oui Monsieur/Madame. L'obésité est un problème croissant chez les jeunes à cause d'une alimentation déséquilibrée et un manque d'exercice physique. À mon avis, il faut faire du sport pour rester en forme et pour garder la ligne. En ce qui concerne les jeunes et une alimentation déséquilibrée, les écoles devraient interdire les distributeurs automatiques qui vendent des produits sucrés et gras comme les chips, les boissons gazeuses et les barres chocolatées. Il faut les remplacer par des distributeurs vendant les bouteilles d'eau et les fruits. De plus, les parents devraient encourager les bonnes habitudes alimentaires chez leurs enfants.

3

Production écrite

Examination information

Overview of the Written Paper

The Written Section of the Leaving Certificate Higher Level paper is worth 100 marks or 25 per cent of the total mark of 400. There are four questions, and you must attempt three of them. Question 1 is obligatory, and you have to choose TWO questions from Questions 2, 3 and 4.

Tip! Choose your questions carefully.

Question 1

Question 1 is obligatory and is normally based on the themes of the comprehension extracts that you have just answered. You are given a choice between (a) and (b), and you are asked to write approximately 90 words. Usually, at least one of either (a) or (b) requires you to give your opinion on an issue, for example homelessness, criminality or the importance of the Internet. The other often asks you to write about something that has happened to you or to a friend, for example a funny or frightening incident or a surprise telephone call or email you might have received. This is often referred to as the narrative (*récit*) question.

Question 2

Question 2 gives you a choice of two tasks, (a) or (b), from the following three categories:

- Diary entry
- Message/email
- Formal/informal letter.

You are required to write about 75 words. The letter, depending on whether it is formal or informal, may require a slightly longer answer. (For more on Question 2, see pp. 143–50 for the diary entry, pp. 151–8 for the message or email and pp. 159–80 for the formal or informal letter.)

Questions 3 and 4

Questions 3 and 4 are also comment or opinion questions. The topics chosen are meant to be of interest to young people: health, sport, friendship, technology, alcohol, fashion or family relationships. You are asked to give your opinion on certain stimulus material such as a headline, a survey, a quotation, image, cartoon or chart. You have a choice between (a) and (b) for each one and are required to write a minimum of 75 words on the chosen topic.

Tip! Be careful not to do (a) **and** (b) from the **same** question.

Word count

A minimum of 90 words is required in your answer to Question 1. Questions 2, 3 and 4 require a minimum of 75 words. Do not be tempted to go very far beyond these limits because that might cause you time difficulties later in the paper. Do not write more than 120 words in any answer.

Timing

You should spend approximately 5–8 minutes in preparation before you begin writing. You have about 30 minutes for Question 1 (the obligatory question) and about 20 minutes for each of Questions 2, 3 and 4.

Marking

Question 1 is worth 40 marks and is marked on the basis of communication and language carrying 20 marks each. Questions 2, 3 and 4 are worth 30 marks and are marked on the basis of communication and language carrying 15 marks each.

Comment/Opinion questions

Question 1 is obligatory and is normally based on the themes of the comprehension passages you have just answered. You are given a choice between (a) and (b) and your answer must be approximately 90 words. Usually at least one of the questions requires you to give your opinion on an issue, such as emigration, homelessness or criminality. You can also be asked to write about things that have happened to you or to a friend such as a frightening or a funny incident and how you felt at that particular time. You have about 30 minutes to complete Question 1 and it is worth 40 marks, with communication and language carrying 20 marks each.

In Questions 3 and 4, you are asked for your opinions on topics such as health, sport, friendship, technology, alcohol and family relationships. You are given a choice between (a) and (b) for each one and must write approximately 75 words in your answer. Questions 3 and 4 are worth 30 marks each and are marked on the basis of both communication and language carrying 15 marks. You have about 20 minutes for each question.

Approaching the questions

It is very important to answer the question that you have been asked. Don't allow yourself to go off the point. Plan your points, just as you would for an English essay. The format of a typical answer could be as follows:

1 Introduction in which you offer your opinion on the issue.
2 Main body of your answer in which you explain the reasons why you feel a certain way and offer solutions, if applicable.
3 A concluding sentence.

In the main body of your answer, it is a good idea to give three reasons/solutions to a particular problem/issue. Presenting these points in three mini-paragraphs can be a good approach. Remember that you can adopt a 'for and against' attitude giving the pros and cons of the question.

Useful expressions

The key to writing a good answer is to say what you are able to say, not what you want to say. Avoid word-for-word translation from English, and avoid thinking in English and then directly translating the sentence into French. You will end up with what is called 'franglais'.

Make a big effort to build up a range of worthwhile vocabulary and phrases that you can call to mind on the day of the examination. The following sentences and expressions will help you to write a good-quality answer, but there must also be considerable input from yourself. Your answer should contain good-quality French and it must be clearly written.

Mots de liaison

Premièrement	Firstly
Tout d'abord	In the first place/First of all
Pour commencer	To begin/start with
Deuxièmement	Secondly
Ensuite/Puis	Next/then
Troisièmement	Thirdly
D'une part	On the one hand
D'autre part	On the other hand
De plus	Furthermore
En effet	Indeed
En fait	In fact
D'ailleurs	Besides/Moreover
Par ailleurs	In other respects
Par contre	On the other hand
À mon avis/Selon moi/D'après moi	In my opinion
Donc	So/Therefore
Prenons par exemple	Let's take for example
Pour résumer	To sum up
Enfin	Finally
En fin de compte	Ultimately
En bref/En un mot	In brief/In short
Pour conclure/ En conclusion	To conclude
Pour finir	Lastly

Ouverture

Je m'intéresse à ce sujet parce que	I am interested in this subject because
Je m'intéresse à l'opinion exprimée du fait que	I am interested in the opinion expressed because
En réponse à cette question difficile, je voudrais dire que	In reply to this difficult question, I would like to say that
En ce qui concerne ce sérieux problème	With regard to this serious problem
Je suis tout à fait pour/contre cette idée	I am very much for/against this idea
Je suis d'accord/en désaccord avec cette déclaration	I agree/disagree with this statement
pour les raisons suivantes	for the following reasons
pour tout un tas de raisons	for many reasons
On peut considérer cette question de deux façons	One can look at this question in two ways
En toute chose, il y a le pour et le contre	There is a for and an against in everything

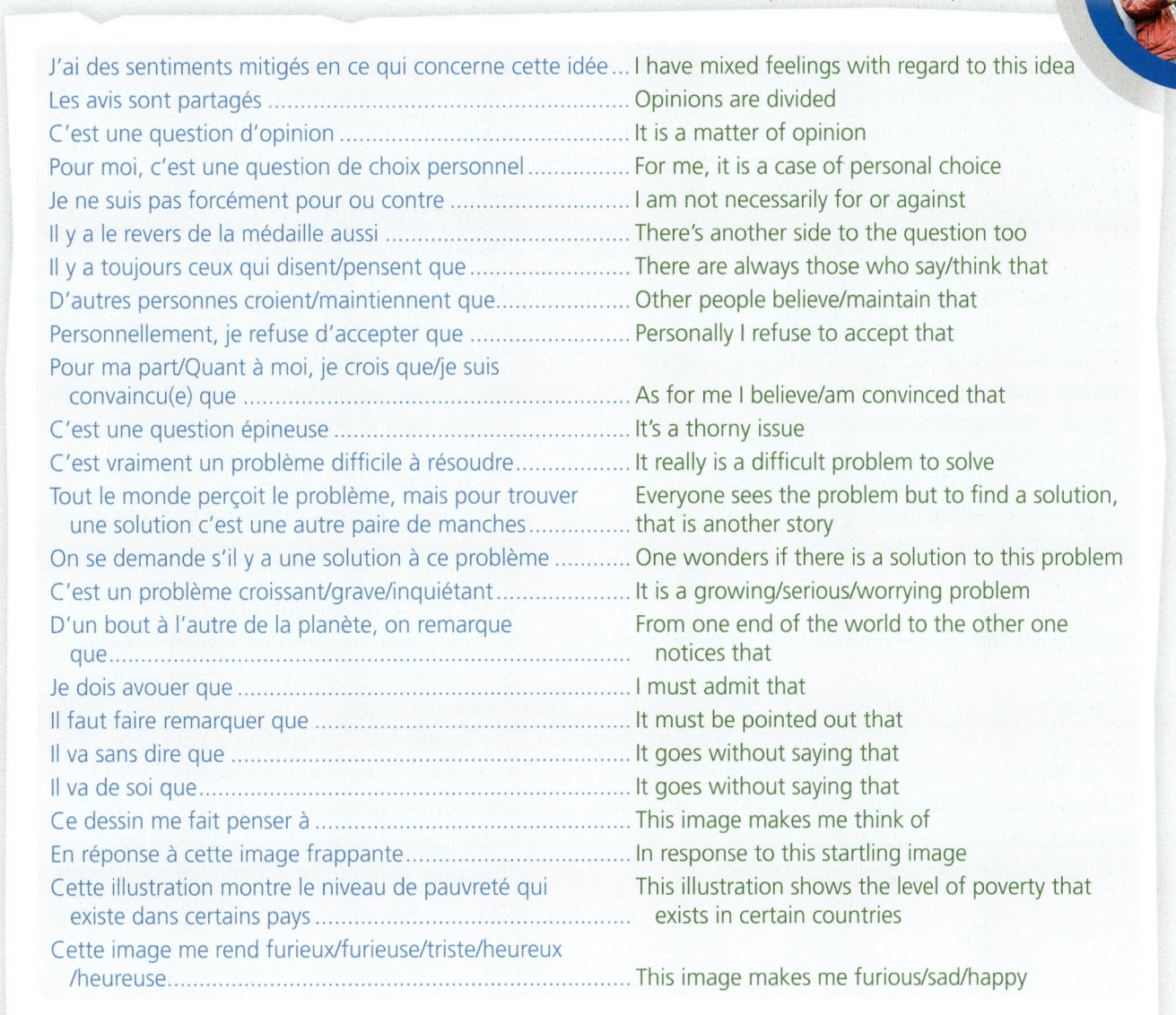

J'ai des sentiments mitigés en ce qui concerne cette idée…	I have mixed feelings with regard to this idea
Les avis sont partagés…	Opinions are divided
C'est une question d'opinion…	It is a matter of opinion
Pour moi, c'est une question de choix personnel…	For me, it is a case of personal choice
Je ne suis pas forcément pour ou contre…	I am not necessarily for or against
Il y a le revers de la médaille aussi…	There's another side to the question too
Il y a toujours ceux qui disent/pensent que…	There are always those who say/think that
D'autres personnes croient/maintiennent que…	Other people believe/maintain that
Personnellement, je refuse d'accepter que…	Personally I refuse to accept that
Pour ma part/Quant à moi, je crois que/je suis convaincu(e) que…	As for me I believe/am convinced that
C'est une question épineuse…	It's a thorny issue
C'est vraiment un problème difficile à résoudre…	It really is a difficult problem to solve
Tout le monde perçoit le problème, mais pour trouver une solution c'est une autre paire de manches…	Everyone sees the problem but to find a solution, that is another story
On se demande s'il y a une solution à ce problème…	One wonders if there is a solution to this problem
C'est un problème croissant/grave/inquiétant…	It is a growing/serious/worrying problem
D'un bout à l'autre de la planète, on remarque que…	From one end of the world to the other one notices that
Je dois avouer que…	I must admit that
Il faut faire remarquer que…	It must be pointed out that
Il va sans dire que…	It goes without saying that
Il va de soi que…	It goes without saying that
Ce dessin me fait penser à…	This image makes me think of
En réponse à cette image frappante…	In response to this startling image
Cette illustration montre le niveau de pauvreté qui existe dans certains pays…	This illustration shows the level of poverty that exists in certain countries
Cette image me rend furieux/furieuse/triste/heureux/heureuse…	This image makes me furious/sad/happy

Expressions

Le monde d'aujourd'hui est bien différent…	Today's world is a very different place
La société a bien changé depuis vingt ans…	Society has changed a lot in the last twenty years
Le coût de la vie a beaucoup augmenté…	The cost of living has increased a lot
Ils ne veulent pas regarder la réalité en face…	They are closing their eyes to the reality
Il me semble que le gouvernement pratique la politique de l'autruche…	It seems to me that the government is practising the politics of an ostrich
Ils ont la tête enfoncée dans le sable…	They have their heads stuck in the sand
Il est nécessaire de…	It is necessary to

Il faut qu'on fasse quelque chose pour	Something must be done
changer le système	to change the system
résoudre le problème	to solve the problem
améliorer la situation	to improve the situation
réduire le niveau de	to reduce the level of
avant qu'il ne soit trop tard	before it is too late
La police doit prendre des mesures pour	The police must take steps
punir les coupables	to punish the culprits
réduire le taux de criminalité	to reduce the level of crime
arrêter les fournisseurs de drogues	to arrest the drug pushers
surveiller les rues	to patrol the streets
Une solution serait de/d' (+ infinitif)	One solution would be
abolir le système de points	to abolish the points system
punir les chauffards	to punish the reckless drivers
construire plus de maisons	to build more houses
Le gouvernement a un rôle indispensable/essentiel à jouer	The government has a vital role to play
Le gouvernement devrait continuer à prendre des initiatives	The government ought to continue to take initiatives
Ce qui me frappe le plus, c'est	What strikes me particularly is that
Il est impossible de nier qu'il y a un problème	It is impossible to deny that a problem exists
Personne ne semble s'inquiéter de ce qui se passe	Nobody seems to be worried about what is happening
La situation en ce moment est préoccupante/inquiétante	The situation at the moment is worrying
Cela fait régulièrement la une des journaux	It regularly features in the headlines
Cet incident a provoqué un tollé	The incident provoked an outcry
Rien ne peut justifier un tel acte/une telle réaction	Nothing can justify such an act/a reaction
On devrait informer le public des dangers	The public ought to be informed of the dangers

Conclusion

À mon avis, la seule solution à cette question est (de + infinitif/noun)	In my opinion, the only solution to this question is
Il me semble que la seule solution à ce problème est (de + infinitif/noun)	It seems to me that the only solution to this problem is
L'idéal serait (de + infinitif/noun)	The ideal would be
En tout cas, c'est ce que je pense maintenant	In any case, that is what I think now
J'aimerais connaître les opinions des autres à cet égard/à ce sujet	I would be very interested in having the opinion of others in this regard/on this subject
Je me demande si dans vingt ans j'aurai changé d'avis	I wonder if I will have changed my opinion in twenty years
On se demande si la situation va changer	One wonders if the situation is going to change
Tout le monde espère que	It is everybody's hope that
Qui vivra verra, comme on dit en français	Time will tell, as they say in French
Qui sait !	Who knows!
Il faut faire davantage pour trouver une solution à ce problème	We should do more to find a solution to this problem

Sujets d'actualité

The following pages contain vital material which has a dual purpose in the Leaving Certificate Higher Level Examination. These topics are intended for use when the oral conversation develops beyond the factual level. The themes developed in this section are also of considerable importance in the Written Expression sections of the paper. They are of current topical interest and should be carefully studied in preparation for the exam.

Les sans-abri/Les sans-domicile-fixe (SDF)

Questions générales

1. Pensez-vous que notre société fasse assez pour venir en aide aux sans-abri ?
2. Il y a des gens qui déclarent que c'est de leur faute si ils sont sans-abri. Qu'en pensez-vous ?
3. Imaginez que vous êtes sans-abri. Racontez comment cela vous est arrivé.

- Les sans-abri sont des personnes qui dorment dans les rues ou dans des espaces publics.
- Le problème des sans-abri est mondial même dans les pays riches.
- Les associations caritatives qui viennent en aide aux sans-abri méritent notre soutien. Sans elles, la situation serait encore pire.
- Beaucoup d'organisations caritatives en Irlande travaillent très dur pour venir en aide aux sans-abri comme, par exemple, Focus Ireland, The Peter McVerry Trust et The Simon Community.
- Les SDF se retrouvent dans la rue pour plusieurs raisons différentes : séparation, violence domestique ou crise financière par exemple.
- Les SDF sont presque toujours malnourris et l'hygiène personnelle est toujours problématique par faute d'accès à des infrastructures sanitaires.
- Les sans-abri sont parfois logés dans des hébergements d'urgence, par exemple dans des foyers d'accueil.
- L'alcool est souvent très présent dans la vie des sans-abri.
- L'alcool donne aux sans-abri l'illusion de surmonter leurs difficultés par exemple, le froid, la dépression ou la solitude.
- On voit souvent les SDF comme des individus désocialisés, totalement exclus de notre société.
- Il y a des sans-abri qui sont réticents à dormir dans des foyers d'urgence à cause du manque de sécurité.
- La population des sans-abri a augmenté récemment dans la plupart des régions d'Europe et la crise économique a aggravé la situation.
- Le profil de la population sans-abri a évolué et aujourd'hui elle comprend de plus en plus de jeunes, d'enfants et de migrants.
- À mon avis, c'est à nous de trouver la solution au problème des sans-abri.

- Il faut que nous soyons plus généreux envers ceux qui sont moins fortunés que nous.
- On devrait adopter des stratégies à long terme au niveau national.
- Le gouvernement a un rôle capital à jouer à cet égard.
- Les plus fortunés des sans-abri sont logés dans des hôtels ou dans des auberges mais ce n'est qu'une réponse à court terme.
- La solution définitive reste dans la construction de plus de maisons abordables pour ceux qui en ont besoin.

Le terrorisme

Questions générales

1. Qu'est ce qu'on peut faire afin de réduire le nombre d'attaques terroristes dans le monde de nos jours ?
2. À votre avis pourquoi est-ce que certains jeunes sont attirés par le terrorisme ?
3. Quelles sont les causes principales du terrorisme en Europe ?

- Le terrorisme est l'usage de la violence contre des innocents à des fins politiques ou religieuses.
- Le terrorisme est le problème le plus grave de notre monde moderne.
- C'est devenu le problème de sécurité numéro un, partout dans le monde, au 21ème siécle.
- L'objectif des organisations terroristes est de semer la peur à des fins religieuses et idéologiques.
- Les groupes comme Daech continuent à organiser des attentats terribles dans les grandes villes d'Europe : à Paris, à Nice, à Londres, à Manchester, à Barcelone et ailleurs.
- Partout dans le monde, des milliers de personnes y compris des enfants et des jeunes ont perdu la vie suite à ces attaques criminelles.
- Le terrorisme est devenu le compagnon ordinaire de nos jours et de nos nuits.
- Il habite nos pensées, gouverne nos débats politiques et bouscule nos cultures et traditions.
- Même ici en Irlande, il y a toujours un risque d'attentat et il faut que tout le monde soit vigilant.
- Tous les gouvernements doivent travailler ensemble afin de réduire la menace terroriste dans le monde.
- Il faut faire plus face à cette menace grandissante avant qu'il ne soit trop tard.
- On ne peut pas continuer à pratiquer la politique de l'autruche avec la tête enfoncée dans le sable.
- On devrait faire un effort pour arrêter le financement du terrorisme.
- Il faut suivre la piste des terroristes et détruire leurs moyens de communication.
- Espérons que les enfants de demain vivront dans un monde paisible, dans lequel nos différences de culture, de religion et de traditions seront respectées.

l'alcool et l'alcoolisme

Questions générales

1. Est-ce que vous buvez de l'alcool ?
2. À votre avis, pourquoi est-ce que les adolescents commencent à boire si jeunes ?
3. Quels sont les dangers liés à la consommation d'alcool ?

→ Je bois un peu de bière de temps en temps, mais toujours avec modération. Je trouve que ça me détend.
→ Beaucoup de jeunes boivent pour être branchés ou pour faire comme leurs copains.
→ Dans notre société, les jeunes font souvent la fête le week-end ou après les examens. Ils ne se rendent pas compte des conséquences de l'alcool sur leur santé.
→ L'abus d'alcool peut provoquer de graves problèmes de santé comme des cirrhoses du foie et des maladies cardiovasculaires.
→ Les adolescents boivent parfois pour oublier la pression du bac. C'est un moyen d'évasion.
→ L'attitude des gens envers l'alcool a changé ces derniers temps : autrefois, on acceptait les ivrognes, mais ce n'est plus le cas.
→ Une consommation modérée ne fait de mal à personne. Il faut connaître ses limites et savoir s'arrêter.
→ Je suis totalement contre l'alcool et je ne bois jamais.
→ L'alcool nuit à la santé.
→ L'alcool est nuisible à la santé.
→ C'est la cause principale des accidents de la route.
→ Quand on boit son salaire, il ne reste plus rien pour nourrir sa famille.
→ Pour les sportifs, il est impossible de garder la forme et de boire en même temps.
→ L'alcool cause des problèmes sociaux et des problèmes dans les familles, comme des disputes.
→ À mon avis, il y a trop de publicité à la télévision pour l'alcool.
→ Les jeunes/adolescents sont souvent influencés par ce qu'ils voient à la télévision.

la drogue

Questions générales

1. Que pensez-vous des problèmes liés à la drogue dans notre société ?
2. Est-il facile d'acheter des stupéfiants dans votre ville ?
3. Qu'est-ce qu'on peut faire pour résoudre ce grave problème social ?

→ Il va sans dire que la toxicomanie est le fléau de la société moderne.
→ Les vendeurs de drogue sont des criminels qui exploitent les gens.
→ Les stupéfiants détruisent la vie de milliers de jeunes garçons et filles.

- → Le nombre de toxicomanes augmente de jour en jour. C'est un problème croissant, même à la campagne.
- → Quand on est jeune, on est parfois tenté d'essayer des drogues, surtout pour faire comme les autres.
- → Certains jeunes se droguent pour fuir la pression des examens.
- → Tout le monde sait que la drogue est disponible dans les boîtes.
- → On commence souvent par les drogues douces comme le cannabis et on passe ensuite aux drogues dures comme la cocaïne et l'héroïne.
- → On peut facilement acheter du cannabis ou de l'ecstasy pour quelques euros seulement.
- → L'usage de la cocaïne dans les boîtes de nuit et même dans les soirées privées est un problème croissant. Ce sont surtout les jeunes adultes qui ont de l'argent qui en consomment.
- → C'est parfois un manque de confiance en soi qui pousse les gens vers la drogue.
- → Les gens se droguent pour échapper à leur réalité quotidienne, souvent pleine de stress.
- → Prendre de la drogue peut entraîner de graves maladies. Par exemple, beaucoup de victimes du sida en Irlande sont des toxicomanes.
- → La drogue, je n'y ai jamais touché parce que je ne veux pas courir le risque de devenir toxicomane.
- → Ça ne m'intéresse pas du tout.
- → Les parents doivent surveiller leurs enfants de plus près, jour et nuit.
- → Il faut punir les trafiquants très sévèrement, d'une peine de prison à perpétuité par exemple.
- → Il va sans dire que la drogue n'apporte jamais le bonheur.
- → Il faut que le gouvernement prenne des mesures pour interdire la vente de drogues dans les boîtes de nuit. Je pense qu'on devrait, par exemple, fermer les boîtes concernées.
- → Ces dernières années, on a découvert que certains sportifs se droguent afin d'améliorer leurs performances.
- → Les autorités surveillent le dopage et imposent des peines sévères aux coupables.
- → L'idée de « gagner à tout prix » obsède les sportifs.

Le tabac

Questions générales

1 Quelle est votre attitude par rapport au tabagisme ?
2 Est-ce que certains membres de votre famille fument ?
3 Que pensez-vous de la loi anti-tabac en Irlande ?

- → Je ne fume pas. C'est une habitude dégoûtante.
- → Je déteste l'odeur du tabac.
- → Je fume une vingtaine de cigarettes par jour, mais j'essaie d'arrêter. C'est difficile quand on est accro.

- → De nos jours, le tabagisme est de moins en moins accepté par la société.
- → Le premier janvier 2004, le gouvernement irlandais a introduit une loi anti-tabac qui s'applique dans tous les lieux publics.
- → Je trouve que c'était une décision très courageuse de la part du ministre de la Santé. Cela a fait du bien à tout le monde.
- → Il faut dire que le tabac nuit à la santé, même à ceux qu'on appelle les fumeurs passifs.
- → Fumer peut provoquer de nombreuses maladies comme par exemple le cancer des poumons.
- → Je suis sportif/ive et donc je m'entraîne beaucoup. La cigarette réduit le souffle. Je suis souvent hors d'haleine.
- → Les cigarettes coûtent très cher.
- → La meilleure chose à faire, c'est de ne pas commencer à fumer, parce qu'il est très difficile de s'arrêter.

Le bénévolat

Questions générales

1 Avez-vous jamais considéré l'idée de travailler en tant que bénévole ?
2 Il y a un prix à payer quand on décide d'être bénévole à l'étranger. Quel prix ?
3 Quelle organisation humanitaire ou caritative admirez-vous le plus et pourquoi ?

- → Un(e) bénévole est une personne qui donne de son temps libre sans rémunération à une action qui l'intéresse ou qu'il veut encourager.
- → Partout dans le monde, il y a des personnes qui n'ont pas assez à manger, des personnes à qui il manque un toit et des personnes qui n'ont pas accès à une éducation.
- → Il existe de nombreuses organisations caritatives comme Focus Ireland et The Simon Community qui viennent en aide aux sans-abri en Irlande.
- → La situation des sans-abri ici est de plus en plus inquiétante malheureusement.
- → En Irlande, l'association de St. Vincent de Paul cherche à aider ceux qui ont du mal à se nourrir.
- → Les associations humanitaires et caritatives se consacrent à l'aide aux populations les plus démunies du monde.
- → Les organisations comme Trócaire et Concern essaient de venir en aide à tous ceux qui sont dans le besoin en Asie et en Afrique à cause de la faim, la guerre, les catastrophes naturelles et plusieurs autres crises.
- → Ces associations caritatives et humanitaires dépendent totalement de notre générosité et méritent notre soutien.
- → Beaucoup de jeunes prennent la décision de s'engager comme bénévoles dans les pays pauvres du monde afin d'améliorer les conditions de vie des habitants peu fortunés.

- En travaillant comme bénévole, on a l'occasion d'acquérir de nouvelles compétences et de se faire de nouveaux amis aussi.
- Personnellement, j'aimerais passer un an à travailler comme bénévole en Afrique après avoir fini mes études universitaires. J'aimerais avoir une influence positive sur les conditions de vie de ceux qui sont moins fortunés que moi.
- Les bénévoles habitent souvent dans des conditions déplorables avec ceux qu'ils tentent de soutenir.
- Souvent dans les régions en guerre les bénévoles courent le risque d'être enlevés ou même assassinés.
- Les organisations caritatives comme Trócaire font des collectes annuelles le dimanche devant les églises.
- Pour aider les fondations humanitaires, on peut par exemple acheter des produits dont une partie du prix est reversée à l'organisation.
- On peut soutenir les organisations caritatives et humanitaires en Irlande ou ailleurs en donnant chaque mois un pourcentage de son salaire de façon automatisée.
- Que ce soit en Irlande ou dans un pays pauvre du monde, faire du bénévolat est tout comme le don d'argent, une manière de faire preuve de solidarité.
- Nous pouvons tous aider ces associations en donnant de notre temps, de notre expérience et de nos compétences sans aucune rémunération.

La mode

Questions générales

1. Pourquoi est-ce que les gens s'intéressent tellement à la mode de nos jours ?
2. Est-ce que la mode joue un rôle important dans votre vie ? Pourquoi ?
3. Y a-t-il des dangers associés à la mode ? Parlez-en.

- De nos jours, tout le monde s'intéresse à la mode : les jeunes comme les gens plus âgés, les garçons comme les filles.
- Les magazines et la publicité nous tiennent au courant des dernières tendances de la mode.
- Ce qui est cool un jour est démodé le lendemain !
- Les vêtements de marque, les accessoires de marque, les parfums de marque, etc., sont très demandés.
- Les gens sont séduits par la publicité. Ils se sentent obligés de suivre la mode dans un monde de plus en plus commercial et matérialiste.
- Les jeunes filles, souvent très minces, essaient de ressembler à leurs stars préférées, ce qui est souvent une vraie source de soucis pour leurs parents.
- Énormément de jeunes travaillent à mi-temps pour pouvoir s'acheter des vêtements branchés, comme leurs copains.
- Le bronzage artificiel/le botox est de plus en plus tendance chez les filles/les femmes.
- Parfois, je me demande si la beauté naturelle est en voie de disparition.
- Le principal pour moi, c'est de me sentir bien dans ce que je mets.

La protection de l'environnement

Questions générales

1. Quelles sont les causes principales de la pollution dans le monde ?
2. Selon vous, est-ce qu'on fait assez pour protéger la nature ?
3. Faites-vous un effort pour préserver l'environnement ?

→ Dans notre société moderne, la pollution est causée par différents facteurs.
→ Les produits chimiques contaminent les rivières et les lacs.
→ Notre atmosphère est polluée par la fumée des usines et des cheminées domestiques.
→ Les gaz d'échappement des voitures dans nos villes posent un sérieux problème pour l'environnement.
→ Les aérosols qui contiennent des CFC détruisent la couche d'ozone.
→ Il y a de plus en plus de marées noires qui endommagent les plages, la faune et la flore.
→ Des gens jettent des ordures, des canettes, des mégots de cigarette et du chewing-gum par terre.
→ Je crois que la destruction des forêts tropicales est un des problèmes les plus inquiétants de notre époque. On dit que vingt hectares de forêt disparaissent chaque minute.
→ Les conséquences du déboisement/de la déforestation sont nombreuses.
→ La société moderne est basée sur le profit et l'exploitation des ressources naturelles. Nous risquons de détruire l'environnement.
→ Le réchauffement de la planète est un problème très inquiétant.
→ Il y a de plus en plus de catastrophes naturelles comme les ouragans et la sécheresse.
→ Les glaciers fondent dans l'Arctique et l'Antarctique.
→ Il y a des espèces qui sont en voie de disparition, comme par exemple les ours polaires.
→ On doit interdire les aérosols et les produits chimiques qui nuisent à la santé et à l'atmosphère.
→ On devrait acheter du papier recyclable.
→ Il faut trier les déchets et recycler au maximum.
→ Il faut que chaque foyer recycle les ordures domestiques et essaie de réutiliser des produits autant que possible.
→ Je fais de mon mieux pour protéger la planète en apportant la même boîte à déjeuner à l'école chaque jour.
→ Je bois l'eau du robinet au lieu d'acheter des bouteilles d'eau, comme la plupart de mes amis et quand je quitte une pièce j'éteins toujours la lumière.
→ Il ne faut pas gaspiller l'eau ou l'électricité.

- → Il faut utiliser des ampoules basse consommation d'énergie et des piles rechargeables.
- → On devrait prendre les transports en commun.
- → Je trouve que les énergies éolienne et solaire sont beaucoup plus saines.
- → On devrait installer des panneaux solaires chez nous.
- → L'environnement n'est pas la propriété de notre génération. Il faut protéger notre planète pour les générations à venir.
- → Il faut punir très sévèrement les gens et les entreprises qui ne respectent pas les lois.
- → Si j'étais ministre de l'Environnement, j'offrirais plus d'argent aux associations qui travaillent pour la protection de l'environnement.
- → Il est vrai que certaines avancées sont évidentes. Par exemple, les compagnies pétrolières ont introduit depuis longtemps les carburants sans plomb.
- → Les constructeurs automobiles fabriquent des voitures électriques qui n'utilisent pas de carburants fossiles et ne rejettent pas de CO_2.

La Nouvelle Irlande

Questions générales

1. Comment est-ce que l'Irlande a changé ces dernières années ?
2. Avez-vous des peurs en ce qui concerne l'avenir de l'Irlande ? Lesquelles ?
3. On dit que l'Irlande est très accueillante envers les étrangers. Êtes-vous d'accord ?

- → L'Irlande connaît une croissance économique énorme depuis cinq ans.
- → En termes économiques, le pays fait envie aux autres pays européens.
- → Nous sommes maintenant très dynamiques et tout va mieux au niveau social.
- → On est arrivé au bout du tunnel et la crise économique est finie.
- → Il y a de plus en plus d'embauches et on espère que nos jeunes émigrés reviendront. Ils sont, après tout, notre avenir.
- → Le taux de chômage a beaucoup baissé ces dernières années.
- → Tout semble indiquer, en termes économiques, que le plus fort de l'orage est passé.
- → On voit de plus en plus d'immigrés étrangers qui arrivent en Irlande à la recherche de travail et d'une nouvelle vie.
- → Le niveau élevé d'éducation parmi nos jeunes encourage beaucoup d'entreprises étrangères à s'établir en Irlande.
- → Notre industrie du tourisme est très forte et les touristes étrangers viennent nombreux tout au long de l'année.
- → Bien que tout aille mieux, il y a toujours des familles qui ont du mal à joindre les deux bouts.
- → Il y a une vraie crise du logement surtout dans la capitale.
- → À Dublin, le prix des maisons a atteint un niveau bien troublant.

- → Dans certains petits villages, il y a des lotissements fantômes et des maisons inachevées.
- → Le gouvernement devrait offrir ces maisons aux jeunes familles et peut-être aux sans-abri.
- → Il faut que tout le monde soit prudent avec l'argent.
- → On devrait garder une poire pour la soif, comme on dit en français.
- → Même si tout va bien en ce moment, il y a quand même le risque d'une nouvelle crise. On ne sait jamais.

La criminalité

Questions générales

1. Est-ce que la criminalité est un problème dans votre ville ?
2. Quelles sont les causes principales des crimes dans notre société ?
3. Pouvez-vous suggérer des solutions pour résoudre ce problème ?

- → Récemment, le taux de criminalité a beaucoup augmenté en Irlande. C'est effrayant !
- → Chaque semaine des meurtres commis par des gangs font la une des journaux. Pour la plupart, ce sont des histoires liées à la drogue dans les quartiers sensibles.
- → Des hommes sont assassinés devant leurs femmes et leurs enfants de façon brutale.
- → Des voyous commettent des cambriolages, des hold-up et des agressions.
- → Presque chaque nuit, des délinquants juvéniles, qui cherchent de l'argent pour acheter de la drogue, commettent des crimes.
- → Quand ils sont en manque, les toxicomanes sont prêts à tout pour se procurer de la drogue.
- → À mon avis, le chômage est une des causes principales de ce problème.
- → Dans les grandes villes, certaines familles de criminels gagnent leur vie au moyen de vols à main armée.
- → On dit souvent que la violence dans les jeux vidéo et à la télévision est liée à ce problème.
- → Pour résoudre ce problème, il faudrait organiser plus de rondes de policiers.
- → Les juges devraient être plus sévères dans leurs condamnations.
- → Il faudrait infliger des peines plus sévères aux criminels.

Le racisme

Questions générales

1. Pensez-vous que le racisme existe en Irlande aujourd'hui ?
2. Selon vous, pourquoi est-ce que les gens sont victimes de racisme ?
3. Qu'est-ce qu'on peut faire pour lutter contre le racisme ?

- → Le racisme existe depuis toujours.
- → Partout dans le monde, il y a des centaines de milliers de personnes qui n'ont pas d'autre choix que de quitter leur pays natal à cause de vagues de racisme, de génocides ou d'épurations ethniques. Ce sont des réfugiés.
- → Un exemple de racisme et de ses conséquences au vingtième siècle est l'holocauste, lorsque les nazis en Allemagne ont tenté d'exterminer la population juive.

- Les gens du voyage en Irlande sont parfois traités comme des citoyens de deuxième classe et ceci représente une forme de racisme.
- Il y a cent ans, nous, les Irlandais, étions victimes de racisme aux États-Unis et en Australie. On nous méprisait.
- La discrimination liée à la couleur de peau, aux origines ou à la religion est absolument inacceptable et injuste.
- On ne devrait jamais juger les autres par la couleur de leur peau ou par leur religion.
- Il ne faut pas tolérer l'intimidation.
- À mon avis, on devrait traiter tout le monde de la même façon. Nous sommes tous égaux.
- Les immigrés recherchent une meilleure vie ici en Irlande.
- Le mélange culturel qui existe en Irlande grâce aux immigrés est très enrichissant.
- Il faut de tout pour faire un monde, comme on dit en français.

La publicité

Questions générales

1. Est-ce que la publicité joue un rôle important dans la vie moderne ?
2. Quels sont les avantages de la publicité ?
3. À votre avis, quels sont les dangers liés à la publicité ?

- La publicité exerce une influence énorme sur la vie de chacun d'entre nous.
- Les maisons de mode savent comment séduire les jeunes avec leurs produits de marque comme les baskets Nike ou les parfums Calvin Klein.
- À mon avis, la publicité occupe une place très importante dans la vie actuelle.
- Les jeunes veulent être branchés et font très attention aux publicités.
- La télévision joue un rôle majeur dans ce domaine, car tout le monde la regarde.
- Les entreprises investissent énormément d'argent dans les publicités de nos jours.
- Les pubs peuvent être à la fois éducatives et divertissantes.
- La publicité nous aide à choisir parmi les différents produits.
- Elle encourage la concurrence et fait baisser les prix.
- Parfois, la publicité nous encourage à acheter des produits inutiles ou superflus.
- À cause de la pub, beaucoup de gens vivent au-dessus de leurs moyens.
- On ne devrait jamais être esclave de la publicité.
- Je suis totalement contre le parrainage de sports comme le rugby ou le hurling par des fabricants de bière.
- La publicité a des aspects à la fois positifs et négatifs. On peut l'aimer ou la détester, mais une chose est certaine, on ne peut pas l'ignorer.

L'Europe

> **Questions générales**
>
> 1. Nous sommes des citoyens de l'Europe mais nous sommes avant tout des Irlandais. Quelle est votre opinion à cet égard ?
> 2. Êtes-vous content(e) d'accueillir de plus en plus d'immigrés en Irlande ?
> 3. Pensez-vous que l'Union européenne aille continuer à exister à l'avenir ?

- L'Union européenne compte 28 pays en ce moment mais le Royaume-Uni a décidé de quitter l'Union, probablement en 2020.
- L'Union européenne est l'association volontaire d'états dans les domaines économiques et politiques pour assurer la paix en Europe et pour favoriser le progrès économique et social.
- Des milliers de réfugiés arrivent en Europe sans aucun autre choix que de fuir la guerre et avec l'espoir de trouver une nouvelle vie.
- L'intégration des étrangers en Europe contemporaine est un problème croissant.
- Nous sommes tous les citoyens d'une Europe unie où tout le monde est égal.
- L'Irlande est membre de l'Union européenne depuis 1973 et elle est l'un des pays qui a bénéficié le plus en termes économiques et financiers.
- L'Irlande a des liens très forts avec plusieurs pays européens, surtout la France et le Royaume-Uni.
- La participation de l'Irlande à l'Union européenne a été sans doute très bénéfique pour la croissance irlandaise.
- Être membre de l'Union européenne a permis à l'Irlande de jouer dans la cour des grands sur la scène internationale.
- Grâce à l'Union européenne, nous avons accès au plus grand marché unique dans le monde.
- L'Union européenne a joué un rôle essentiel pour soutenir la paix en Irlande du Nord.
- L'économie irlandaise profite énormément du tourisme européen et les touristes européens viennent nombreux en Irlande tout au long de l'année.
- Les citoyens des pays membres ont le droit d'étudier et de travailler dans n'importe quel pays de l'Union européenne.
- Les Irlandais aiment voyager et des milliers de jeunes passent au moins un an en stage linguistique en France ou ailleurs en Europe.
- Nous, les Irlandais, aimons partir en vacances dans les autres pays d'Europe surtout en France, en Espagne et en Italie.
- L'Europe doit beaucoup aux moines irlandais qui ont converti la population à la foi catholique.
- En Irlande nous avons maintenant, pour la première fois depuis des siècles, une paix durable sur toute l'île.
- Les liens d'amitié entre l'Irlande et le Royaume-Uni sont nombreux et forts. Il faut qu'on prenne en compte la nécessité et la valeur de ces liens.
- Tout le monde espère que l'Union européenne continuera d'être aussi importante dans le monde dans les années à venir que dans le passé.

La famine dans le monde et les pays en voie de développement

Questions générales

1. Que pensez-vous des célébrités comme Bono et Bob Geldof qui viennent en aide aux pays en voie de développement ?
2. Quelles sont les causes principales de la famine dans certains pays du monde ?
3. Aimeriez-vous travailler dans un pays en voie de développement ?

- Beaucoup de pays en voie de développement comme, par exemple, le Soudan ou la Somalie, sont toujours menacés de famines.
- La famine est un problème naturel : une des causes principales de la famine dans le monde est la sécheresse.
- Des associations caritatives ou des organisations non-gouvernementales comme Concern ou Trócaire font de leur mieux pour nourrir les populations affamées d'Afrique.
- Quand il y a des catastrophes naturelles, comme des tremblements de terre, ces associations viennent en aide aux populations locales.
- La famine frappe les régions les plus pauvres du monde.
- Les maladies liées à l'eau non potable et au manque d'hygiène provoquent des millions de morts chaque année dans le tiers monde.
- La malnutrition est une des causes principales des décès de jeunes enfants.
- Certaines célébrités comme Bono ou Bob Geldof font un travail considérable pour les pays en voie de développement. Ils organisent des concerts de charité et font appel aux Occidentaux pour qu'ils soient plus généreux envers les moins fortunés.
- J'aimerais bien travailler pendant un an ou deux pour Concern en Afrique. Je me rends compte que j'ai de la chance et je voudrais aider les pauvres d'Afrique ou d'Asie.
- À mon avis, les gens devraient faire plus de dons.
- Les convois de nourriture améliorent un peu la situation dans ces pays, mais ce n'est pas une solution à long terme.
- En fin de compte, il faut surtout éduquer les populations pauvres et leur apprendre des techniques agricoles qui seront utiles.

L'obésité chez les jeunes

Questions générales

1. Est-ce que certains de vos amis sont concernés par le problème de l'obésité ?
2. D'après vous, quelles sont les causes principales de l'obésité ?
3. Que peut-on faire pour lutter contre ce problème ?

- L'obésité chez les jeunes est un problème croissant de nos jours.
- De plus en plus d'enfants et d'adolescents sont aujourd'hui en surpoids.
- On dit que les causes principales de l'obésité sont une alimentation de plus en plus déséquilibrée et un manque d'exercice physique.
- Les jeunes mènent une vie trop sédentaire. Ils passent trop de temps à regarder la télé ou à surfer sur le Net, et ils ne font pas assez d'exercice.
- Il faut manger de façon saine et équilibrée, et faire de l'exercice pour se sentir bien et pour garder la ligne.
- Les habitudes alimentaires de la famille jouent un rôle important.
- Il faut que les parents encouragent leurs enfants à respecter la bonne vieille habitude de manger trois repas par jour.
- Les parents devraient encourager les bonnes habitudes alimentaires chez leurs enfants.
- Souvent, l'enfant a le droit de manger comme il veut, avec une consommation importante de sucreries, de biscuits et de boissons sucrées.
- Avant les cours ou pendant la pause déjeuner, les jeunes achètent des friandises, comme des chips et des boissons gazeuses, dans les distributeurs automatiques.
- On devrait interdire les distributeurs automatiques qui vendent des boissons sucrées et des produits salés comme des chips à l'école et les remplacer par des distributeurs vendant des bouteilles d'eau et des fruits.
- Il faut obliger les cantines scolaires à servir de la nourriture saine.
- Le fast-food fait partie de notre style de vie et ce n'est pas forcément mauvais.
- Manger dans un fast-food de temps en temps ne fait de mal à personne.
- Le problème de l'obésité n'est pas aussi simple qu'on pourrait le croire.
- Il faut prendre en compte l'influence des facteurs génétiques sur le contrôle de l'appétit et du poids.
- L'obésité est une maladie qui peut avoir de graves conséquences physiques et psychologiques.
- Dans notre société obsédée par la minceur, les jeunes en surpoids souffrent beaucoup.
- Les adolescents sont souvent malheureux après avoir pris du poids.

Les personnes âgées

Questions générales

1. Selon vous, est-ce que les personnes âgées sont particulièrement vulnérables dans notre société ?
2. Que peut-on faire pour que les personnes du troisième âge soient mieux protégées ?
3. Connaissez-vous quelqu'un qui a déjà été agressé ? Décrivez cet incident.

→ Beaucoup de personnes âgées vivent dans des conditions précaires. La société moderne les a souvent oubliées.
→ Ces dernières années, notre pays a vu une augmentation effrayante du nombre de crimes contre les personnes âgées.
→ Presque chaque semaine, on voit des reportages à la télévision concernant des agressions contre les personnes âgées.
→ Elles ont toujours très peur d'être attaquées dans leurs maisons.
→ Elles sont menacées chez elles par des voyous qui sont souvent à la recherche d'argent pour acheter de la drogue.
→ On devrait encourager les personnes âgées à ne pas ouvrir leur porte à des inconnus et à utiliser un système d'alarme personnel.
→ Quand on est à la retraite, je crois qu'on devrait avoir le droit d'être à l'abri du danger.
→ Il est difficile de vivre seul(e) après avoir élevé une famille.
→ Quelquefois, les personnes âgées sont oubliées, même par leurs enfants.
→ Il faut que le gouvernement augmente les retraites.
→ Je pense que les comités de quartier sont une très bonne idée, parce qu'ils rassurent les personnes du troisième âge.

Les réfugiés

Questions générales

1. Pourquoi est-ce que tant de réfugiés choisissent l'Irlande comme terre d'accueil ?
2. Comment faut-il traiter les réfugiés qui arrivent dans notre pays ?
3. Y a-t-il des réfugiés dans votre école/quartier ?

→ Il y a beaucoup d'étrangers qui veulent trouver une meilleure vie en Irlande. On les appelle des demandeurs d'asile ou des réfugiés.
→ Ils viennent de pays en voie de développement, souvent situés en Afrique.
→ J'estime qu'il faut les accepter dans notre pays, même si cela nous force à changer.
→ Pour la plupart, ce sont des gens pauvres obligés de quitter leur pays d'origine pour plusieurs raisons, allant de la guerre à la discrimination raciale.

Triomphe au Bac Supérieur

→ Il faut écouter les institutions comme l'Organisation des Nations unies qui se battent pour que les droits de l'homme soient respectés.
→ Il y a cent ans, nous les Irlandais, nous étions forcés d'émigrer aux États-Unis, en Australie ou au Royaume-Uni pour trouver du travail.
→ C'est notre devoir de venir en aide à ceux qui sont moins fortunés que nous.
→ Il faut néanmoins prendre des mesures pour limiter le nombre de réfugiés. Sinon, il y aura beaucoup de problèmes sociaux dans les années à venir.
→ Les réfugiés doivent faire un effort pour s'intégrer à la société irlandaise et trouver du travail.
→ Il ne faut pas oublier que les réfugiés apportent beaucoup de traditions et de cultures en Irlande. Ceci enrichit notre pays.

Les nouvelles technologies

Questions générales

1. Quels sont les grands progrès technologiques depuis dix/vingt ans ?
2. Quelle est l'attitude de vos parents par rapport à ces avancées ?
3. Y a-t-il des risques liés à ces progrès ?

→ La technologie avance à un rythme vertigineux.
→ On peut dire que l'on vit dans une époque technologique et informatique.
→ Les progrès se font dans plusieurs secteurs, par exemple dans les domaines des télécommunications et de l'électronique.
→ Les constructeurs automobiles tentent de créer des voitures autonomes, c'est-à-dire des voitures capables de rouler sans chauffeur grâce à diverses nouvelles technologies.
→ Dès leur plus jeune âge, les enfants savent utiliser les ordinateurs, les tablettes et les téléphones portables.
→ Il me semble que presque tous les jeunes de nos jours possèdent des appareils électroniques dernier cri.

→ Personnellement, j'ai peur qu'on ne devienne trop préoccupé par les progrès technologiques. Il n'y a qu'à regarder les enfants attendre avec impatience la sortie de la dernière Playstation.

→ Comme toujours, il y a le pour et le contre. D'une part, les nouvelles technologies rendent la vie plus facile et plus confortable. D'autre part, on risque de voir le progrès technologique échapper au contrôle humain.

→ Nos grands-parents et même nos parents ont du mal à comprendre tous ces nouveaux gadgets. C'est un autre monde pour eux.

→ Les ordinateurs font de plus en plus de travail. Certains métiers disparaissent et d'autres se créent.

→ Une chose est certaine, la société et les technologies vont continuer à évoluer dans les années à venir.

Le tourisme

Questions générales

1 Qu'est-ce qui attire les touristes en Irlande ?
2 Qu'est-ce qui peut décevoir les touristes quand ils viennent en Irlande ?
3 Y a-t-il des attractions touristiques dans votre région ? Lesquelles ?

→ Le bureau irlandais du tourisme, Fáilte Ireland, dépense beaucoup d'argent chaque année afin d'attirer les touristes étrangers.

→ Le tourisme est un de nos secteurs économiques les plus importants.

→ Les touristes américains et européens viennent nombreux pour profiter de l'ambiance agréable et détendue de notre pays.

→ L'Ouest de l'Irlande, surtout le Connemara, attire beaucoup de Français. Il y a même une chanson très connue en France qui en parle.

→ L'Irlande a beaucoup d'attraits pour les touristes : la beauté du paysage ; l'air pur et rafraîchissant ; les plages propres et presque désertes ; les rivières pleines de poissons ; la population sympathique ; les châteaux anciens et les monastères ; l'ambiance conviviale des pubs.

→ Évidemment, le temps est souvent variable et c'est un inconvénient.

→ On dit aussi que les touristes étrangers trouvent les prix des restaurants et des hôtels trop élevés.

→ Nos routes départementales sont très mauvaises par rapport aux autres pays d'Europe de l'Ouest.

L'égalité des sexes/la condition de la femme

> **Questions générales**
>
> 1 Est-ce que la condition de la femme a évolué en Irlande depuis trente ans ?
> 2 Comment envisagez-vous l'avenir de la femme pendant les dix prochaines années ?
> 3 « L'Irlande a déjà élu deux femmes présidentes. Ceci est une avancée très positive. » Qu'en pensez-vous ?

- La condition de la femme s'est beaucoup améliorée dans notre société.
- Il y a trente ou quarante ans, les femmes n'étaient pas considérées comme les égales des hommes.
- Aujourd'hui, la femme moderne est indépendante. Elle peut travailler en dehors de la maison si elle le souhaite et elle se sent libérée.
- L'attitude des hommes envers les femmes a beaucoup évolué.
- L'homme moderne partage les tâches ménagères avec sa femme. Je trouve cela normal.
- De nos jours, les femmes peuvent occuper les mêmes postes que les hommes et, en général, pour le même salaire.
- Le coût de la vie est très élevé et beaucoup de familles ont besoin de deux salaires pour rembourser leurs emprunts et payer les frais de scolarité de leurs enfants.
- Un nombre important de femmes choisissent de rester à la maison pour élever leurs enfants.
- Souvent, c'est par choix mais aussi par nécessité.
- De nos jours, les garderies d'enfants et les crèches coûtent très cher.
- La discrimination sexuelle n'est plus tolérée dans la société actuelle.
- La femme moderne s'intéresse à la politique et certaines d'entre elles sont députées au parlement.
- L'Irlande a déjà élu deux femmes présidentes.
- Malgré tous les progrès dans les mentalités en ce qui concerne le rôle de la femme, il est souvent très difficile pour une femme d'allier le travail et la famille.
- Il existe encore des écarts de rémunération entre hommes et femmes.
- La parité des salaires n'est pas encore une réalité dans tous les domaines.
- Il n'y a qu'une minorité de femmes au parlement.
- Les femmes doivent continuer à revendiquer l'égalité des chances.
- Les préjugés existent encore.

Les accidents de la route

> **Questions générales**
>
> 1. Que pensez-vous des gens qui boivent et qui conduisent ?
> 2. D'après vous, est-ce que les autorités prennent assez de mesures pour limiter la vitesse sur les routes ?
> 3. Comment est-ce qu'on peut réduire le nombre d'accidents de la route en Irlande ?

→ Les accidents de la route sont un des problèmes majeurs de notre société.
→ Le nombre d'accidents et de décès est choquant.
→ Certaines publicités à la télé essaient de montrer combien l'alcool et la vitesse sont dangereux.
→ Selon moi, l'alcool au volant est la cause principale des accidents de la route.
→ Un large pourcentage des accidents a lieu après la fermeture des pubs et des boîtes de nuit.
→ On ne devrait jamais boire et conduire. C'est un cocktail trop dangereux.
→ Pour moi, la règle est très simple : si on boit, on ne conduit pas, un point c'est tout !
→ On ne fait pas assez attention à la sécurité routière en Irlande.
→ Beaucoup de gens ne se rendent pas compte des conséquences de la vitesse.
→ Je pense que les nouvelles voitures et les motos sont beaucoup trop rapides.
→ Il faut que tout le monde respecte les limitations de vitesse.
→ À mon avis, le gouvernement devrait prendre des mesures vraiment très sévères pour résoudre ce problème le plus rapidement possible.
→ L'alcootest a réduit le nombre d'accidents de la route.
→ Il faut punir les chauffards beaucoup plus sévèrement et leur infliger de lourdes amendes.
→ Les coupables devraient avoir leur permis retiré pour longtemps.
→ Il faudrait augmenter la présence des policiers sur les routes.
→ Les autorités ont décidé de réduire le taux maximum d'alcool toléré dans le sang à cinquante milligrammes mais il faudrait le réduire à zéro, à mon avis.

Sample questions and answers

Sample question 1

> Le but principal de l'éducation secondaire en Irlande est que les élèves de terminale obtiennent un nombre maximum de points, et cela ne devrait pas être le cas. Qu'en pensez-vous ?
>
> **(90 mots environ)**

Je suis tout à fait d'accord avec cette déclaration. Je suis élève en terminale en ce moment et je suis convaincu(e) que le but principal du système éducatif est de nous transmettre des informations, afin que nous puissions bien réussir au bac et obtenir le nombre maximum de points possibles.

Tout d'abord, il me semble qu'on met beaucoup trop de pression sur les élèves de terminale. La plupart d'entre nous étudient sept ou huit matières. Nous sommes accablés de travail et nous nous sentons obligés de travailler d'arrache-pied afin d'obtenir un maximum de points. Nous savons que la concurrence est rude pour être accepté en fac et que tout dépend de nos résultats au bac.

D'ailleurs, il faut faire remarquer que certains élèves ne prennent même pas le temps de se détendre tellement ils sont stressés. Pourtant il faut se rappeler que les moments de repos sont essentiels afin de prendre du recul et d'éviter d'avoir des problèmes de santé.

En réalité, il va sans dire que l'objectif de l'éducation secondaire ne devrait pas être de simplement obtenir un certain nombre de points pour pouvoir entrer en faculté et trouver un bon emploi par la suite. Le vrai but est quelque chose de bien plus profond. L'éducation devrait développer l'esprit, l'intelligence, les connaissances et compétences ainsi que les sentiments, les valeurs et le bien-être de l'individu.

À mon avis, pour résoudre ce problème préoccupant, une solution serait d'abolir le système de points et d'introduire le contrôle continu. Cela permettrait de prendre en compte le travail de l'année. Ce serait beaucoup plus juste et également moins stressant pour les élèves. De plus, les élèves auraient l'occasion de respirer un peu et de développer leurs connaissances de façon plus globale et holistique, comme il le faut.

Sample question 2

> « On dit que l'argent ne fait pas le bonheur mais personnellement, j'aimerais gagner le gros lot ! » (Marianne, 18 ans). Que pensez-vous de ce que dit Marianne ? L'argent, apporte-t-il le bonheur ?
>
> **(90 mots environ)**

Je m'intéresse à cette question parce que je voudrais bien gagner le gros lot, comme Marianne, mais je suis tout à fait d'accord que l'argent seul ne fait pas le bonheur.

D'une part, si je gagnais le gros lot, je ferais le tour du monde. Je visiterais la France, l'Espagne, l'Italie et des pays lointains comme la Nouvelle-Zélande et le Canada. J'ai toujours rêvé de visiter le Canada, surtout le Québec où l'on parle français, car j'aimerais à la fois découvrir la culture et améliorer mon français.

Pourtant, il faut aussi être raisonnable donc je mettrais de l'argent de côté et je ferais quelques investissements afin d'avoir une rente annuelle. De plus, je ferais un gros don à une association caritative comme Focus Ireland, qui vient en aide aux personnes sans-abri en Irlande ou à une association humanitaire comme Concern, qui fait de son mieux pour nourrir les populations affamées d'Afrique.

D'autre part, il faut signaler que l'argent n'est pas tout. Bien sûr, cela rend la vie de tous les jours plus facile et ceux qui n'en ont pas assez souffrent beaucoup parfois. Cependant, tout le monde sait que les gens les plus riches se sentent souvent très seuls malgré leurs belles voitures et leurs villas à l'étranger !

En résumé donc, pour être vraiment heureux dans la vie, je crois qu'il faut être entouré de sa famille et d'amis, être en bonne santé, avoir un toit sous lequel dormir et suffisamment d'argent pour mener une vie normale. Et après tout, être heureux dans la vie est la chose la plus importante au monde.

Practice questions

1 « Avec un ami à ses côtés, aucune route ne semble trop longue. » Êtes-vous d'accord ? Vos amis, jouent-ils un grand rôle dans votre vie ? (90 mots environ)

2 « Le monde contemporain est un monde plein de stress. » Êtes-vous d'accord ? Que faites-vous pour échapper au stress dans votre vie ? (90 mots environ)

3 « Le nombre d'agressions et de cambriolages chez des personnes âgées ne cesse d'augmenter. C'est une honte ! » Réagissez. (90 mots environ)

4 « Faire du sport est bénéfique pour la santé et apporte du plaisir. On devrait tous se mettre au sport ! » Qu'en pensez-vous ? (90 mots environ)

5 « Les meilleures années de la vie sont celles qu'on passe à l'école secondaire. » Êtes-vous d'accord avec cette déclaration ? (90 mots environ)

6 « Il n'y a pas de place dans la société moderne pour le racisme. Nous sommes tous égaux. » Qu'en pensez-vous ? (90 mots environ)

7 « La vie en ville ne me plaît pas du tout. C'est bruyant, sale, dangereux et anonyme. J'envie ceux et celles qui vivent à la campagne » (Eliza, 19 ans). Quelles sont vos réactions à cette déclaration ? (90 mots environ)

8 Le niveau croissant de l'obésité parmi les jeunes est très préoccupant. Que peut-on faire pour réduire ce fléau de la société moderne ? (90 mots environ)

9 « Mon père vient de perdre son poste et je devrai trouver un travail à temps partiel malgré le fait que je suis en terminale » (Louise, 16 ans). Donnez votre opinion. (90 mots environ)

10 Les brimades sont une source d'angoisse pour de nombreux élèves. Que peut-on faire pour réduire le taux d'intimidation scolaire qui existe dans nos écoles ? **(90 mots environ)**

11 « Fumer est une habitude aussi dégoûtante que dangereuse à mon avis » (Olivier, 18 ans). Êtes-vous d'accord avec Olivier ? **(90 mots environ)**

12 « Mes parents sont beaucoup trop stricts. C'est toujours non, non et non ! C'est vraiment ridicule » (Paul, 17 ans). Est-ce pareil chez vous ? Comment sont vos relations avec vos parents ? **(90 mots environ)**

13 L'augmentation du nombre d'attentats terroristes dans les grandes villes d'Europe est à la fois choquante et grave. Le terrorisme représente une menace grandissante dans le monde contemporain. Qu'en pensez-vous ? **(90 mots environ)**

14 Il y a de plus en plus de personnes sans domicile fixe dans les rues de nos villes. Avez-vous des idées pour résoudre ce problème ? Lesquelles ? **(90 mots environ)**

15 « De nos jours, la religion occupe une place peu importante dans la vie des jeunes et ceci me rend très triste car la religion est le meilleur guide qui soit dans la vie » (Coralie, 60 ans). Donnez vos réactions. **(90 mots environ)**

16 « Notre monde naturel est en voie de destruction. Il faut qu'on arrête de polluer notre planète et chacun a un rôle à jouer. » Êtes-vous d'accord ? Que faites-vous pour protéger notre planète ? **(90 mots environ)**

17 De nos jours, on met trop de pression sur les élèves en terminale et le système de points en rajoute. Qu'en pensez-vous ? **(90 mots environ)**

18 Le téléphone portable est l'un des objets essentiels de la vie moderne. La plupart des gens ne peuvent pas s'en séparer. Qu'en pensez-vous ? (90 mots environ)

19 Le droit des femmes a récemment connu une avancée importante en Arabie Saoudite. Les femmes ont désormais le droit de conduire. Bien évidemment, les femmes en Irlande ont beaucoup plus d'indépendance et de liberté que celles d'Arabie Saoudite. Mais à votre avis est-ce que les femmes en Irlande sont vraiment les égales des hommes ? Est-ce qu'il existe encore des différences importantes ? Qu'en pensez-vous ? (90 mots environ)

20 « Les adolescents d'aujourd'hui consomment trop d'alcool et ne se rendent pas compte des conséquences. » Êtes-vous d'accord ? (90 mots environ)

21 « Une bonne éducation nous donne les moyens nécessaires pour réussir dans la vie. » Donnez vos réactions à cette déclaration. (90 mots environ)

22 « Il n'y a rien de mieux qu'une bonne petite dose de son émission préférée à la télé pour se détendre. » Êtes-vous d'accord ? Quel est votre avis sur la télévision ? (90 mots environ)

23 L'apparence physique est un élément très important dans la vie des jeunes et la plupart d'entre eux, garçons comme filles, sont obsédés par la mode et les produits de marque. Donnez vos réactions. (90 mots environ)

24 « Les jeunes d'aujourd'hui sont obsédés par les nouvelles technologies. » Réagissez. (90 mots environ)

25 « De plus en plus de gens choisissent des écoles où l'on parle gaélique pour leurs enfants et le gaélique semble reprendre des forces petit à petit. » Quelle est votre opinion sur notre langue nationale ? Va-t-elle survivre à votre avis ? (90 mots environ)

26 « De nos jours les réseaux sociaux jouent un rôle très important dans la vie des jeunes. Ils ont des avantages mais aussi des inconvénients et des dangers. » Réagissez. (90 mots environ)

27 « Tout le monde devrait apprendre une langue étrangère. C'est un vrai atout. » Qu'en pensez-vous ? (90 mots environ)

28 Je rêve d'aller aider les gens moins fortunés que moi dans les pays en voie de développement » (Alice, 19 ans). Et vous, aimeriez-vous faire du bénévolat dans le tiers-monde ? (90 mots environ)

29 « La Grande-Bretagne a décidé de quitter l'Union européenne mais personnellement, je suis très content d'en faire partie. Cela offre beaucoup d'avantages » (Gerard, Irlandais, 17 ans). Et vous, quelle est votre opinion sur l'Union européenne ? (90 mots environ)

30 « La plupart du temps, je m'entends bien avec mes frères et sœurs mais il y a des jours où ils m'exaspèrent » (Áine, 16 ans). Et vous ? Comment sont vos relations avec vos frères et sœurs ? (90 mots environ)

31 Beaucoup de jeunes sont tentés par la drogue et deviennent par la suite dépendants. Que faire pour répondre à ce phénomène effrayant dans la société moderne ? (90 mots environ)

32 « Beaucoup d'immigrés et de réfugiés sont arrivés en Irlande ces derniers temps. Par conséquent, l'Irlande est devenue un pays multiculturel. » Donnez votre opinion. (90 mots environ)

33 L'émigration volontaire ouvre l'horizon de nos jeunes. Avez-vous l'intention d'émigrer un jour ? Où et pourquoi ? (90 mots environ)

34 Dans la société actuelle, les jeunes font partie de ceux qui exercent le moins leur droit de vote. Avez-vous l'intention d'aller aux urnes dès que vous aurez 18 ans ? Comment faire pour encourager davantage de jeunes à aller voter ? (90 mots environ)

35 La famine continue de frapper les pays les plus pauvres de notre monde. Mais pourquoi y a-t-il autant de famines dans ce monde d'abondance ? Donnez votre opinion. (90 mots environ)

Diary (Question 2)

The diary entry (*journal intime*) is an option in Question 2 of the Written Expression section of the Higher Level French paper. The diary entry is worth 30 marks, and you are expected to write about 75 words in your answer. It is marked on the basis of communication and language carrying 15 marks each. It is without doubt the easiest of the written questions. You can use your own sentences and vocabulary to express your thoughts and feelings rather than having to respond to very specific tasks, like in the letter and the message or email. The diary-entry question usually deals with any one of the following:

- recording facts or commenting on certain happenings that occurred over the course of the day;
- commenting on something you have read, seen or heard;
- expressing your personal feelings about something (good or bad) that has happened to you or to a friend.

Approaching the Diary question

The diary entry can be written in relatively simple language, and expressing your personal feelings and emotions is key. It is very important to plan what you are going to say. Spend a few minutes in preparation before you start writing.

Although marks may not be awarded for layout, it is still advisable to use a proper format. It will clearly indicate to the corrector that you are answering the diary question. Write the day, date and time at the top. Mention where you are writing the entry, for example: 'Ma chambre' or 'L'hôtel'. Begin with the words 'Cher journal' and end with an expression such as 'Bonne nuit' or 'À demain'. Be sure to sign the diary entry. Remember that the Leaving Certificate is an anonymous exam so make sure that you use a fictitious name when signing off.

Useful expressions

The following sentences and expressions will help you to write a good-quality answer, but there must also be considerable input from yourself. Remember to say what you are able to say, not what you want to say. That means no word-for-word translations from English.

Ouverture

Aujourd'hui, il s'est passé quelque chose	Today something … happened
de drôle	funny
de troublant	troubling
d'agaçant	annoying
de formidable	fantastic
d'étonnant	surprising
d'inquiétant	worrying
Quelle journée merveilleuse/super journée !	What a marvellous/great day!

Quelle soirée affreuse ! Je ne l'oublierai jamais	What an awful evening! I will never forget it
Je viens de passer la pire/meilleure journée de ma vie !	I've just had the worst/best day of my life!
Me voilà épuisé(e) après la fête ce soir !	Here I am exhausted, after the party tonight
Je viens de rentrer à la maison	I've just returned home
Je viens d'apprendre une nouvelle vraiment	I have just heard a really … piece of news
formidable	great
décevante	disappointing
choquante	shocking
étonnante	surprising
inquiétante	worrying
effrayante	frightening
Devine ce qui s'est passé !	Guess what happened!
Ce soir, j'ai regardé un film sur	Tonight, I watched a film about
J'ai lu un article inquiétant à propos de	I have read a worrying article about
J'ai du mal à y croire	I can hardly believe it
Il va sans dire que	It goes without saying that

Sentiments positifs

Quelle(s) bonne(s) nouvelle(s) !	What great news!
Non, mais pince-moi, je rêve !	Pinch me, I'm dreaming!
Quelle surprise ! Je n'en crois pas mes yeux	What a surprise! I can't believe my eyes
Je viens de passer une journée fantastique !	I have just had a fantastic day!
Je suis en pleine forme en ce moment	I'm in great form at the moment
Je me suis vraiment bien amusé(e)/Je me suis éclaté(e) !	I really enjoyed myself!
Je suis vraiment ravi(e)/heureux/heureuse	I am really delighted/happy
Je suis aux anges !	I'm over the moon!
Je suis au septième ciel !	I am thrilled!
J'ai vraiment de la chance !	I'm really lucky
J'attends … avec grande impatience	I'm really looking forward to …
Je me sens bien dans ma peau	I feel good about myself
Je peux à peine y croire !	I can hardly believe it!

Sentiments négatifs

Quelle(s) mauvaise(s) nouvelle(s) !	What bad news!
Quel cauchemar !	What a nightmare!
Quel dommage !	What a pity!
Quelle catastrophe !	What a catastrophe!
Je viens de passer une soirée affreuse/horrible	I've just had an awful/horrible evening

Je suis vraiment...	I am really
déçu(e)	disappointed
stressé(e)	stressed
énervé(e)	annoyed
effrayé(e)	frightened
triste	sad
inquiet/inquiète	worried
choqué(e)	shocked
J'ai le cafard	I feel down
J'ai vraiment peur	I'm really afraid
Je m'ennuie à mourir	I'm bored to death
J'en ai assez !	I've had enough!
Parfois, j'ai envie de jeter l'éponge	Sometimes I feel like giving up
Je suis vraiment à bout de patience	I am really running out of patience
J'en ai marre de tout ce travail/de mon boulot/de mes parents	I am fed up of all this work/of my part-time job/of my parents
Tous mes projets sont tombés à l'eau	All my plans have fallen through
Et pour couronner le tout/coiffer le tout	And to top it all off
Tout est allé de mal en pis	Everything went from bad to worse
Il a eu le culot de me dire que/me demander de	He had the nerve to tell me that/to ask me to
Je suis hors de moi !	I am furious!
Je n'en reviens pas !	I can't get over it!
Je n'ai vraiment pas de chance	I'm really unlucky
Ça me rend malade d'y penser	It makes me sick to think about it
Ça ne va pas fort en ce moment	Things aren't going well for me at the moment
J'ai vraiment du mal en ce moment	I'm really struggling at the moment
Je me suis vraiment énervé(e) avec mon père	I got really annoyed with my father
Aujourd'hui, je me suis disputé(e) avec mon copain/ma copine	Today, I had an argument with my boyfriend/girlfriend
Ce n'est pas juste !	It's not fair!
Mes parents sont vraiment agaçants !	My parents are really annoying!
Ils ne me laissent pas faire ce que je veux	They don't let me do what I want
Ils me traitent comme un(e) enfant	They treat me like a child
J'ai besoin de plus d'indépendance	I need more independence

Conclusion

Il reste à voir si	It remains to be seen if
Au pire, j'irai à	If the worst comes to the worst, I will go to
Qui vivra verra	Time will tell
Tout est bien qui finit bien	All is well that ends well
Qui ne risque rien n'a rien	Nothing ventured, nothing gained
Il faut regarder les choses du bon côté	One must look on the bright side

Il faut voir la vie en rose	One must be optimistic
Il n'y a que le premier pas qui coûte	The first step is the hardest
Je me demande si j'aurai changé d'avis demain	I wonder if I will have changed my mind tomorrow
Qui sait ?	Who knows?
J'en parlerai avec mes parents demain	I will talk to my parents about it tomorrow
Demain est un autre jour	Tomorrow is another day
Espérons que demain sera une meilleure journée	Let's hope that tomorrow will be a better day
La nuit porte conseil	It's best to sleep on it
C'est tout pour ce soir	That's all for tonight
Je suis épuisé(e)/crevé(e)	I'm exhausted/wrecked
Je vais me coucher tout de suite	I'm going to go to bed straight away
Bonne nuit	Good night
À demain	See you tomorrow

Sample questions and answers

Sample question 1

Vos parents viennent d'annoncer que toute la famille va déménager pour aller vivre en France. Vous avez du mal à y croire. Qu'est-ce que vous notez à ce sujet dans votre journal intime ? **(75 mots environ)**

Lundi, le 7 octobre, 23 h, ma chambre

Cher journal,

Ce soir, il s'est passé quelque chose de vraiment choquant et je n'en reviens toujours pas ! Après être rentrés du travail, mes parents nous ont annoncé que toute la famille va aller vivre à Paris d'ici un mois. Apparemment mon père avait posé sa candidature pour un nouvel emploi dans une boîte française et il a obtenu le poste. Je suis très heureux pour mes parents qui ont toujours rêvé de vivre à l'étranger mais moi, je n'en ai aucune envie. Tout me manquera … mes amis, mon lycée, le petit boulot que j'aime tant, mon équipe de foot. C'est affreux.

En essayant de me remonter le moral ce soir, ma mère me disait que ce sera l'occasion pour moi de me faire de nouveaux amis et de découvrir une nouvelle culture. Elle me rappelait aussi que le français est ma matière préférée à l'école et que je pourrai le perfectionner en habitant en France.

Mais franchement, je me sens tellement impuissant et déprimé. Je n'ai d'autre choix que de partir et c'est tellement injuste. Si seulement j'étais majeur, j'aurais pu rester ici en Irlande.

Bon. C'est tout pour ce soir. Je suis tellement épuisé que je ne vais même pas terminer mes devoirs. Je me couche tout de suite.

Bonne nuit,

Liam

Sample question 2

Vous venez de rentrer de votre première journée de travail comme bénévole dans un foyer pour les sans-abri. Vos parents se font du souci pour vous mais vous êtes très content(e) de votre nouveau poste. Décrivez vos sentiments dans votre journal intime. **(75 mots environ)**

Mercredi, le 25 juin, 22 h, ma chambre

Cher journal,

Cet après-midi, j'ai enfin commencé mon nouveau travail dans un foyer pour les sans-abri au centre-ville. Mon patron s'appelle Seán et c'est aussi un bénévole comme moi, mais il travaille à temps partiel depuis presqu'un an maintenant.

Le travail était vraiment fatigant car j'étais debout pendant cinq heures d'affilée à accueillir ceux qui arrivaient au foyer à la recherche d'un repas chaud et d'un lit pour la nuit. Mais je dois dire que c'était vraiment satisfaisant aussi. Cela faisait longtemps que j'avais envie de donner de mon temps libre pour aider ceux qui sont moins fortunés que moi mais mes parents voulaient que je passe le bac d'abord et que je sois majeure, donc j'ai dû attendre.

Je sais que mes parents s'inquiètent pour moi et c'est tout à fait normal mais je me sentais vraiment en sécurité aujourd'hui et la plupart des gens sans-domicile-fixe que j'ai rencontrés étaient très polis et sympas. J'expliquais à mes parents tout à l'heure qu'il y avait même des enfants et ça me faisait vraiment chaud au cœur de savoir que je leur rendais la vie un peu plus facile.

En tout cas, j'ai hâte d'y retourner vendredi et je vais encourager ma bande de copains à faire du bénévolat aussi.

Je suis crevée maintenant donc je vais me coucher tout de suite.

À demain,

Lucy

Practice questions

1. Vous êtes actuellement à Nice en stage linguistique. Vous logez chez une famille d'accueil et vous assistez à des cours de français chaque matin. Tout se passe très bien. Que notez-vous dans votre journal intime ? *(75 mots environ)*

2. Vous venez de recevoir vos résultats au bac et malheureusement vous avez raté les mathématiques. Par conséquent, vous ne pourrez pas entrer en fac. Notez vos sentiments dans votre journal intime. *(75 mots environ)*

3. Vous venez de fêter vos dix-huit ans et vos parents vous ont offert une petite voiture d'occasion comme cadeau d'anniversaire. Vous êtes très heureux/heureuse. Décrivez vos sentiments sous forme d'extrait de journal intime. *(75 mots environ)*

4. Vous venez d'annoncer à vos parents que vous avez été collé(e) au lycée. Ils sont furieux contre vous et décident de vous priver d'Internet, de portable et de console de jeu pendant un mois ! Notez vos réactions dans votre journal intime. *(75 mots environ)*

5. Cette après-midi en ville, votre meilleur(e) ami(e) a critiqué vos vêtements et votre look. Depuis, vous vous sentez très mal dans votre peau. Qu'écrivez-vous à ce sujet dans votre journal intime ? *(75 mots environ)*

6. Ce soir vous avez assisté au concert de votre groupe préféré et c'était fantastique. Que notez-vous à ce sujet dans votre journal intime, après être rentré(e) à la maison ? *(75 mots environ)*

7. Vous partagez votre chambre avec votre petit(e) frère/sœur depuis quatre semaines maintenant et ça se passe vraiment mal. Vous êtes à bout de patience ! Expliquez pourquoi dans votre journal intime. *(75 mots environ)*

8. Votre copain/copine musulman(e) a été insulté(e) ce soir par le patron d'un restaurant. Vous êtes très fâché(e). En rentrant chez vous, vous décidez de décrire vos sentiments à ce sujet dans votre journal intime. *(75 mots environ)*

9. Tous vos copains et copines ont l'intention de partir en vacances ensemble pour célébrer la fin de vos études secondaires mais vos parents vous ont refusé la permission. Vous êtes vraiment déçu(e) et furieux/furieuse. Que notez-vous dans votre journal intime ? *(75 mots environ)*

10 Vous êtes en voyage scolaire à Grenoble, dans les Alpes. Il est 23 heures et vous venez juste de rentrer à votre auberge de jeunesse après une journée inoubliable sur les pistes. Qu'est-ce que vous notez dans votre journal intime ?

(75 mots environ)

11 Il y a deux mois, vos parents ont enfin réalisé leur rêve d'acheter une grande maison en pleine campagne et toute la famille y a emménagé. Malheureusement votre ancienne vie en ville vous manque et vous êtes très malheureux/malheureuse. Notez vos sentiments sous la forme d'un extrait de journal intime.

(75 mots environ)

12 Un(e) de vos ami(e)s vous a offert du cannabis, ce soir, en boîte. Vous êtes encore sous le choc ! Vous venez de rentrer chez vous et avant de vous coucher, vous décidez d'exprimer vos sentiments dans votre journal intime.

(75 mots environ)

13 Vous avez vraiment le cafard en ce moment car vous êtes victime d'intimidation à l'école mais vous avez peur de dénoncer le/la coupable. Écrivez un extrait dans votre journal intime dans lequel vous exprimez vos sentiments.

(75 mots environ)

14 Enfin, c'est fini ! Vous venez de rentrer chez vous après avoir passé le dernier examen du bac. Vous pouvez à peine y croire. Décrivez vos émotions dans un extrait de journal intime.

(75 mots environ)

15 Suite à une querelle avec votre petit(e) ami(e), vous avez décidé de rompre avec lui/elle. Décrivez vos sentiments sous forme d'extrait de journal intime.

(75 mots environ)

16 Encore un samedi soir devant la télé ! Vos ami(e)s sont sorti(e)s en boîte comme d'habitude mais puisque vous êtes fauché(e), vous ne pouvez pas les accompagner. Vous voudriez bien chercher un petit boulot pour gagner un peu d'argent mais vos parents ne sont pas d'accord car vous êtes en terminale. Décrivez vos émotions à ce sujet dans votre journal intime.

(75 mots environ)

17 Votre tante Isabelle vous a envoyé deux billets d'avion pour lui rendre visite à Londres pendant les grandes vacances. Quelle surprise merveilleuse ! Mais qui va vous accompagner ? Qu'écrivez-vous dans votre journal intime ?

(75 mots environ)

18 Vous travaillez comme serveur/serveuse dans un petit café à Paris depuis un mois maintenant et vous êtes très content(e). Dans votre journal intime, que notez-vous au sujet de votre boulot et de votre vie à Paris ?   (75 mots environ)

19 Votre équipe vient de gagner la finale du championnat et vous êtes capitaine de l'équipe. Quelle joie ! Que notez-vous dans votre journal intime ?   (75 mots environ)

20 Le week-end dernier, vous avez emprunté le vélo de votre meilleur(e) ami(e). Par malchance, quelqu'un vous l'a volé ! Comment lui expliquer ce qui est arrivé ? Que notez-vous à ce propos dans votre journal intime ?   (75 mots environ)

21 Aujourd'hui, vous vous êtes disputé(e) avec votre professeur de français qui trouve que vous êtes paresseux/paresseuse. Vous n'êtes pas du tout d'accord. Décrivez vos émotions dans votre journal intime.   (75 mots environ)

22 Votre meilleur(e) ami(e) vient de vous annoncer qu'il/elle a été choisi(e) pour participer à une émission de téléréalité. Vous n'en revenez pas ! Qu'est-ce que vous notez à ce sujet dans votre journal intime ?   (75 mots environ)

23 Une personne âgée, qui habite tout près de chez vous et que vous connaissez bien, a été attaquée hier soir par un voyou. Vous êtes vraiment en colère. Notez vos réactions dans votre journal intime.   (75 mots environ)

24 Vous avez commencé votre licence de droit à l'université il y a un mois mais malheureusement vous ne vous intéressez pas du tout aux cours et vous pensez que vous avez fait un mauvais choix. Mais que faire maintenant … rester ou partir ? Décrivez vos émotions dans votre journal intime.   (75 mots environ)

25 Vous venez de passer un séjour affreux chez une famille d'accueil à Rouen au nord de la France. Que notez-vous dans votre journal intime le soir de votre retour en Irlande ?   (75 mots environ)

Message or email (Question 2)

The message or email option appears in Question 2 of the Written Section of the Higher Level French paper. You are required to write about 75 words. It is worth 30 marks, with communication and language carrying 15 marks each. You have about 20 minutes to complete this question.

The type of question can vary widely. For example, you may be asked to:

- send an email seeking information about something or making a reservation;
- write a message before leaving home or going to bed;
- provide information in reply to a previous email/message.

Approaching the question

It is of vital importance that you deal with all the tasks mentioned in the question otherwise marks will be lost. Although marks may not be awarded for layout, it is still advisable to use a proper format. The message or email should begin with the words 'Cher', 'Chère' or 'Chers', just like in a letter. If you have never met or been in contact with the person before, then begin with the words 'Monsieur' or 'Madame'. If you are writing an email, include your email address as well as the recipient's email address, the date and the subject of the email at the top of your answer. If it is a simple note/message that you are leaving for someone, just write the day and the time at the top of your answer. Be sure to sign the message. Remember that the Leaving Certificate is an anonymous exam so make sure that you use a fictitious name when signing off.

An email is basically a letter, whether formal or informal. Therefore, if you are asked to write an email in which you make a reservation, this will be written in formal language, like a formal letter. Similarly, if you are asked to write an email to a pen pal or someone you know well, this will be written in an informal style like an informal letter.

Tip! Be very careful to use 'tu' and 'vous' properly in this question.

Useful expressions

Don't forget that many of the useful expressions for formal letters and informal letters will be very helpful to you when writing an email (see pp. 172–6).

Ouverture

Je te laisse ce message pour t'informer que	I am leaving you this message to inform you that
Je vous envoie le courriel/l'email suivant pour vous signaler que	I am sending you the following email in order to tell you that
Je t'envoie cet email/ce courriel pour confirmer les détails de	I am sending you this email to confirm the details of
Un petit mot pour te dire que	A little note to say that
Je vous écris ce message pour m'excuser de	I am writing you this note to apologise for
Je vous écris ce petit mot pour vous demander si	I am writing you this note to ask you if

Suite à votre récent courriel	In reply to your recent email
L'email suivant est pour confirmer/annuler	The following email is to confirm/cancel
Un petit mot avant de me coucher/quitter la maison/partir en vacances	I am leaving this message before going to bed/leaving the house/going on holidays
Mon professeur m'a demandé de vous répondre concernant	My teacher has asked me to reply to you about

Expressions

Tu as reçu un appel de … pour dire que	You received a call from … to say that
Appel à 15 heures pour vous informer que	Phone call at 3 p.m. to inform you that
Votre voisin(e) a téléphoné pour demander de l'aide	Your neighbour rang looking for help
J'ai appelé Marie/J'ai téléphoné à Paul	I telephoned Marie/Paul
Je suis passé(e) chez toi pour t'inviter/t'informer que	I called to your house in order to invite you/tell you that
Elle est passée chez vous pour rendre/emprunter	She called to your house to return/borrow
Il veut confirmer/annuler/reporter sa visite	He wants to confirm/cancel/delay his visit
Je m'excuse de ne pas pouvoir (+ infinitif)	I apologise for not being able to
Elle s'excuse de ne pas pouvoir te rencontrer/vous accompagner/te rendre visite/vous prêter	She apologises for not being able to meet you/go with you/visit you/lend you
Je suis coincé(e) chez moi à cause des examens/de la grippe/du mauvais temps	I am stuck at home because of my exams/the flu/the bad weather
J'apprends le français depuis six ans	I have been learning French for six years
J'ai un bon niveau en français	I have a good standard of French
Je parle assez couramment français	I speak French fairly fluently
Je m'intéresse aux langues étrangères	I'm interested in foreign languages
Je rêve de visiter le sud de la France, surtout la Provence	I dream of visiting France especially Provence
On dit que c'est magnifique	People say that it's magnificent
La cuisine française est réputée partout dans le monde	French food is reputed all over the world
Mon auteur français préféré est sans doute Victor Hugo	Victor Hugo is my favourite French author
« Les Misérables » de Victor Hugo est un chef d'œuvre et un de mes livres préférés	*Les Misérables* by Victor Hugo is a work of art and one of my favourite books
Mon professeur m'a informé(e) que	My teacher informed me that
Puis-je avoir la permission de … ? (+ infinitif)	May I have permission to … ?
Ça te dit de … ? (+ infinitif)	How about/Would you like to …?
Ça te dit de me retrouver en ville ?	Would you like to meet me in town?
Je vais l'accompagner à l'hôpital/en ville	I am going to accompany her to the hospital/to town
J'ai une chambre supplémentaire chez moi et tu es la bienvenue	I have an extra room in my house and you are welcome to stay
Je te conseille fortement de visiter … pendant ton séjour	I strongly advise you to visit … during your stay
Cela me ferait plaisir si vous pouviez (+ infinitif)	I would be delighted if you could
Cela me ferait grand plaisir si vous pouviez venir me chercher	I would be delighted if you could come to pick me up

Pourriez-vous nous réserver … ?	Could you reserve … for us?
Je voudrais réserver une chambre double avec douche	I would like to book a double room with shower
Je m'attends à (+ infinitif)	I expect to
Il compte arriver demain vers 20 heures	He expects to arrive tomorrow at about 8 pm
J'attends mon séjour avec impatience	I am looking forward to my stay
Nous comptons prendre l'avion/le ferry	We are planning to fly/take the ferry
J'arriverai à l'aéroport Charles de Gaulle à	I will arrive in Charles de Gaulle airport at
Les vols coûtent cher/sont bon marché	The flights are expensive/cheap
Je promets de (+ infinitif)	I promise to
Je promets de te/vous contacter dès mon arrivée/dès que possible	I promise to contact you on my arrival/as soon as possible
Elle promet de te/vous téléphoner pour de plus amples renseignements	She promises to ring you with further information
Je vous contacterai très prochainement	I will contact you in the near future
Je te/vous téléphonerai plus tard	I will call you later
Je suis fauché(e) et je ne pourrai pas	I am broke and I won't be able to
Faute d'argent, il va devoir faire du stop	Due to a lack of money, he will have to hitch a lift
Cela dépend de mon budget mais j'espère	It all depends on my finances, but I hope to
Ne t'en fais pas ! (informal)	Don't worry!
Ne vous en faites pas ! (formal and plural)	Don't worry!
Ce sont des choses qui arrivent !	These things happen!
C'est dommage que tu ne puisses pas me rendre visite/nous retrouver/m'accompagner	It is a pity that you cannot visit me/meet us/go with me
Vraiment, je compte sur toi	I am really counting on you
N'oublie/N'oubliez pas de (+ infinitif)	Don't forget to
N'hésite/N'hésitez pas à (+ infinitif)	Don't hesitate to
J'espère être de retour	I hope to be back
Je ne sais pas à quelle heure je serai de retour	I don't know what time I will be back

Conclusion

Au plaisir de (+ infinitif)	Looking forward to
Au plaisir de te/vous rencontrer la semaine prochaine	Looking forward to meeting you next week
Amicalement/Amitiés	Best wishes
Merci de m'envoyer un courriel dans lequel	Please send me an email in which
Merci de me répondre dans les plus brefs délais	Please reply as soon as possible
À la prochaine (fois)	Until the next time
À bientôt	See you soon
À tout à l'heure	See you later

Sample question and answer

Sample question

You and a few other classmates have volunteered to help your French teacher organise your school tour to Paris in February. Your teacher has tasked you with booking the hostel on behalf of the group. Write an email to the hostel in which you:

- explain that you are a group of twenty-three in total (twenty-one students and two teachers);
- say that you require seven triple rooms for the students and a twin room with bathroom for the teachers;
- state the number of nights you will be staying and give relevant dates;
- ask what the rate per person will be and if this includes breakfast;
- ask that you be emailed with information on the facilities in the hostel and confirmation of the nearest Métro stop to the hostel.

(75 words)

Date :	mardi, le 10 décembre 2018
À :	info@aubergeinternationaleparis.com
De :	murphypatrick@gmail.com
Objet :	Réservation

Monsieur/Madame,

Je vous écris de la part de mon professeur de français Madame McManus, qui organise un voyage scolaire à Paris en février 2019 pour un groupe de vingt-et-un élèves et deux professeurs. Nous avons l'intention de passer trois nuits dans votre auberge, pour être plus précis du 13 au 16 février. Nous voudrions donc réserver sept chambres triples pour les élèves et une chambre à lits jumeaux avec salle de bains pour les professeurs. Veuillez m'indiquer le tarif par personne et si celui-ci comprend le petit déjeuner. Pourriez-vous également m'envoyer par courrier électronique une liste des services de l'auberge ainsi que le nom de la station de métro la plus proche de l'auberge pour qu'on puisse commencer à planifier notre séjour.

Bien cordialement,

Patrick Murphy

Practice questions

1. Votre ami français David vous a envoyé le courrier électronique suivant :
   « Je m'ennuie à mourir ici à la campagne ! C'est l'enfer ! Qu'est-ce que tu as de la chance d'habiter en ville !
   - Pourrais-tu me décrire un peu l'ambiance en ville ?
   - Y-a-t-il beaucoup de distractions pour les jeunes ?
   - Quels sont les inconvénients, s'il y en a ? »

   Écrivez un courrier électronique à David dans lequel vous répondez à ses questions.

   (About 75 words)

2. Your pen pal, Yvette, who lives in Geneva, has invited you to spend a fortnight with her during the summer holidays. Write an email to her in which you say that:
   - you are delighted to accept the invitation;
   - you are really looking forward to the visit as you have never been to Switzerland before;
   - you will arrive at the airport in Geneva at 6 p.m. on Tuesday, 10 July, and you hope that she will be able to collect you;
   - you would like to visit the interesting sites with her and taste some traditional food;
   - you will ring her at the weekend to discuss everything.

   (About 75 words)

3. Your parents intend to spend a weekend in Nice at the Hôtel Bellerive to celebrate their twenty-fifth wedding anniversary. They have asked you to make the reservation on their behalf. Send an email to the hotel and include the following details:
   - You would like to book a double room for two adults for three nights (10–13 July).
   - Ask the rate per person per night on a half-board basis.
   - Ask the hotel to recommend a nice restaurant where your parents could have a romantic candlelit dinner to celebrate their anniversary.
   - Enquire about places of interest to visit in the area.
   - Ask if the hotel requires a deposit.

   (About 75 words)

4 You are working as an au pair for the Vannier family in Avignon. Following a telephone call from Madame Vannier's sister, you leave a note for Madame Vannier saying that:
- her sister Elise rang at 5 p.m.
- she has a severe dose of the flu and will be confined to bed for three days;
- she will not be able to accompany Madame Vannier to the theatre tomorrow night as planned;
- she would like Madame Vannier to cancel their theatre and restaurant reservations;
- she will contact Madame Vannier when she feels better. (About 75 words)

5 Your parents have bought you a car to celebrate your eighteenth birthday. Send an email to your French friend Hélène telling her the good news. In your email:
- say that you are thrilled;
- mention that it is a second-hand car;
- describe the car (make, model and colour);
- say that you will have to get a part-time job to pay for the petrol;
- tell her that you will send her a photo of it soon on WhatsApp. (About 75 words)

6 You have just received an email offering you a summer job as a checkout worker in a French supermarket. Reply via email making the following points:
- Confirm that you are accepting the offer.
- Say that you are happy with the proposed salary and working hours.
- Explain that you will have to finish up at the end of August because you will be starting college in Dublin in mid September.
- Ask about possible accommodation in the area.
- Enquire when you will be receiving your contract. (About 75 words)

7 In school earlier today you were informed that you have been selected as student of the year. When you get home you decide to send an email to your French pen pal, Simon, in which you share the good news. In your email:
- say that you are amazed, as you think that there were more worthy candidates;
- your parents are delighted and very proud;
- you will be receiving the gold medal at the graduation ceremony next Friday;
- you will send him some photos of the occasion. (About 75 words)

8 You are on a student exchange and are staying with a French family in the suburbs of Nantes. Send an email to your French boyfriend/girlfriend who is living in Ireland in which you include the following details:
- You arrived safely and received a warm welcome from your host family.
- You go to French classes every morning and your French is improving.
- The French food is delicious.

- You are going on a trip to Paris this weekend and plan to visit the Eiffel Tower and Notre-Dame cathedral.
- You will ring him/her tomorrow night at 8 p.m. Irish time.

(About 75 words)

9 You have just received your Leaving Certificate results. You decide to send an email to your French friend, Jean-Luc, who also sat le bac and is awaiting results. In your email:
  - say that you received 550 points and you are delighted;
  - say that you hope to study law and that you are looking forward to life at university;
  - tell him that all of your friends did very well and you are going out to celebrate tonight;
  - ask him to send you an email with news of his results and wish him the best of luck.

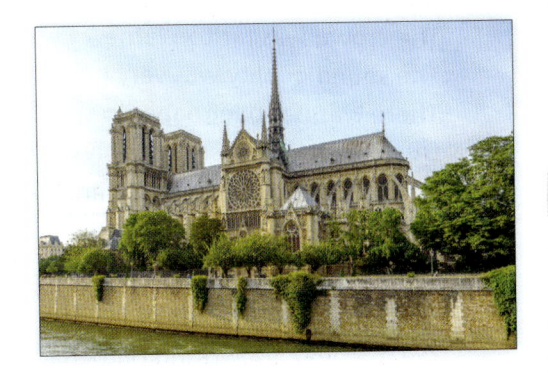

(About 75 words)

10 Along with three other friends you intend to go on a hill walking trip to the French Alps. Send an email to a youth hostel in Chambéry making reservations and seeking information. In your email:
  - say that you are a group of four Irish students;
  - state that you would like to book places in the dormitory for seven nights (20–27 June);
  - ask the rate per night per person;
  - enquire about hostel facilities;
  - ask for directions to the hostel from the train station.

(About 75 words)

11 You are spending the summer in Cannes with your Aunt Mary and her French husband. They are out for the evening when your new friend Marcel rings you to invite you to a party at his house. Leave a note for your aunt and uncle, in which you say that:
  - Marcel phoned you on your mobile to invite you to a party at his house;
  - all your friends from your French language class will be there;
  - you are taking the bus to Marcel's house;
  - you will stay there overnight;
  - you will be back tomorrow at lunchtime and you will do your chores then.

(About 75 words)

12 You and your family have recently returned from a wonderful holiday at Camping des Pins, a small campsite near Bordeaux. Write an email to the manager expressing your thanks and appreciation. In it:
  - thank him for the hospitality;
  - say that your family was very impressed by the kindness of the staff;
  - mention that the site was very clean and tidy;
  - say that the food in the restaurant was of a very high standard;
  - conclude by saying that you will be back again next year.

(About 75 words)

13 While on holidays in Paris with your family last week, you attended a concert at which your favourite group was performing, but you were very unhappy with the event. Write an email to the concert promoters expressing your dissatisfaction. Make the following points:
- The crowd was far too large.
- The sound quality was very poor.
- There was no toilet paper in the toilets.
- Drugs were being sold openly.
- There was a lack of security and you didn't feel safe.   *(About 75 words)*

14 Your Fifth Year French class is about to do a project on French life and culture. Your task is to send an email to the French Embassy in Dublin requesting some material. In your email:
- say that you are writing on behalf of your French class;
- explain that you have been studying French for five years;
- say that you are doing a project to learn more about French life and culture before a school tour to France next year;
- ask them to email you any tourist brochures that they have as well as any photographs they might have of famous French tourist sites;
- say that you would also appreciate any other additional information that they have.   *(About 75 words)*

15 Your French teacher has sent you to the principal's office because you were misbehaving in class. The principal has reprimanded you and instructed you to write a note of apology in French to your teacher. In your note:
- say that you are very sorry.
- explain that you did not mean to disturb the class.
- say that you laughed because your friend told you a joke.
- promise to behave properly in future and say that you will have your homework done for tomorrow.
- say that you understand that you are on detention next Tuesday after school.   *(About 75 words)*

Letters (Question 2)

Lettres formelles

The formal letter is an option in Question 2 of the Written Expression Section of the Higher Level French paper. The formal letter is worth 30 marks in total. Communication and language receive 12 marks each, and 6 marks are awarded for the correct layout of the letter. You are expected to write about 75 words and you have about 20 minutes in which to do so.

The details you are asked to cover can vary widely. For example, you could be asked to:

- apply for a job;
- make a reservation;
- complain about a product, service or standard of accommodation;
- seek information about something;
- reply to a job applicant;
- reply with information requested;
- reply to a customer's letter of complaint.

It is very important to deal with all of the tasks given in the question; otherwise, marks will be lost. As it is a formal letter, you must use 'vous', 'votre' and 'vos' throughout.

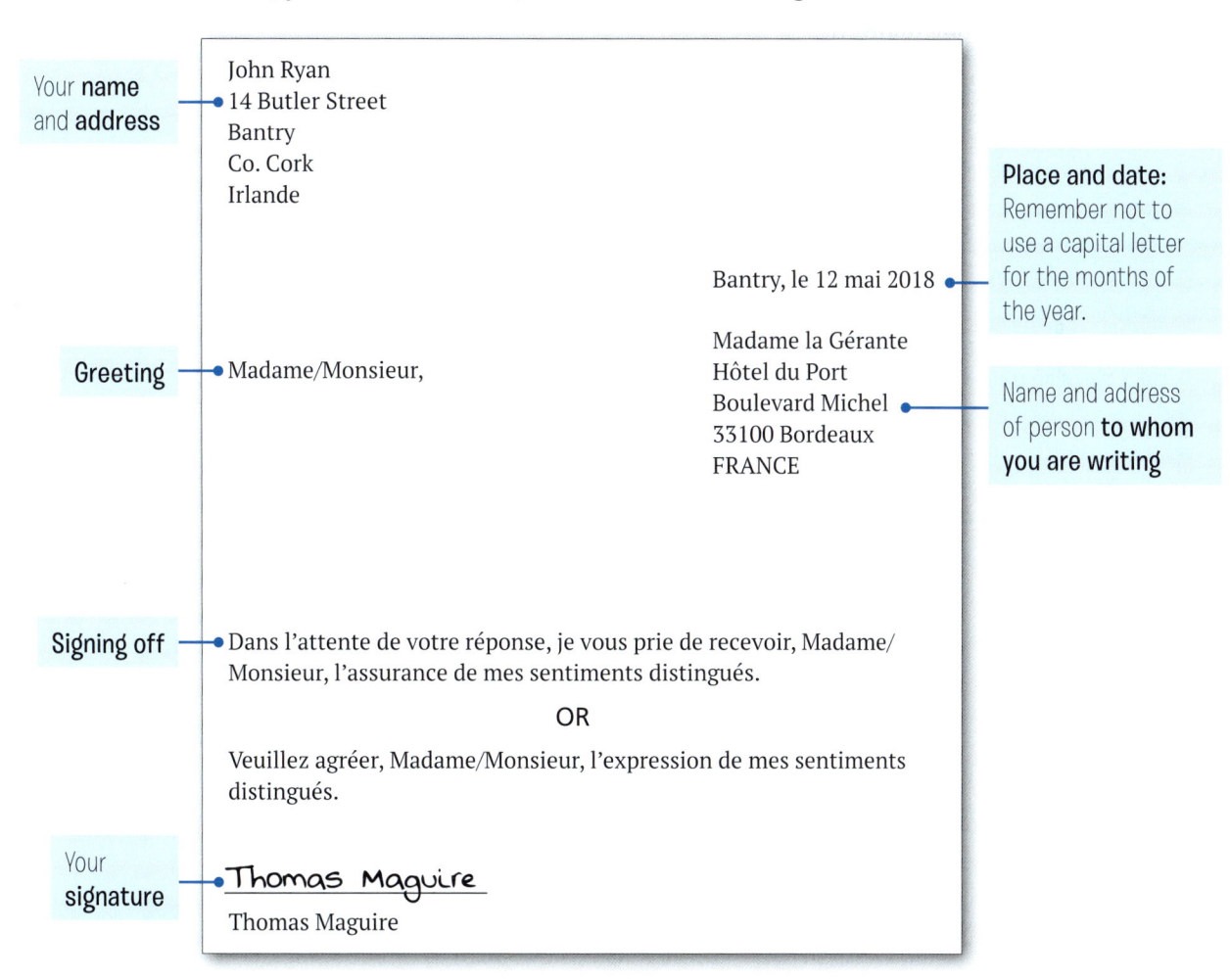

Your name and address:

John Ryan
14 Butler Street
Bantry
Co. Cork
Irlande

Place and date: Remember not to use a capital letter for the months of the year.

Bantry, le 12 mai 2018

Name and address of person to whom you are writing:

Madame la Gérante
Hôtel du Port
Boulevard Michel
33100 Bordeaux
FRANCE

Greeting: Madame/Monsieur,

Signing off:

Dans l'attente de votre réponse, je vous prie de recevoir, Madame/Monsieur, l'assurance de mes sentiments distingués.

OR

Veuillez agréer, Madame/Monsieur, l'expression de mes sentiments distingués.

Your signature:

Thomas Maguire
Thomas Maguire

Useful expressions

Learn some of the following sentences and expressions, which will help you to write good formal letters.

Demande d'emploi

Suite à votre petite annonce parue dans l'« Irish Times » (du 15 mai)	In reply to your advertisement in the Irish Times of 15 May
Je voudrais poser ma candidature pour le poste de vendeur/vendeuse/serveur/serveuse/animateur/animatrice	I would like to apply for the job of salesman/saleswoman, waiter/waitress, programme organiser
Je viens d'apprendre que vous cherchez	I have just learned that you are seeking
Je suis irlandais(e) et j'ai dix-huit ans	I am Irish and eighteen years of age
Je viens de … où j'ai fait mes études	I come from … where I studied
Je passerai le bac en juin	I will be doing my Leaving Cert in June
Je viens de terminer mes études secondaires/universitaires	I have just completed my secondary studies/university studies
J'ai une licence de lettres	I have an arts degree
une licence de commerce	a commerce degree
un diplôme en informatique	a computer studies diploma
un certificat en hôtellerie	a hotel and catering certificate
J'ai fait un stage de six mois en …	I completed a six month training course in …
Je travaille dans un restaurant comme serveur/serveuse depuis trois mois maintenant	I have been working in a restaurant as a waiter/waitress for the past three months
L'été dernier, j'ai travaillé comme vendeur/vendeuse/serveur/serveuse	Last summer I worked as a salesman/saleswoman/waiter/waitress
J'ai déjà travaillé dans l'hôtellerie/dans l'animation	I have already worked in hotels/on holiday programmes
Mon adresse permanente est ci-dessus	My permanent address is above
J'apprends le français depuis six ans	I have been learning French for six years
J'ai un bon niveau en français	I have a good standard of French
Je parle bien/très bien/couramment français	I speak good/very good/fluent French
J'ai déjà passé pas mal de temps en France	I have already spent quite a lot of time in France
Je voudrais perfectionner/améliorer mon français en allant en France	I would like to improve my French by going to France
J'aime le sport, surtout le basket	I like sport, especially basketball
Je suis organisé(e)/dynamique/travailleur/travailleuse	I am organised/dynamic/hardworking
Pourriez-vous me communiquer les horaires de travail ?	Could you please tell me what the working hours are?
Quel est le montant du salaire ?	What is the salary?
Pourriez-vous m'envoyer des renseignements supplémentaires sur le poste ?	Could you send me more information on the role?
Veuillez trouver ci-joint mon CV et ma photo ainsi qu'une lettre de recommandation de mon employeur précédent	Please find enclosed my CV and photograph as well as a reference letter from my former employer

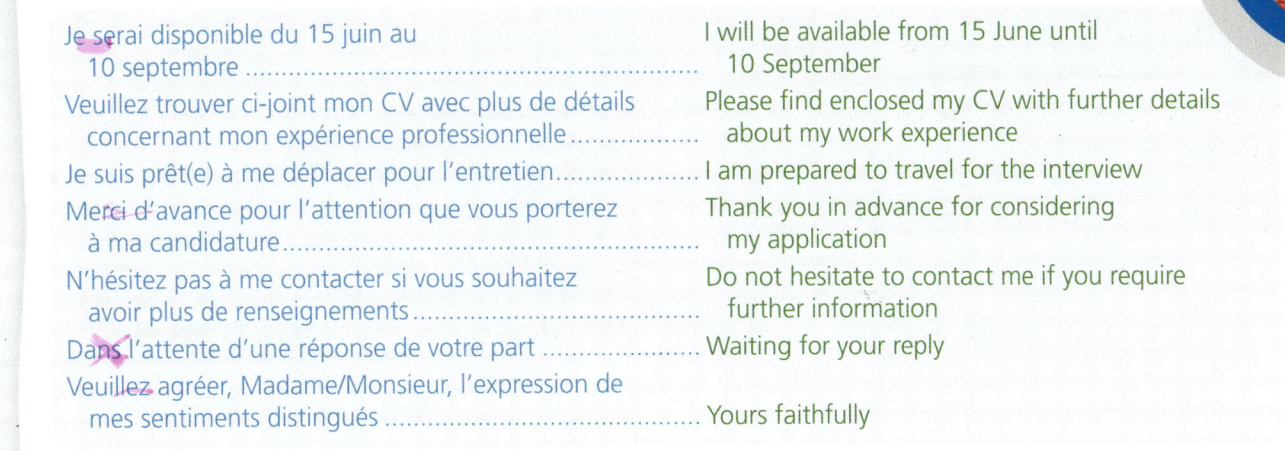

Je serai disponible du 15 juin au 10 septembre	I will be available from 15 June until 10 September
Veuillez trouver ci-joint mon CV avec plus de détails concernant mon expérience professionnelle	Please find enclosed my CV with further details about my work experience
Je suis prêt(e) à me déplacer pour l'entretien	I am prepared to travel for the interview
Merci d'avance pour l'attention que vous porterez à ma candidature	Thank you in advance for considering my application
N'hésitez pas à me contacter si vous souhaitez avoir plus de renseignements	Do not hesitate to contact me if you require further information
Dans l'attente d'une réponse de votre part	Waiting for your reply
Veuillez agréer, Madame/Monsieur, l'expression de mes sentiments distingués	Yours faithfully

Réservations et renseignements

Je vous écris de la part de	I am writing to you on behalf of
J'ai/Nous avons l'intention de passer deux semaines à Nice cet été	I/We intend to spend two weeks in Nice this summer
On nous a recommandé votre hôtel/camping/auberge de jeunesse	Your hotel/campsite/youth hostel has been recommended to us
Je vous écris concernant la visite que j'ai/nous avons prévue à/de	I am writing to you in connection with my/our planned visit to/of
Je voudrais réserver	I would like to book
une chambre simple	a single room
une chambre double avec douche/avec salle de bains	a double room with shower/with bath
cinq chambres à lits jumeaux	five twin rooms
un emplacement donnant sur la mer	a pitch overlooking the sea
une tente pour deux personnes	a tent for two people
une place dans le dortoir	a place in the dormitory
pour une nuit seulement/sept nuits	for one night only/seven nights
Nous sommes cinq : deux adultes et trois enfants	There are five of us: two adults and three children
Nous comptons rester du 15 juillet au 19 juillet, donc quatre nuits au total	We plan to stay from 15 to 19 July, therefore four nights in total
Je voudrais être en pension complète/en demi-pension	I would like full board/half board
Veuillez m'indiquer le tarif demi-pension/en pension complète TTC	Please indicate the half-board/full-board rate including taxes
Quel serait le tarif tout compris ?	What would be the all inclusive rate?
Pourriez-vous m'indiquer s'il y a un tarif réduit pour les enfants ?	Please indicate if there is a reduced rate for children
Est-ce que le petit déjeuner est compris ?	Is breakfast included?
Nous aurons besoin de … pendant notre séjour	We will need … during our stay
Pourriez-vous me recommander un bon restaurant pas très loin de l'hôtel ?	Could you recommend a good restaurant not too far from the hotel?

Pourriez-vous m'envoyer	Please send me/Could you send me
la liste des hôtels trois étoiles	a list of three star hotels
la carte de la région	a map of the region
la liste des prix	a price list
la liste des services de l'hôtel	a list of the hotel facilities
la liste des terrains de camping	a list of campsites
la liste des loueurs de vélos	a list of bike-hire shops
de plus amples renseignements sur	additional information on
un dépliant sur les excursions/activités dans la région ...	a brochure on excursions/activities in the region
Je vous prie de m'envoyer des renseignements supplémentaires par courriel/email	Please send me additional information by email
Je voudrais également savoir s'il y a un restaurant à l'hôtel	I would also like to know if there is a restaurant in the hotel
Est-ce qu'il y a …	Is there …
une aire de jeux ?	a playground?
une plage abritée ?	a sheltered beach?
des installations sanitaires ?	sanitary facilities?
l'eau chaude en permanence ?	constant hot water?
une laverie et une salle de repassage en libre service ?	a self-service laundrette and ironing room?
une piscine chauffée à proximité ?	a heated pool nearby?
des repas à emporter ?	take-away meals?
Veuillez m'indiquer le prix par personne ainsi que les horaires	Please indicate the price per person as well as the opening hours
Veuillez me répondre dans les meilleurs délais pour confirmer ma réservation	Please reply without delay confirming my booking
Au cas où vous n'auriez pas de place, pourriez-vous me recommander un autre hôtel à proximité ?	In case you have no vacancies, could you please recommend another suitable hotel in the neighbourhood?
Pourriez-vous me téléphoner sans délai ?	Could you ring me as soon as possible?
Veuillez m'informer s'il faut verser des arrhes ...	Please let me know if it is necessary to pay a deposit
Veuillez trouver ci-joint un chèque de 200 euros pour les arrhes	Please find enclosed a cheque for 200 euro by way of deposit
Je vous envoie ci-joint une caution de 200 euros	I am sending you herewith a refundable deposit of 200 euro
Je vous envoie ci-joint une enveloppe timbrée à mon adresse pour la réponse	I am enclosing a stamped addressed envelope for the reply

Lettres de plainte

Je vous écris de la part de ...	I am writing to you on behalf of
Je voudrais faire une réclamation ...	I would like to make a complaint
Nous sommes resté(e)s dans votre hôtel ...	We stayed in your hotel
Nous avons dîné dans votre établissement ...	We ate in your establishment
J'ai le regret de vous informer que je ne suis pas du tout satisfait(e) ...	I regret to inform you that I am not at all satisfied with
de mon séjour dans votre hôtel ...	my stay in your hotel
de mon expérience dans votre établissement ...	my experience in your establishment
du service dans votre restaurant ...	the service in your restaurant
de mon achat ...	my purchase
Je vous écris concernant ...	I am writing to you regarding
la qualité de ...	the quality of
les conditions déplorables des toilettes ...	the deplorable conditions in the toilets
le manque de ...	the lack of
Notre chambre était sale/bruyante ...	Our room was dirty/noisy
Je ne pouvais pas dormir car il y avait trop de bruit ...	I couldn't sleep because there was too much noise
La qualité est/était d'un niveau déplorable ...	The quality is/was below an acceptable standard
Il est tout à fait inacceptable que ...	It is quite unacceptable that
Je voudrais citer à titre d'exemple ...	I would like to mention by way of example
Notre serveur/serveuse au restaurant était malpoli(e) ...	Our waiter/waitress was impolite
Il n'y avait pas ...	There was no
de service de chambre ...	room service
d'eau chaude en permanence ...	constant hot water
de branchements électriques ...	electricity supply
Le chauffage/La climatisation/L'ascenseur/Le lave-vaisselle était en panne ...	The heating/air conditioning/lift/dishwasher was out of service
On ne l'a pas réparé(e) ...	It wasn't fixed
Le propriétaire était injoignable ...	We could not contact the owner
Les heures de travail sont/étaient trop longues ...	The working hours are/were too long
La journée de travail était trop longue ...	The working day was too long
Je n'avais pas d'heures fixes ...	I had no fixed working hours
Les heures supplémentaires ne m'ont pas été payées ...	I was not paid for my overtime
Le/La gérant(e) est/était trop exigeant(e) ...	The manager is/was too demanding
J'ai très peu de temps libre ...	I have very little free time
J'attends votre réponse concernant mes réclamations ...	I await your reply regarding my complaints
Veuillez m'envoyer un nouveau/une nouvelle ...	Please send me a new ...
Je vous prie de m'envoyer soit un remboursement total, soit une explication acceptable/une lettre d'excuse ...	Please send me either a total refund or an acceptable explanation/letter of apology
Veuillez m'envoyer soit un avoir, soit un remboursement du montant total ...	Please forward either a credit note or a refund of the total price
Dans le cas échéant/Sinon, je serai obligé(e) d'envoyer une lettre de plainte auprès de l'office de tourisme de votre ville ...	If not, I will have to send a letter of complaint to the tourist office in your town

Répondre

Introduction et conclusion

J'accuse réception de votre récente lettre	I acknowledge receipt of your recent letter
Veuillez m'excuser de ce retard	Please forgive me for the delay in replying
N'hésitez pas à me contacter si vous	Do not hesitate to contact me if you

Renseignements et réservations

À propos des renseignements que vous cherchez	With regard to the information that you are seeking
Nous accusons réception de votre réservation	We acknowledge receipt of your booking
J'ai le plaisir de confirmer la réservation	I am pleased to confirm the booking
Notre tarif tout compris est de 60 euros par nuit et par personne	Our all-inclusive rate is 60 euro per night per person

Demande d'emploi

J'ai le plaisir de vous informer que vous avez été sélectionné(e) pour l'entretien	I am pleased to inform you that you have been selected for the interview
J'ai le regret de vous informer que vous n'avez pas été choisi(e) pour le poste	I regret to inform you that you have not been selected for the position
Les entretiens auront lieu le	The interviews will take place on …
Veuillez contacter Madame/Monsieur … pour déterminer l'heure exacte de votre entretien	Please contact Mrs/Mr … in order to organise the time of your interview
Veuillez nous contacter dès que possible pour confirmer que vous acceptez le poste	Please contact us without delay in order to confirm your acceptance of the position
Je vous souhaite bonne chance dans votre recherche d'emploi	I wish you good luck in your job search
Je vous prie d'agréer, Madame/Monsieur, l'expression de mes meilleures salutations	Yours sincerely

Lettres de plainte

Suite à votre lettre de plainte reçue le	Following your letter of complaint received on
Je vous écris pour vous présenter nos excuses	I am writing to apologise
Veuillez accepter un nouveau/une nouvelle	Please accept a new
Pour nous excuser, nous voudrions vous rembourser le montant total de	As an apology we would like to refund you the full amount
Au plaisir de vous revoir bientôt	Hoping to see you again soon

Sample question and answer

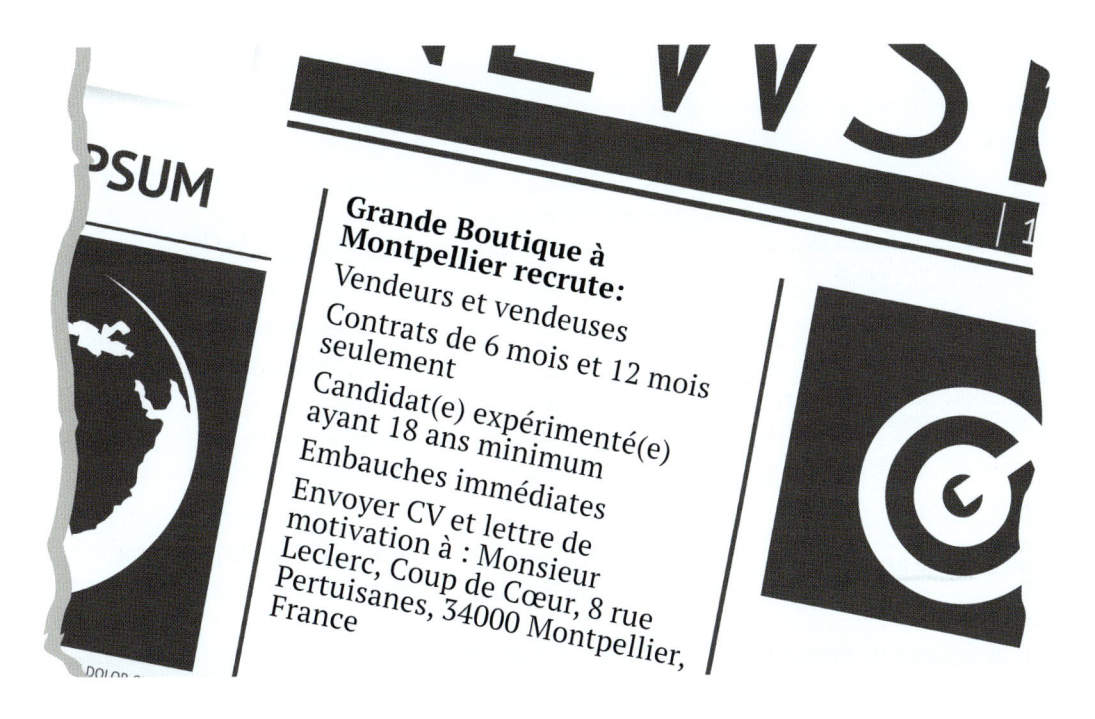

Grande Boutique à Montpellier recrute:
Vendeurs et vendeuses
Contrats de 6 mois et 12 mois seulement
Candidat(e) expérimenté(e) ayant 18 ans minimum
Embauches immédiates
Envoyer CV et lettre de motivation à : Monsieur Leclerc, Coup de Cœur, 8 rue Pertuisanes, 34000 Montpellier, France

Write a letter of application in response to the advertisement above. In your letter:

- state your age and the standard of French that you have.
- confirm the period during which you are available.
- outline why you are a suitable candidate including details of any relevant experience you may have.
- ask about the working hours and salary.
- state that you are enclosing a copy of your CV and a letter of recommendation.

You are Louise Kelly, 28 Strand Road, Salthill, Galway, Ireland.

Louise Kelly
28 Strand Road
Salthill
Galway
Irlande

Galway, le 22 juin 2018

Monsieur Leclerc
Coup de Coeur
8 rue Pertuisanes
34000 Montpellier
France

Monsieur,

Suite à votre petite annonce parue dans l'« Irish Times » du 18 juin, je voudrais poser ma candidature pour le poste de vendeuse dans votre boutique à Montpellier.

J'ai 19 ans et je viens de passer le baccalauréat ici en Irlande. J'étudie le français depuis six ans maintenant et j'ai un niveau assez élevé.

J'ai l'intention de prendre une année sabbatique avant de commencer mes études universitaires et je voudrais passer cette année en France pour perfectionner mon français tout en acquérant de l'expérience. Je suis prête à commencer tout de suite et disponible pendant toute une année jusqu'à fin juillet 2019.

J'ai déjà de l'expérience dans la vente. L'été dernier, j'ai travaillé comme vendeuse dans une petite boutique au centre de Galway. Le travail m'a beaucoup plu car je suis quelqu'un qui s'intéresse beaucoup à la mode et je suis toujours au courant des dernières tendances. Par ailleurs, je suis dynamique et extrêmement travailleuse.

Pourriez-vous m'envoyer des renseignements supplémentaires sur les conditions de travail y compris les horaires et le montant du salaire ?

Veuillez trouver ci-joint mon CV ainsi qu'une lettre de recommandation de mon employeur précédent.

Merci d'avance pour l'attention que vous porterez à ma candidature.

Veuillez agréer, Monsieur, l'expression de mes sentiments distingués.

Louise Kelly
Louise Kelly

Triomphe au Bac Supérieur

Production écrite

Practice questions

1. Your family is planning to go on holiday to Brittany in the north of France. Your parents have asked you to write the letter of reservation to the hotel they have chosen. Include the following details:
   - You intend to spend ten days in the region (11–21 July) and the hotel has been recommended to you.
   - You are a family of five and require a double room (with bath) and a three-bedded room (with shower).
   - Ask about the hotel facilities and for a brochure on the activities in the area.
   - Enquire if there will be a fireworks display to celebrate Bastille Day on 14 July.
   - Ask if it is necessary to pay a deposit and request that the hotel confirm your booking.
   - In the event that they have no vacancies during that period, ask them to recommend another suitable hotel in the area.

   Your name is Brian/Barbara Duffy, 25 Pearse Street, Tralee, Co. Kerry. Address your letter to Hôtel Océan, Rue Monot, 35400 Saint-Malo, France.

   (About 75 words)

2. You and your family have recently returned home from a holiday in France during which you stayed in a small hotel in Cannes. You were very unhappy with the accommodation there and decide to write a letter of complaint to the owner. Include the following points:
   - The rooms were not ready upon your arrival.
   - Both the food and service in the restaurant were very disappointing.
   - There was no hot water in the morning for your showers.
   - The hotel car park was full so you had to pay to park your car on the street.
   - The night-time entertainment in the hotel was too loud.
   - Ask for a reply to your complaints.

   You are Michael/Michelle Butler, and your address is Millbrook Lawns, Boyle, Co. Roscommon. Address your letter to Monsieur Marceau, Hôtel du Port, Place de la République, 06400 Cannes, France.

   (About 75 words)

3. Write a letter of application in response to the advertisement on the right which you have just seen on the Internet:

   > Hôtel Réputé à Nice cherche pour l'été serveurs/serveuses avec de l'expérience parlant anglais et français
   >
   > Envoyer CV et lettre de recommandation à:
   >
   > Hôtel Le Grand Palais, 25 Quai Rauba-Capeu, 06300 Nice, France

In your letter,
- state that you are a nineteen-year-old Irish student;
- say that your French is quite good;
- explain that you worked in a small restaurant in the 5th Arrondissement in Paris last summer;
- say that you are available from 20 May until 10 September;
- mention that you are including your CV and a letter of reference;
- thank him/her for considering your application.

You are Stephen/Stephanie Coleman, and your address is 24 Strand Road, Salthill, Galway.

(About 75 words)

4 Your father has unfortunately just lost his job, and you have been asked to cancel the family holiday to France. Write a letter of cancellation to the manager of the hotel in Reims in which you were meant to be staying:
- Explain that your father has lost his job and so the family can no longer afford the holiday.
- Explain that you are all very disappointed.
- Apologise for the late cancellation.
- Ask if it would be possible to get the deposit back.
- Say that you hope to be able to stay at the hotel next summer instead.

Your name is Liam/Louise McManus, Shop Street, Nenagh, Co. Tipperary, Ireland. Address your letter to Monsieur Philippe Richard, Hôtel de la Tour, 51723 Reims, France.

(About 75 words)

5 You and three of your school friends would like to spend three weeks in Paris this July after finishing the Leaving Cert. You decide to write a letter to the Fáilte Ireland Office in Paris to make some enquiries. In your letter:
- state that you are a group of four young Irish students who would like to visit Paris this summer for three weeks (7–28 July);
- request a list of suitable youth hostels in the Paris area;
- enquire about the average cost of a room for four people in a Paris hostel;
- ask for some leaflets on the main tourist attractions in Paris and for information on interesting day trips outside of the city;
- say that you are all planning to study French in college and ask for recommendations on the best bookshops in Paris where you could buy some French books to take home to Ireland.

Your name is Lisa/Liam Lyons, 3 Valentia Road, Drumcondra, Dublin 9, Ireland. Address your letter to Office de Tourisme Irlandais, 33 rue de Miromesnil, 75008 Paris, France.

(About 75 words)

6 Your family intends to go on a skiing holiday to the French Alps. You have been asked to make the reservations. Write the letter to the ski resort including the following details:
- there are four of you (two adults and two teenagers);
- you wish to spend two weeks at the resort (give the dates);
- you would like a chalet near the ski lifts;
- enquire about the rates per night and if it is possible to rent the ski equipment;
- say that you are enclosing a deposit of €200;
- ask for confirmation of your booking.

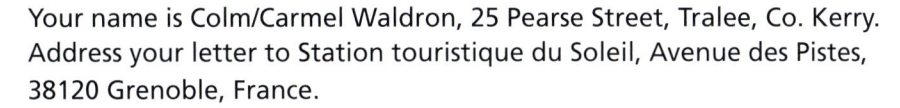

Your name is Colm/Carmel Waldron, 25 Pearse Street, Tralee, Co. Kerry. Address your letter to Station touristique du Soleil, Avenue des Pistes, 38120 Grenoble, France.

(About 75 words)

7 Write a letter of motivation in response to the advertisement which you saw in the newspaper earlier today.

In your letter:
- give your age and details of your education;
- say that you speak very good French and have spent many summers camping in France with your family;
- give details of your experience working with children and state the qualities you have that make you a suitable candidate;
- confirm your availability for the above period;
- ask about the pay and the number of hours you would work per week;
- say that you are enclosing a copy of your CV.

> Famille Belge recherche jeune fille au pair, ayant 18 ans minimum pour s'occuper de leurs trois enfants âgés de 2, 4 et 6 ans pendant la période de mi-juin à mi-septembre.
>
> **Envoyer CV et lettre de motivation à:**
> Monsieur Simon Echappé, 12 Rue de Rollebeek, Bruxelles 1000, Belgique

Your name is Malcolm/Melissa Banks, 4 Main Street, Oranmore, Co. Galway.

(About 75 words)

8 You are the manager of a tourist office in Lyon. An Irish girl has applied for a summer job there. Write a letter of reply to her in which you include the following information:
- Inform her that she has been selected for the position.
- Tell her that the tourist office is located in the main square and that you are enclosing a map of Lyon.

- Say that there is one other Irish girl working in the office.
- The opening hours are from 9 a.m. to 6 p.m. every day, and the salary will be €12 per hour and €14 per hour for any overtime she is required to work.
- Tell her that she will have no difficulty finding accommodation.
- Ask her to contact the office by email as soon as possible to confirm her acceptance of the position.

You are Antoine/Agnès Dubois, Office de Tourisme, Place Michel, 69005 Lyon, France. Address your letter to Julie O'Brien, Gurteen Drive, Lucan, Co. Dublin, Ireland. *(About 75 words)*

9 You are a seventeen-year-old French boy/girl who recently started working part-time at weekends in a local café. However, you are very unhappy with the working conditions and so you decide to write a letter of complaint to the owner of the café. In your letter:
- say that you started your job four weeks ago;
- state that you were hired as a waiter/waitress but that you are now working in the kitchen;
- explain that you have no fixed hours at the weekend and that sometimes you are required to work during the week after school;
- explain that your parents are very unhappy about you working during the week as your Baccalauréat is approaching;
- say that the manager is rude and shouts at the staff;
- request a letter of reply addressing your complaints and say that you hope conditions will improve.

You are Sophie/Simon Duval and your address is 6 Avenue Gustave Eiffel, 64200 Biarritz, France. Address your letter to Monsieur Rasteau, Propriétaire, Café Etienne, 2 rue du Vieux Puits, 64200 Biarritz, France. *(About 75 words)*

10 You and your family would like to rent a gîte in the French countryside this summer and recently saw an advertisement in the national newspapers for a country house available to rent near La Rochelle. Your mother asks you to write a letter to the owner seeking further information about the house. In your letter:
- state that you saw her advertisement in the Irish Times on Monday, 5 May;
- say that your family is interested in renting her gîte for a month this summer;
- ask how many bedrooms are in the house and if there is air-conditioning;
- ask what the total cost for a four-week stay during the summer period would be.
- ask is there a sheltered beach nearby and if it would be necessary to bring bed linen and towels.
- ask if it would be possible to pay the deposit by credit card.

Your name is John/Janice Kelly, 12 Magazine Avenue, Douglas, Co. Cork. Address your letter to Madame Sylvie Deschamps, 10 rue Fouchard, 17000 La Rochelle, France. *(About 75 words)*

Lettres informelles

The informal letter is an option in Question 2 of the Written Expression Section of the Higher Level French paper. It is worth 30 marks in total. Communication and language receive 12 marks each, and 6 marks are awarded for the correct layout of the letter. You are expected to write about 75 words and have about 20 minutes in which to do so.

The details you are asked to cover can vary widely. For example, you could be asked to:

- thank a friend for something;
- mention or react to some item of news
- wish someone a happy birthday/pleasant journey
- invite a friend to accompany you somewhere
- plan a holiday with your friend
- mention a summer/part-time job
- write about school/examination results.

It is very important to deal with all of the tasks given in the question, otherwise marks will be lost. As it is an informal letter to a friend, you must use 'tu', (and 'ton', 'ta', 'tes', 'te' and 'toi') throughout the letter, unless you are writing to several people, for example your parents, in which case you should use the plural 'vous' (and 'votre' and 'vos') form.

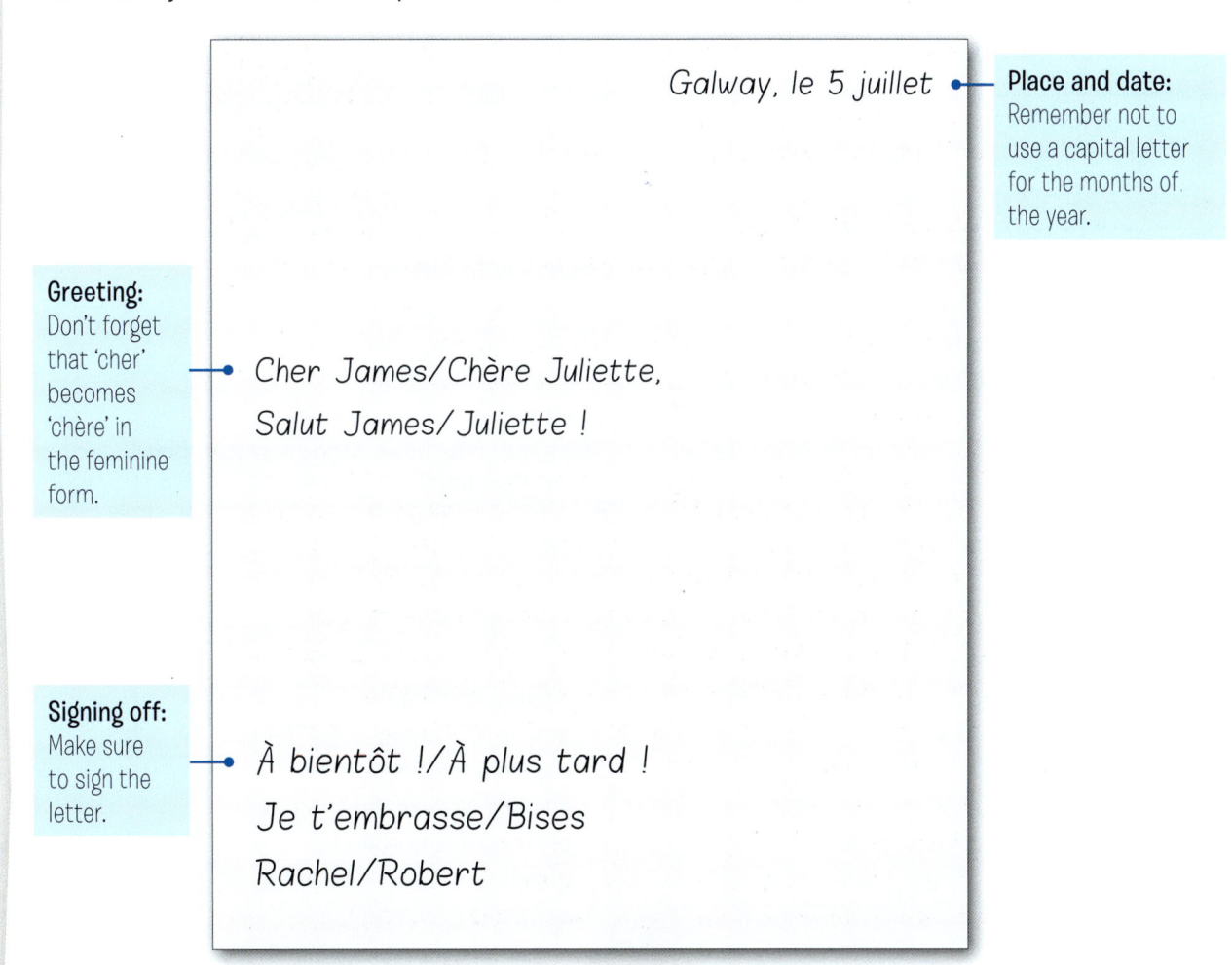

Galway, le 5 juillet

Place and date: Remember not to use a capital letter for the months of the year.

Greeting: Don't forget that 'cher' becomes 'chère' in the feminine form.

Cher James/Chère Juliette,

Salut James/Juliette !

Signing off: Make sure to sign the letter.

À bientôt !/À plus tard !

Je t'embrasse/Bises

Rachel/Robert

Useful expressions

Learn some of the following sentences and expressions. They will help you to write good informal letters.

Ouverture

Comment ça va/Comment vas-tu ?	How are you?
Tout va bien pour moi en ce moment	Everything is going well for me at the moment
Merci pour ta lettre de la semaine dernière	Thank you for your letter last week
Il y a longtemps que je n'avais pas reçu de tes nouvelles	It is a long time since I heard from you
Je m'excuse du retard de ma lettre	I apologise for the delay in my letter
Quelques lignes pour te donner des nouvelles	Just a few lines to give you some news
Je m'excuse de ne pas avoir écrit depuis longtemps	I apologise for not having written for a long time

Les nouvelles

Quelles bonnes nouvelles !	What good news!
Quel dommage !	What a pity!
Quelle malchance !	What bad luck!
Félicitations, je suis très heureux(se) pour toi	Congratulations, I am very happy for you
Je suis ravi(e)/étonné(e) de lire que …	I am delighted/surprised to read that …
Je suis désolé(e)/déçu(e)/triste de lire que	I am sorry/disappointed/sad to read that …
Je peux à peine y croire	I can hardly believe it
Veinard(e), tu as de la chance !	You are a lucky devil!
Cette nouvelle m'a vraiment choqué(e)	That news really shocked me
J'étais aux anges en apprenant cette nouvelle !	I was thrilled with the news
Je t'envoie une photo de	I am sending you a photo of …
Donne-moi des nouvelles de toi et de ta famille la prochaine fois	Give me some news of you and your family the next time

Souhaits

J'écris pour te souhaiter	I am writing to wish you
un bon anniversaire	a happy birthday
un joyeux Noël	a merry Christmas
un bon voyage	a pleasant journey
la Bonne Année	a happy New Year
de bonnes vacances	an enjoyable holiday
bonne chance	good luck
bon courage	good luck

Remerciements

J'écris pour te remercier de	I am writing to thank you for
ton beau cadeau	your beautiful present
ta carte d'anniversaire	birthday card
ta gentille invitation	your kind invitation
ces vacances formidables	the marvellous holiday
Merci mille fois de/pour	Thanks a million for
C'est très gentil de ta part	It is very kind of you
Remercie tes parents de ma part	Thank your parents on my behalf
J'ai été reçu(e) à bras ouverts	I was received with open arms

Invitations

J'écris pour t'inviter	I am writing to invite you
à ma soirée	to my party
à passer les vacances chez moi	to spend the holidays at my house
au cinéma vendredi soir	to the cinema Friday evening
Malheureusement, je ne peux pas accepter ton invitation car	Unfortunately, I cannot accept your invitation because
Ça te dirait de … ? (+ infinitif)	How about/Would you like to …?
Ça me ferait très plaisir de passer les vacances de Pâques chez toi	I would be delighted to spend the Easter holidays at your house

Activités/Atmosphère/Gens

Mes journées sont très chargées, pas un moment de repos	My days are very busy, not a moment of rest
J'ai rencontré des gens formidables !	I met some great people!
Il y a tant à faire et à voir ici	There is so much to see and to do here
L'ambiance est bonne et tout le monde est sympa	The atmosphere is good and everybody is nice
Mes amis français/irlandais sont très sympas	My French/Irish friends are very nice
On s'entend très bien/mal	We get on well/badly together
J'ai tout un tas d'amis ici	I have many friends here

Le temps

Il fait un temps magnifique/terrible	The weather is magnificent/terrible
Rien que du soleil/de la pluie du matin au soir	Nothing but sunshine/rain from morning to night
Il fait une chaleur terrible ici	The sun is splitting the rocks
Il fait un froid de canard, moins cinq degrés	It is terribly cold, minus five degrees
C'est la canicule !	There is a heat wave!
Pas un nuage dans le ciel !	Not a cloud in the sky!

Le ski

Il neige presque tous les jours	It snows nearly every day
Je suis allé(e) faire du ski dans les Alpes	I went skiing in the Alps
Ça s'est bien passé	Everything went well
Au début, je suis tombé(e) plusieurs fois	At the beginning I fell several times
Après quelques jours, je m'y suis habitué(e)	After a few days I got used to it
La piste était très glissante	The ski slope was very slippery
Aujourd'hui, j'ai mal au dos/aux jambes	Today my back/my legs are sore

Les vacances au soleil

Je prends un bain de soleil chaque jour	I sunbathe every day
On s'amuse très bien ici	We are enjoying ourselves a lot here
On se fait bronzer au soleil	We are getting a tan
Je me suis vraiment bien amusé(e)	I really enjoyed myself
Il y avait beaucoup de monde à la plage	There was a huge crowd at the beach

Nourriture/Boissons

La cuisine française/irlandaise met l'eau à la bouche	French/Irish food would make your mouth water
On mange très bien en France/en Irlande	People eat very well in France/Ireland
La nourriture française/irlandaise est différente	French/Irish food is different
Les Français mangent des escargots/des cuisses de grenouilles/du cheval	French people eat snails/frogs' legs/horse meat
J'adore la cuisine et les vins français	I love French food and wine
Le repas en famille est un moment important de la journée	The family meal is an important moment of the day

Les courses

Les vêtements français sont élégants mais assez chers	French clothes are elegant but quite expensive
Il y a des milliers de boutiques chic à Paris	There are thousands of fashionable shops in Paris
Les touristes se font arnaquer dans les boutiques/les restaurants	Tourists are ripped off in shops/restaurants
J'adore faire du lèche-vitrine	I love window-shopping
Cela fait fureur en ce moment	That is all the rage at the moment

Le travail à temps partiel

Il faut/fallait que je trouve un petit boulot	I have/had to find a part-time job
Je n'ai/n'avais pas les moyens de	I do not/did not have the money to
J'ai un petit boulot pendant les vacances	I have a summer job
Je travaille/J'ai travaillé comme serveur/serveuse	I work/worked as a waiter/waitress
Je mets les couverts	I set the table
Je débarrasse les tables	I clear the tables
Je travaille en tant que caissier/caissière	I work as a cashier
Je m'occupe de la caisse	I look after the checkout/till
Je sers les clients	I serve the customers
Je range les rayons	I tidy the shelves
Je peux faire ce que je veux avec mon argent	I can do what I want with my own money
Je suis/J'étais payé(e) huit euros de l'heure	I am/I was paid eight euro an hour
Ce n'est pas grand-chose, mais c'est mieux que rien	It is not much, but it is better than nothing
Au début, les journées me semblaient trop longues	At the beginning I found the days very long
Mais je m'y suis habitué(e)	But I got used to it

L'école

J'en ai marre de l'école et des devoirs	I am fed up with school and homework
L'anglais, c'est ma bête noire	English is my pet hate
Je suis cloué(e) à la maison à cause des examens	I am stuck at home because of the exams
J'étais trop paresseux(se) l'année dernière	I was too lazy last year
Je dois rattraper le temps perdu	I have to make up for lost time
Après les examens, on a fait la fête	After the exams we had a party
J'étais enchanté(e) de mes résultats	I was delighted with my results
Pour une fois, mes parents étaient contents !	For once my parents were happy!
Je passe le bac en ce moment	I'm sitting the Leaving Cert at the moment
Les examens se passent bien/mal	The exams are going well/badly

Organiser un voyage

J'attends le voyage/ta visite avec grande impatience	I am really looking forward to the trip/your visit
J'espère arriver le 16 juillet	I hope to arrive on the 16th of July
Est-ce que tu viendras me chercher à l'aéroport ?	Will you collect me at the airport?
Surtout pense à apporter	Don't forget to bring
J'ai un programme très chargé en tête	I have a very busy schedule planned
Pendant ton séjour, nous pourrions visiter des sites touristiques/faire des excursions	During your stay we could visit the tourist sites/go on day trips
Vous serez logés chez des familles d'accueil	You will be accommodated with host families
Je viendrai te chercher à la gare	I will come to collect you at the station
Le bus/car vous attendra à la sortie des arrivées	The bus/coach will be waiting for you at the arrivals exit

Questions

As-tu trouvé un petit boulot pour les vacances ?	Did you find a part-time job for the holidays?
Quels sont tes projets pour cet été ?	What are your plans for the summer?
Comment vas-tu fêter ton anniversaire ?	How are you going to celebrate your birthday?
Quels sont tes plats préférés ?	What are your favourite meals?
Qu'est-ce que tu aimerais faire pendant ton séjour ?	What would you like to do during your trip?
Voudrais-tu visiter des sites historiques ?	Would you like to visit some tourist sites?

Signature

J'ai hâte de te lire	Looking forward to hearing from you soon
Passe le bonjour/Dis bonjour à tes parents de ma part	Say hello to your parents for me
Écris-moi bientôt	Write to me soon
Bon, j'ai assez écrit !	Well, I have written enough
Réponds-moi vite !	Reply to me soon
C'est tout pour le moment	That is all for the moment
Donne-moi de tes nouvelles la prochaine fois	Give me some news about you next time
Comment vont tes parents ?	How are your parents?
Amuse-toi bien pendant les vacances	Enjoy yourself during the holidays
Passe de bonnes vacances	Enjoy your holidays
À bientôt !	See you soon!
À la prochaine (fois)	Until the next time
Bons baisers	Love (and kisses)
Je t'embrasse (très fort)	Lots of love
Bien à toi	Good wishes to you
Amitiés	Best wishes
Bien amicalement/Cordialement	Best wishes

Sample question and answer

Your name is Aoife/Andrew Kelly, and you live in Galway. You have just returned home from Poitiers where you spent two weeks with your pen pal, Amélie. Write a letter to her and her family in which you:

- say that you arrived home safe and sound on Sunday night at 10.30 p.m.;
- say that you had a lie-in until 1 p.m. on Monday, as you were exhausted;
- thank them very much for their hospitality;
- say that you really enjoyed your stay and that you have great memories of it;
- tell them what the highlight of your trip was;
- invite the family to come and visit you next summer in Ireland.

(About 75 words)

Galway, le 7 avril

Chers amis,

J'espère que vous allez tous bien. Je suis arrivé(e) sain(e) et sauf/sauve à Cork dimanche soir vers 22 h 30. Le vol de retour s'est très bien passé et mes parents m'attendaient à l'aéroport. J'étais tellement épuisé(e) à mon retour que j'ai fait la grasse matinée jusqu'à 13 heures le lendemain !

Je voudrais vous remercier du fond du cœur de l'accueil chaleureux que vous m'avez réservé pendant mon séjour. Vous m'avez tous reçu(e) à bras ouverts et je vous en suis vraiment reconnaissant(e).

Je garde de très bons souvenirs de mes belles journées passées avec vous … les excursions intéressantes, les bons repas en famille pendant lesquels j'ai découvert les délices de la France et les promenades à vélo dans des paysages de rêve. Pourtant, je dois avouer que mon moment préféré du séjour a été notre visite au Futuroscope. J'avais tellement peur sur les manèges mais je me suis vraiment éclaté(e) malgré ça ! Mon français s'est aussi beaucoup amélioré au cours de la quinzaine et j'en suis ravi(e).

Cela nous ferait très plaisir, à mes parents et à moi, si vous veniez passer une semaine chez nous l'été prochain. Comme vous le savez déjà, nous habitons une grande maison à la campagne donc nous avons suffisamment de chambres pour vous héberger tous. Ce serait l'occasion pour vous de visiter le Connemara dont vous avez toujours rêvé, n'est-ce pas ? De plus, mes parents ont hâte de faire votre connaissance et de vous remercier également de tout ce que vous avez fait pour moi.

Au plaisir de vous lire très prochainement.

Amitiés,

Aoife/Andrew

Practice questions

1 Your name is Christopher/Christine Burke, and you live in Roscommon. Write a letter to your French pen pal, Cyril, describing your recent school tour to Paris. In the letter:
- say that you have just returned to Ireland after a wonderful school tour to Paris;
- say that you spent three nights in a two-star hotel in the suburbs;
- describe what you did on the trip and say what your highlight was;
- comment on the weather during the trip and mention what you thought of the French food;
- ask him about his plans for the February mid-term break and suggest he come to spend a few days in Ireland with you and your family.

(About 75 words)

2 Your name is David/Doreen Gleeson, and you live in Ennis. You are working in a shop for the summer. Write a letter to your Belgian pen pal, Claude, who lives in Bruges. In your letter:
- describe the type of shop in which you are employed and the work you do;
- say what time you start and finish at each day;
- mention the salary and say that you do plenty of overtime;
- say that you are saving your money for your holiday to Bruges next February;
- ask him if he has found a part-time job and if he is going on holidays this summer;
- send your regards to his parents and his sister, Elodie.

(About 75 words)

3 Your name is Deirdre/Declan O'Flaherty, and you live in Athlone. Your French pen pal, Solène, has written to you suggesting that your families arrange a house exchange this August. Write a letter to her in which you:
- say that you have spoken to your parents and that they are very happy with the idea;
- describe your house and say that you will send her some photographs of it by email;
- give her some information on what there is to do in your area;
- ask her to write to you soon with a description of her house and details of the local tourist attractions;
- explain that the month of July would be more convenient for your family and offer an explanation for this.

(About 75 words)

4 Your name is Finn/Fiona Morgan, and you live in Wicklow. You recently received a birthday present and card for your eighteenth birthday from your French pen pal, Elsa. Write a letter to her in which you:
- say that you are very grateful for the present and the birthday card;
- mention some of the other gifts which you received;
- tell her what you did to celebrate;
- ask her how she plans to spend her birthday in August;

- say that the Leaving Certificate begins in two weeks, and you are working very hard;
- suggest that you Facetime each other next weekend.

(About 75 words)

5. Your name is Robert/Rebecca Ryan, and you live in Castlebar. Write a letter to your French pen pal, Nicole, in which you:
   - invite her to come and spend a week with you and your family during the October mid-term break;
   - tell her that there will be a spare room because your sister is away at university;
   - suggest what you could do together that week;
   - tell her that the Ryanair flights from France to Ireland for the October break are very good value at the moment;
   - say that you will be able to come and collect her at the airport.

(About 75 words)

6. Your name is Julie/John Maguire, and you live in Monaghan. Your French pen pal, Olivier, is doing a project on the Irish educational system and has written to you asking for information on the standard of discipline in your school. Write a letter of reply to him in which you:
   - thank him for his recent letter;
   - express delight in the news that his father has found a new job;
   - tell him that the discipline in your school is quite strict but fair;
   - tell him that the school uniform is obligatory and that you feel it encourages good discipline;
   - list some of the key rules and sanctions in the school;
   - wish him good luck with his project.

(About 75 words)

7. Your name is Elaine/Emmet O'Neill, and you are in Roussillon in France for the grape-picking season. Write a letter to your French pen pal, Caroline, telling her about your experience so far. In your letter:
   - say that you arrived safe and sound two weeks ago;
   - tell her that there is a real heatwave at the moment;
   - say that you are finding the work tiring but that the other young people working with you are very nice;
   - tell her that the region is beautiful and you are planning to do some interesting day trips;
   - explain that you are making great progress with your French.

(About 75 words)

8. Your name is Emily/Emmet O'Donnell, and you live in Donegal. You had arranged to spend ten days with your French pen pal, Luc, and his family over Christmas. Unfortunately you have to cancel the trip. Write a letter to your pen pal in which you make the following points:
   - You can no longer travel to France at Christmas.
   - Your grandfather was injured in a car accident last week.
   - He will be staying with your family over Christmas, and your parents need help around the house.
   - Apologise for the inconvenience.
   - Ask him if it would be possible for you to come at Easter instead as you really need to improve your French before your oral exam in May. (About 75 words)

9. Your name is Joseph/Julie Egan, and you live in Galway. You are in great form because you have just won a fantastic prize. You decide to write a letter to your French pen pal, Patrick, to share the great news with him:
   - Tell him that you are over the moon because you have just won two tickets to see your favourite group in concert in Wembley Arena this summer.
   - Say that you have won flights to England as part of the prize too.
   - Tell him that you are going to ask your best friend to accompany you.
   - Mention that your aunt, Niamh, lives in London so you will be able to stay with her.
   - Ask him for any news in his family and say that you are looking forward to hearing from him soon. (About 75 words)

10. Your name is Elsie/Evan Maguire, and you are on a skiing holiday with a group of friends in Chamonix in the French Alps. Write a letter to your French friend, Frédéric, in which you:
    - tell him that the snowfall has been very heavy and it is very cold;
    - say that you are getting lessons every day and the instructor is very good;
    - mention that you fell a few times on the first day but that you got used to it very quickly;
    - say that you are staying in a dormitory in a hostel and mention what you do in the evening time with your friends;
    - ask him how he celebrated Christmas and if he has ever been skiing. (About 75 words)

4

Compréhension auditive

Examination information

The Aural or Listening Comprehension Section of the Leaving Certificate Higher Level French Paper is worth 80 marks or 20 per cent of the overall mark (400). It normally takes place just after the written paper.

The Listening Comprehension section is sometimes neglected because there is so much material to cover for the Written Paper and the Oral Examination. However, the secret to success is plenty of practice. Tuning your ear to the sounds of the language will pay dividends on the day of the examination. It is an excellent idea to regularly listen to past Leaving Certificate Listening Comprehension CDs, as well as the CD that comes with this book.

The structure of the paper

You are required to answer five sections:

Sections I, II, III and IV are normally made up of interviews, conversations and people discussing aspects of their lives. Each of the four sections is played three times:

1 First right through.
2 Then in segments, with a pause after each segment to allow you to write the answer.
3 Finally right through again.

Section V usually consists of three news items or advertisements. Each item is played twice. It is not divided into segments.

Approaching the Listening Comprehension

Underline the key words in each question before the CD starts. This will help you to focus better on the information needed for each answer. During the first hearing, simply listen and try to pick out the information required. Do not be tempted to start writing during this first hearing. If you attempt to answer the questions while the CD is running, you may miss information. It is impossible to concentrate on both writing and listening at the same time.

Write your answer during the second hearing. If you have understood it the first time of hearing, it will not disappear the second time! Listen carefully to the third hearing as you may pick up additional important information. This hearing also allows you to check your answers.

The questions are asked in English, therefore you must answer them in English. Marks will be lost if you fail to do so. You do not need to write complete sentences in most of your answers. Sometimes only one or two words are required. The answers that you give should be as close as possible to the information that you have heard on the CD.

Tip!
Read the questions as often as possible before the CD starts and during the pauses between the different sections.

Tip!
Never leave any question unanswered. Even if you do not fully understand what is being said, it is worth making an intelligent guess at the answer.

Triomphe au Bac Supérieur

Paper 1

Section I

You will now hear three people, Luc, Chantal and Émilie discussing what makes them happy. You will hear the material **three** times: first right through, then in **three segments** with pauses and finally right through again.

1 Luc (i) What makes Luc happy?
_____

(ii) What does he say is magical for him?
_____

2 Chantal List **three** things that make Chantal happy.
(a) _____

(b) _____

(c) _____

3 Émilie (i) When does Émilie go for a walk in the countryside?
_____

(ii) Why does Émilie always feel better after her walk in the countryside? (**Two** points)
(a) _____

(b) _____

Section II

You will now hear an interview with the French singer, Jacques Échappé. You will hear the material **three** times: first right through, then in **three segments** with pauses and finally right through again.

1 (i) Mention **two** details about the guitar that Jacques received when he was ten years old.
(a) _____

(b) _____

(ii) At what age did Jacques give his first concert?
_____

Compréhension auditive

2 (i) How did Jacques behave in class? (**Two** points)

   (a) _____

   (b) _____

   (ii) How does he feel about his behaviour when he thinks back on it now?
   _____

3 (i) Why is Jacques particularly proud of his fifth album?
   _____

   (ii) What is Jacques's ultimate goal? (**One** point)
   _____

Section III

You will now hear a telephone conversation between two teenage friends, Lucie and Bernard. You will hear the material **three** times: first right through, then in **four segments** with pauses and finally right through again.

1 (i) With whom is Lucie angry?
   _____

   (ii) What age is Lucie's grandmother?
   _____

2 Why is Lucie upset about her grandmother coming to live in her house?
   _____

3 Give **two** reasons why Lucie is not getting on well with her sister Laure at the moment.

   (a) _____

   (b) _____

4 (i) Give **two** reasons why Bernard suggests that Lucie needs her own room.

   (a) _____

   (b) _____

   (ii) What time will Bernard pick Lucie up to go to the cinema?
   _____

Section IV

You will now hear an interview with the educational psychologist, Julien Leblanc, in which he talks about managing stress during the Leaving Cert year. You will hear the material **three** times: first right through, then in **four segments** with pauses and finally right through again.

1. Name **two** things that adolescents in Leaving Cert fear, according to Julien.
   (a) _____
   (b) _____

2. (i) Why, according to Julien, should students in Leaving Cert not compare themselves to friends or classmates?
   _____

   (ii) Julien suggests a number of things that students could do to relax. Name **two** of these.
   (a) _____
   (b) _____

3. Mention **two** pieces of advice that Julien offers to students in relation to their diet.
   (a) _____
   (b) _____

4. Julien gives an important reminder to students in Leaving Cert at the end of this piece. What is it?
   _____

Section V

You will hear each of **three** news items **twice**.

1. (i) How was the volunteer worker killed?
   _____

   (ii) What was the volunteer worker's profession?
   _____

2. How did the migrants die?
   _____

3. How many fire fighters were involved in quenching the fire?
   _____

Triomphe au Bac Supérieur

Paper 2

Section I

You will now hear a telephone conversation between Madame Legrand and her son's friend Christophe. You will hear the material **three** times: first right through, then in **three segments** with pauses and finally right through again.

1 (i) Where did Lionel leave his phone this morning?
   _____

   (ii) Where has Lionel gone with his father?
   _____

2 (i) What comment does Madame Legrand make about the weather today?
   _____

   (ii) Why is Christophe running late for his meeting with Lionel?
   _____

3 (i) What hope does Madame Legrand express?
   _____

   (ii) At what time does Christophe now want to meet Lionel in front of the café?
   _____

Section II

You will now hear Lionel, Charlotte and Émile sharing their thoughts on fame, celebrities and the tabloid press. You will hear the material **three** times: first right through, then in **three segments** with pauses and finally right through again.

1 Lionel   (i) What do celebrities spend their time doing, according to Lionel?
   _____

              (ii) Name **two** events in the life of a celebrity that will feature in the tabloid press, according to Lionel?
              (a) _____

              (b) _____

2 Charlotte (i) What image is evoked in Charlotte's mind when she thinks about the life of a celebrity?
   _____

              (ii) Charlotte really likes following the life of the stars. Why? (Give **two** reasons.)
              (a) _____

              (b) _____

3 Émile (i) Why, according to Émile, do most of his friends want to be like their favourite celebrities? (**Two** points)

(a) _____

(b) _____

(ii) Why does Émile say that he is not interested in fantasising about the lives of others?

_____

Section III

You will now hear an interview with an Irish girl, Fiona, who has just returned from a year in France. You will hear the material **three** times: first right through, then in **four segments** with pauses and finally right through again.

1 Why does Fiona say that France was the most logical choice for her?
_____

2 (i) What type of agency did Fiona go to in France to find work?
_____

(ii) Where did the Le Blanc family live?
_____

3 (i) How many days a week did Paul and Marie-Laure's parents work?
_____

(ii) Fiona states that she felt happier in her work after two weeks. Mention **one** reason why this was so.
_____

4 (i) How, according to Fiona, has she changed as a result of her year in France? (**Two** points)

(a) _____

(b) _____

(ii) What profession has Fiona decided on?
_____

Section IV

You will now hear an interview with Monsieur Lambert, who was recently the victim of a burglary. You will hear the material **three** times: first right through, then in **four segments** with pauses and finally right through again.

1. (i) What was Monsieur Lambert and his family doing when his house was burgled?
   _____

   (ii) What did the burglars take from the safe?
   _____

2. (i) When did Monsieur Lambert realise that he had been burgled?
   _____

   (ii) What did Monsieur Lambert do immediately after realising he had been burgled?
   _____

3. (i) According to Monsieur Lambert, what does the neighbourhood watch system he set up depend on?
   _____

   (ii) What has the neighbourhood watch system succeeded in doing, according to Monsieur Lambert?
   _____

4. Name **two** pieces of advice Monsieur Lambert offers to people to try and reduce the risk of being burgled.

   (a) _____

   (b) _____

Section V

You will hear each of **three** news items **twice**.

1. In what part of the body was the pupil shot?
   _____

2. What will the weather be like in the south of France tomorrow?
   _____

3. (i) When did this investigation begin?
   _____

   (ii) Who was selling the cannabis?
   _____

Paper 3

Section I

You will now hear three young people, Jérémy, Elsa and Pascal, talking about their fears. You will hear the material **three** times: first right through, then in **three segments** with pauses and finally right through again.

1 Jérémy   (i) What is Jérémy afraid of?
_____

(ii) What caused Jérémy to panic?
_____

2 Elsa   (i) How does Elsa react when she doesn't succeed at something?
_____

(ii) According to Elsa, in what way was her behaviour bizarre last year before the Junior Cert? (**Two** points)
   (a) _____
   (b) _____

3 Pascal   (i) What is Pascal afraid of?
_____

(ii) How did he feel before going away to the summer camp?
_____

(iii) Mention **one** point he makes about his experience at summer camp.
_____

Section II

You will now hear an interview with the French singer Patrick David in which he talks about his life. You will hear the material **three** times: first right through, then in **four segments** with pauses and finally right through again.

1 (i) What style of music does Patrick David say his new album is like?
_____

(ii) How long did he spend preparing and recording the album?
_____

2 (i) Why was Patrick David often unhappy during his time in school?
_____

(ii) Name any **two** ways by which Patrick David has managed to lose weight recently.

(a) _____

(b) _____

3 (i) Name **two** qualities which Patrick David admires in a girl.
_____

(ii) Under what condition does Patrick David say that he might fall for one of his fans?
_____

4 What did one fan ask Patrick David to do?
_____

Section III

You will now listen to Daphné, Hubert and Sylvain explaining what they do to protect the environment. You will hear the material **three** times: first right through, then in **three segments** with pauses and finally right through again.

1 Daphné (i) Why, according to Daphné, do the majority of people not change their habits to protect the environment? (Give **two** reasons.)

(a) _____

(b) _____

(ii) Give **one** example of what she does to conserve water.
_____

(iii) Name **one** other action she takes to conserve energy in the home.
_____

2 Hubert Give **two** examples of what Hubert does to protect the environment.

(a) _____

(b) _____

3 Sylvain (i) Why does Sylvain say he is proud of himself?
_____

(ii) Describe how Sylvain recycles.
_____

(iii) What question does he now ask himself before going on a journey?
_____

Section IV

You will now hear an interview with Madame Duchène, in which she discusses the importance of avoiding a sedentary lifestyle. You will hear the material **three** times: first right through, then in **four segments** with pauses and finally right through again.

1. (i) What is the occupation of Madame Duchène?
   _____

   (ii) What examples does Mme Duchène give to illustrate that people move a lot less nowadays than in the past? (**Two** points)
   (a) _____
   (b) _____

2. Mention **one** of the risks associated with leading a sedentary lifestyle, according to Madame Duchène.
   _____

3. List **two** simple ways in which we can become more active.
   (a) _____
   (b) _____

4. (i) What should we stop doing, according to Mme Duchène?
   _____

   (ii) What should we all be trying to protect, according to Madame Duchène?
   _____

Section V

You will hear each of **three** news items **twice**.

1. According to this news item, what is the goal of the France/USA association?
   _____

2. (i) How many vehicles were involved in the accidents?
   _____

   (ii) What was the cause of the accidents?
   _____

3. Why did the woman walking on the footpath not notice the open trap doors?
   _____

Triomphe au Bac Supérieur

✏️ Paper 1

Section I

You will now hear an interview with three people, Estelle, Louis and Virginie talking about who they feel that they can count on. You will hear the material **three** times: first right through, then in **three segments** with pauses and finally right through again.

1 Estelle   (i) What can Estelle count on her neighbour's daughter to do for her when she is away from home?
    _____

    (ii) Name **one** thing that Cosmos likes, according to Estelle.
    _____

2 Louis   (i) Who does Louis say that he can count on?
    _____

    (ii) Why does his mother feel reassured about this?
    _____

3 Virginie   (i) Mention **two** reasons why Virginie is finding her new life in Marseille difficult.
    (a) _____

    (b) _____

    (ii) Mention **one** type of situation when she calls her uncle for help.
    _____

Section II

You will now hear a radio interview with the principal of a large secondary school in the suburbs of Lyon. You will hear the material **three** times: first right through, then in **four segments** with pauses and finally right through again.

1 (i) Which **two** adjectives does Monsieur Dubois use to describe his work as school principal?
    (a) _____

    (b) _____

    (ii) What is difficult, according to Monsieur Dubois?
    _____

2 How does Monsieur Dubois describe the discipline at his school?
    _____

Triomphe au Bac Supérieur

3 (i) Who does Monsieur Dubois like to relax with at the weekend?
   _____

   (ii) According to Monsieur Dubois, what are the benefits of sitting down together to eat that make it essential for his family. (**Two** points)
   (a) _____
   (b) _____

4 (i) What age is Monsieur Dubois?
   _____

   (ii) What does Monsieur Dubois plan to do when he retires?
   _____

Section III

You will now hear Aurélie, Alexandre and Delphine sharing their thoughts on racism. You will hear the material **three** times: first right through, then in **three segments** with pauses and finally right through again.

1 Aurélie   (i) What effect does racism have on Aurélie?
   _____

   (ii) Mention **two** aspects that really count about a person, according to Aurélie.
   (a) _____
   (b) _____

2 Alexandre   Alexandre's English friend Fred feels that the growing number of immigrants in England may put his culture at risk. Why? (**Two** points)
   (a) _____
   (b) _____

3 Delphine   (i) What example of racism from history does Delphine refer to?
   _____

   (ii) What word does she use to describe racists?
   _____

   (iii) Delphine has friends who belong to different world religions. Name any **two** of these religions.
   (a) _____
   (b) _____

Compréhension auditive

Section IV

You will now hear an interview with the French rugby player Mario Caneli. You will hear the material **three** times: first right through, then in **four segments** with pauses and finally right through again.

1. Why was it natural for Mario to play rugby at school?
   _____

2. (i) Why was Mario unable to go to college?
   _____

   (ii) What does Mario hope will happen?
   _____

3. (i) Name **two** things that Mario does every day to stay fit.
   (a) _____
   (b) _____

   (ii) According to Mario there is a mental aspect to staying fit also. What **two** things does he say are essential to this?
   (a) _____
   (b) _____

4. What **two** things, according to Mario, are necessary for success in sport?
   (a) _____
   (b) _____

Section V

You will hear each of **three** news items **twice**.

1. What happened to the two-year-old boy?
   _____

2. In what year did Pierre and Léonie get married?
   _____

3. (i) How many scientists are meeting?
   _____

   (ii) What is causing the damage to the coral reefs, according to the scientists? (**One** point.)
   _____

Paper 5

Section I

You will now hear three young people, Claire, Marc and Daphné talking about their part-time jobs. You will hear the material **three** times: first right through, then in **three segments** with pauses and finally right through again.

1 Claire   (i) Where does Claire work?
___

(ii) Why does Claire like her job? (Give **two** points.)
(a) ___
(b) ___

2 Marc   (i) Why does Marc's job suit him?
___

(ii) What is the main disadvantage of his job?
___

3 Daphné   (i) What do people often ask Daphné about her work in the nursing home?
___

(ii) Describe the work she does. (**Two** points)
(a) ___
(b) ___

(iii) What always cheers her up?
___

Section II

You will now hear a young boy called Sébastien talking about life in his adopted family in France. You will hear the material **three** times: first right through, then in **three segments** with pauses and finally right through again.

1 What age was Sébastien when he was adopted?
___

2 (i) How do Sébastien's friends react when he tells them about his adoption?
___

(ii) Sébastien says that he is not envious of other peoples' families. Why? (**Two** points.)

(a) _____

(b) _____

3 (i) Name **two** interesting things to see and do in Guatemala, according to Sébastien.

(a) _____

(b) _____

(ii) Why is Sébastien looking forward to visiting Guatemala when he is an adult?

_____

Section III

You will now hear an interview with Jean-Michel Dor, the head of a charitable organisation. You will hear the material **three** times: first right through, then in **four segments** with pauses and finally right through again.

1 (i) When was the charitable organisation founded?

_____

(ii) What problem has it encountered over the past few years?

_____

2 (i) How does Mr Dor define the term 'volunteer'? (**Two** points)

(a) _____

(b) _____

(ii) Why is voluntary work essential to society, according to Mr Dor?

_____

3 List **two** reasons why people should become volunteers, according to Mr Dor.

(a) _____

(b) _____

4 What is the telephone number of the charity?

_____

Section IV

You will now hear four people, Daniel, Charles, Rebecca and Christine, speaking about their attitudes to tobacco and their efforts to stop smoking. You will hear the material **three** times: first right through, then in **four segments** with pauses and finally right through again.

1 Daniel   (i) Why did Daniel decide to give up smoking?
   _____

              (ii) What difference has Daniel's wife noticed in him since he stopped smoking?
   _____

2 Charles   (i) What does Charles want to show his teenage children?
   _____

              (ii) Why is Charles happy that the government has introduced the ban on smoking in public places?
   _____

3 Rebecca   Why did Rebecca give up smoking?
   _____

4 Christine   (i) In which sport is Christine involved?
   _____

              (ii) Mention **two** ways in which smoking can have a negative impact on sporting performances, according to Christine.
              (a) _____

              (b) _____

Section V

You will hear each of **three** news items **twice**.

1 (i) Why was there tension between taxi drivers?
   _____

   (ii) How many police officers were involved?
   _____

2 Where exactly were these people skiing when the avalanche hit?
   _____

3 How much does entry to the concerts cost?
   _____

Triomphe au Bac Supérieur

Paper 6

Section I

You will now hear the opinions of three teenagers, Louise, Michel and Valérie on the question of reducing the summer holidays by two weeks in France. You will hear the material **three** times: first right through, then in **three segments** with pauses and finally right through again.

1 Louise   What happens to Louise at the end of the summer holiday period?
_____

2 Michel   (i) Who, according to Michel, does the eight-week holiday period particularly suit?
_____

(ii) Why does Michel feel that there is no real point in shortening the time students spend in school by a few hours?
_____

3 Valérie   (i) At what time would Valérie like to finish school each day?
_____

(ii) Name **two** things that the earlier finish time would allow students to do, according to Valérie.
   (a) _____
   (b) _____

(iii) What was the result of the vote taken in Valérie's class?
_____

Section II

You will now hear four teenagers, Fabienne, Alain, Brigitte and Robert, giving their opinions on how they have been affected by their parents' separation and divorce. You will hear the material **three** times: first right through, then in **four segments** with pauses and finally right through again.

1 Fabienne   (i) Why, according to Fabienne, is it very hard for a teenager to see his parents divorcing?
_____

(ii) Name **two** ways, according to Fabienne, in which parents sometimes try to influence their children during a divorce.
   (a) _____
   (b) _____

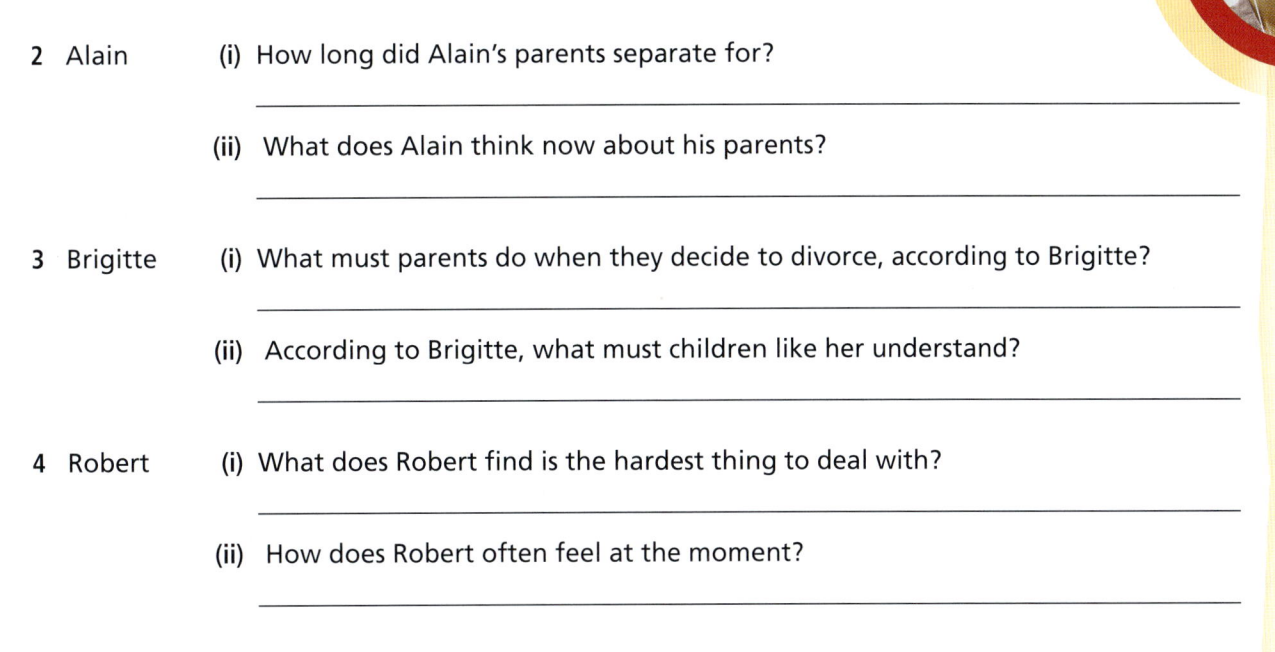

2 Alain   (i) How long did Alain's parents separate for?

           (ii) What does Alain think now about his parents?

3 Brigitte   (i) What must parents do when they decide to divorce, according to Brigitte?

           (ii) According to Brigitte, what must children like her understand?

4 Robert   (i) What does Robert find is the hardest thing to deal with?

           (ii) How does Robert often feel at the moment?

Section III

You will now hear an interview with a French woman called Élise Marchand. You will hear the material **three** times: first right through, then in **four segments** with pauses and finally right through again.

1 (i) What is Élise Marchand's profession?

   (ii) Apart from television programmes what else does Élise Marchand admit to watching?

2 (i) What is the name of her favourite television programme at the moment?

   (ii) During what period is the series set?

3 Name **one** advantage and **one** disadvantage of television for children, according to Élise.

   (a) **Advantage:**

   (b) **Disadvantage:**

4 (i) According to Élise, what do children sometimes find it hard to tell the difference between?

   (ii) Name **one** negative effect that violent images can have on children, according to Élise.

Section IV

You will now hear an interview with Charlotte Dubois, who decided that she wanted to offer help to a Syrian refugee. You will hear the material **three** times: first right through, then in **four segments** with pauses and finally right through again.

1   What reports does Charlotte say that she was very affected by?
    _____

2   (i) Who did Charlotte contact to organise housing a refugee?
         _____

    (ii) How long after Charlotte's meeting did Hassan come to live with her?
         _____

3   (i) List **two** measures that Charlotte took to ensure Hassan felt welcome in her home.
         (a) _____
         (b) _____

    (ii) What kind of daily classes is Hassan taking?
         _____

4   (i) Why did Hassan leave his country, according to Charlotte?
         _____

    (ii) What is Hassan's dream?
         _____

Section V

You will hear each of **three** news items **twice**.

1   What is the likely cause of the severe traffic problems expected in Paris tomorrow?
    _____

2   (i) What time yesterday morning was the discovery made?
         _____

    (ii) Where were the munitions found?
         _____

3   What is the purpose of this mobile team?
    _____

5

Grammaire

Les verbes

Le présent de l'indicatif

Regular verbs

The 'présent' of all regular verbs in French is formed as follows:

Step 1: Drop the ending of the infinitive:

donn**er**	donn-
fin**ir**	fin-
vend**re**	vend-

Step 2: Add the following endings:

'-er' verbs	'-ir' verbs	'-re' verbs
-e	-is	-s
-es	-is	-s
-e	-it	–
-ons	-issons	-ons
-ez	-issez	-ez
-ent	-issent	-ent

Examples

donner	to give
je donn**e**	I give/I am giving
tu donn**es**	you give
il/elle/on donn**e**	he/she/one gives
nous donn**ons**	we give
vous donn**ez**	you give
ils/elles donn**ent**	they give

finir	to finish
je fin**is**	I finish/I am finishing
tu fin**is**	you finish
il/elle/on fin**it**	he/she/one finishes
nous fin**issons**	we finish
vous fin**issez**	you finish
ils/elles fin**issent**	they finish

vendre	to sell
je vend**s**	I sell/I am selling
tu vend**s**	you sell
il/elle/on vend	he/she/one sells
nous vend**ons**	we sell
vous vend**ez**	you sell
ils/elles vend**ent**	they sell

> **Remember**
>
> The 'présent' of the verb can be translated in three ways in English.
> - je donne: (1) I give; (2) I am giving; (3) I do give
> - je finis: (1) I finish; (2) I am finishing; (3) I do finish
> - je vends: (1) I sell; (2) I am selling; (3) I do sell

Irregular verbs

The 'présent' of the important irregular verbs should be learnt carefully. Seven of the most important verbs are listed here, the remaining verbs can be found in pages 301–3.

aller	to go
je vais	I go/I am going
tu vas	you go
il/elle/on va	he/she/one goes
nous allons	we go
vous allez	you go
ils/elles vont	they go

avoir	to have
j'ai	I have
tu as	you have
il/elle/on a	he/she/one has
nous avons	we have
vous avez	you have
ils/elles ont	they have

être	to be
je suis	I am
tu es	you are
il/elle/on est	he/she/one is
nous sommes	we are
vous êtes	you are
ils/elles sont	they are

faire	to do/make
je fais	I do/I am doing/I make/I am making
tu fais	you do/make
il/elle/on fait	he/she/one does/makes
nous faisons	we do/make
vous faites	you do/make
ils/elles font	they do/make

pouvoir	to be able
je peux	I am able/I can
tu peux	you are able
il/elle/on peut	he/she/one is able
nous pouvons	we are able
vous pouvez	you are able
ils/elles peuvent	they are able

venir	to come
je viens	I come/I am coming
tu viens	you come
il/elle/on vient	he/she/one comes
nous venons	we come
vous venez	you come
ils/elles viennent	they come

vouloir	to want/wish
je veux	I want/I wish
tu veux	you want/wish
il/elle/on veut	he/she/one wants/wishes
nous voulons	we want/wish
vous voulez	you want/wish
ils/elles veulent	they want/wish

You should also learn the 'présent' of the following common verbs.

boire	to drink	lire	to read
connaître	to know	partir	to leave
devoir	to have to	prendre	to take
dire	to say/tell	sortir	to go out
écrire	to write	voir	to see

Exercice 1

Mettez les verbes entre parenthèses au présent.

1. Il _____ (faire) ses devoirs après le dîner chaque soir.
2. Mon frère et moi _____ (aimer) nager en mer.
3. Ils ne _____ (vouloir) pas vendre leur vieille maison à la campagne.
4. Tu _____ (prendre) ton petit-déjeuner à quelle heure le matin ?
5. Je _____ (se coucher) très tard le week-end.
6. Nous _____ (perdre) souvent les clés de la maison.
7. La directrice _____ (punir) les élèves qui se comportent mal.
8. On _____ (devoir) faire de son mieux à l'école.
9. Vous _____ (avoir) assez d'argent pour aller au concert ?
10. Elle ne _____ (pouvoir) pas trouver ses souliers.

Exercice 2

Traduisez les phrases suivantes en français.

1. I play football with the school team.
2. We have a new teacher in our school called Mr Scanlan.
3. Louise reads a novel every night before going to bed.
4. I am a vegetarian so I never eat meat.
5. Do you (tu) go to Spain every year?

Le passé composé

Formation

The 'passé composé' is the most important past tense in French. It is a compound tense; in other words, it is made up of two parts:

1. The present tense of 'avoir' or 'être' as auxiliary verb
2. The past participle.

'Participes passés' using 'avoir' as auxiliary verb

The past participles of regular verbs are formed as follows:

-er	donner	donn**é** (given)
-ir	finir	fin**i** (finished)
-re	vendre	vend**u** (sold)

The following verbs have an irregular past participle but their 'passé composé' is formed in the normal way:

Infinitive	Past participle
boire	bu (drunk)
connaître	connu (known)
courir	couru (run)
croire	cru (believed)
devoir	dû (had to)
dire	dit (said/told)
écrire	écrit (written)
faire	fait (done/made)
lire	lu (read)
mettre	mis (put)
ouvrir	ouvert (opened)
pleuvoir	plu (rained)
pouvoir	pu (been able)
prendre	pris (taken)
recevoir	reçu (received)
rire	ri (laughed)
savoir	su (known)
suivre	suivi (followed)
tenir	tenu (held)
vivre	vécu (lived)
voir	vu (seen)
vouloir	voulu (wanted)

Note carefully the following past participles:

| avoir | eu (had) |
| être | été (been) |

Examples

donner	to give
j'ai donné	I have given, I gave
tu as donné	you have given, you gave
il/elle/on a donné	he/she/one has given, he/she/one gave
nous avons donné	we have given, we gave
vous avez donné	you have given, you gave
ils/elles ont donné	they have given, they gave

The vast majority of French verbs follow the same pattern as the verb 'donner'.

j'ai fini .... I have finished
nous avons fait .... we have made/done
tu as vendu.................................. you have sold
vous avez lu................................ you have read
il a bu .... he has drunk
ils ont pris................................... they have taken
elle a écrit................................... she has written
elles ont vu .... they have seen
on a dit.. one has said/told

'Participes passés' using 'être' as auxiliary verb

A number of very important French verbs use the present tense of 'être' in the 'passé composé'. Ten of the twelve verbs are opposites.

Infinitive	Part participle
aller	allé (gone)
venir	venu (come)
partir	parti (left)
rester	resté (stayed)
entrer	entré (entered)
sortir	sorti (went out)
naître	né (born)
mourir	mort (died)
monter	monté (went up/climbed)
descendre	descendu (went down)
arriver	arrivé (arrived/happened)
tomber	tombé (fell)

The verbs 'passer' ('passé') and 'retourner' ('retourné') are also conjugated with 'être' in the 'passé composé' when they mean 'passed by' and 'came back'.

Verbs formed from any of the above verbs (for example 'devenir' from 'venir', 'rentrer' from 'entrer' and 'repartir' from 'partir') also use 'être' in the passé composé.

Example

aller	to go
je suis all**é(e)**	I went/have gone
tu es all**é(e)**	you went/have gone
il est all**é**	he went/has gone
elle est all**ée**	she went/has gone
on est all**é(e)(s)**	one went/has gone
nous sommes all**é(e)s**	we went/have gone
vous êtes all**é(e)(s)**	you went/have gone
ils sont all**és**	they went/have gone
elles sont all**ées**	they went/have gone

Agreement of the 'participes passés'

There are two basic rules of agreement:

When the verb is conjugated with 'avoir', the past participle does not normally change.

tu as mangé................................ you have eaten
nous avons fini............................ we have finished
elle a donné................................ she has given
ils ont lu...................................... they have read

When the verb is conjugated with 'être', the past participle agrees with the subject in number (singular/plural) and in gender (masculine/feminine).

elle est venu**e**............................. she has come
elles sont arriv**ées** .... they have arrived
nous sommes parti**(e)s**................ we have left
ils sont entr**és** .... they have entered

Exercice 3

Conjuguez les verbes entre parenthèses au passé composé.

1. Ils _____ (venir) à l'école en auto ce matin.
2. Je _____ (tomber) dans l'eau froide du lac hier.
3. Mon grand-père _____ (vendre) son vieux tracteur rouge car il n'en a plus besoin.
4. Je _____ (chercher) un nouveau boulot pour les vacances afin de gagner de l'argent de poche.
5. Elles _____ (naître) aux États-Unis en mil neuf cent cinquante-huit.
6. Ma meilleure amie _____ (lire) un article très intéressant aujourd'hui au sujet de la criminalité.
7. Nous _____ (écrire) une lettre de plainte aux organisateurs du concert.
8. Paul, pourquoi est-ce que tu _____ (rester) à la maison tout le week-end ?
9. Qu'est-ce que vous _____ (choisir) comme cadeau ?
10. Elle _____ (prendre) la décision de ne pas partir en vacances à l'étranger.

Exercice 4

Traduisez les phrases suivantes en français.

1. I made all the beds and then I tidied my bedroom.
2. Claire and Caroline went to the nightclub on Saturday night as usual.
3. Elizabeth received several cards for her birthday.
4. I have not seen that new film.
5. Mr Chabert entered the classroom.
6. We arrived at the airport two hours before the flight.
7. Did you (vous) know that she won the race?
8. The ice-cream melted because of the heat.
9. My grandmother had to wait for the next bus.
10. We opened all the windows because of the smoke.

L'imparfait

The 'imparfait' is the second most important past tense in French.

Formation

The 'imparfait' of all French verbs is formed as follows:

Step 1: Take the 'nous' form of the present tense:

- (nous) battons
- (nous) donnons
- (nous) finissons
- (nous) lisons
- (nous) partons
- (nous) vendons

Step 2: Drop the '-ons':

- batt-
- donn-
- finiss-
- lis-
- part-
- vend-

Step 3: Add the following endings:

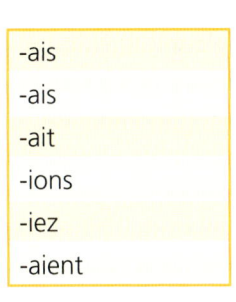

- -ais
- -ais
- -ait
- -ions
- -iez
- -aient

Exception: The verb 'être' has an irregular stem in the 'imparfait', but the endings are regular.

être	to be
j'étais	I was/I used to be
tu étais	you were
il/elle/on était	he/she/one was
nous étions	we were
vous étiez	you were
ils/elles étaient	they were

Examples

donner	to give
je donnais	I was giving/I used to give
tu donnais	you were giving
il/elle/on donnait	he/she/one was giving
nous donnions	we were giving
vous donniez	you were giving
ils/elles donnaient	they were giving

lire	to read
je lisais	I was reading/I used to read
tu lisais	you were reading
il/elle/on lisait	he/she/one was reading
nous lisions	we were reading
vous lisiez	you were reading
ils/elles lisaient	they were reading

Translating the 'imparfait'

The 'imparfait' can be translated in three different ways, depending on the meaning of the sentence.

je donnais .... (1) I was giving;
(2) I used to give;
(3) I gave

il buvait .... (1) he was drinking;
(2) he used to drink;
(3) he drank

Exercice 5

Conjuguez les verbes entre parenthèses à l'imparfait.

1. Mon père _____ (savoir) ce poème par cœur.
2. Vous _____ (sortir) ensemble tous les week-ends ?
3. Annette _____ (habiter) en Espagne quand elle _____ (être) jeune.
4. Je _____ (regarder) mon émission préférée quand Patrick est arrivé chez moi.
5. Tu _____ (aller) à la plage chaque vendredi ?
6. Il _____ (boire) du vin rouge à tous les repas.
7. Le soleil _____ (briller) ce matin quand je me suis réveillé.
8. Mon oncle _____ (travailler) pour une organisation caritative lorsque il _____ (vivre) au Soudan.
9. Comment est-ce que les professeurs _____ (punir) les mauvais élèves ?
10. Nous _____ (faire) souvent de l'auto-stop pour arriver à nos destinations.

Passé composé ou imparfait ?

The following guidelines will help you to decide which of the two past tenses – the 'imparfait' or the 'passé composé' – to use in any particular sentence.

When to use the 'passé composé'

The 'passé composé' is used for a short, completed action in the past.

Paul a perdu son argent	Paul lost his money
La fille a acheté un livre	The girl bought a book

The 'passé composé' is also used for an action that happened on a limited number of occasions.

John est tombé plusieurs fois	John fell several times
J'ai passé cinq étés en Espagne	I spent five summers in Spain

When to use the 'imparfait'

The 'imparfait' is used for a continuous action in the past.

Il faisait ses devoirs	He was doing his homework
L'eau de la rivière montait vite	The river water was rising quickly

The 'imparfait' is also used for a constantly repeated action in the past.

Quand j'étais à la fac, je travaillais dur	When I was at university, I worked hard
Ma sœur travaillait dans une boutique de mode	My sister used to work in a fashion shop

Finally, the 'imparfait' is used for an action that was taking place when something else happened.

Mon ami est arrivé pendant que je regardais les informations	My friend arrived while I was watching the news
La femme est tombée pendant qu'elle traversait la rue	The woman fell while she was crossing the road

Exercice 6

Traduisez les phrases suivantes en français.

1. His brother was working in the garage.
2. We visited that town on three occasions.
3. When the boys were young, they used to play together.
4. The whole family went to Canada that year.
5. She was preparing the dinner when the neighbours arrived.
6. My uncle bought a new motorbike last week.
7. I was eighteen years old when I left Ireland.
8. His grandfather used to live in New York.
9. Were you (tu) waiting a long time for the bus?
10. The beautiful leaves were falling from the trees.

Expressions idiomatiques avec « avoir »

To be

The verb 'avoir' (to have) is used in French in a number of expressions which translate in English as 'to be'.

avoir besoin (de)	to be in need (of)/to need
avoir honte (de)	to be ashamed (of)
avoir chaud	to be warm
avoir peur	to be afraid
avoir de la chance	to be lucky
avoir raison	to be right
avoir du charme	to be charming
avoir soif	to be thirsty
avoir faim	to be hungry
avoir sommeil	to be sleepy
avoir froid	to be cold
avoir tort	to be wrong

Examples

J'ai tout le temps faim	I am always hungry
Tu as chaud ?	Are you warm?
Ma soeur a peur	My sister is afraid
Ils ont besoin de toi	They need you

'Il y a'/'Il y avait'

The expression 'il y a' uses the verb 'avoir', which must change according to the tense you are using.

il y a	there is/there are
il y avait	there was/there were
il y a eu	there has been/there have been
il y aura	there will be
il y aurait	there would be
il y aurait eu	there would have been

Ago

'Il y a' plus length of time is used in French to express the word 'ago'.

Il y a trois ans	Three years ago
Elle est arrivée il y a une heure	She arrived an hour ago
Il y a dix ans, j'étudiais à la fac	Ten years ago, I was studying at university

The word 'voilà' may also be used in French to express the word 'ago': 'voilà cinq jours' (five days ago).

Exercice 7

Traduisez les phrases suivantes en français.

1. He left Ireland thirty years ago.
2. I was lucky to find my money.
3. There will be a concert in the local stadium this weekend.
4. I need five hundred points to study science in college.
5. My father thinks that he is always right.
6. Her sister used to be afraid of the dark.
7. There have been many strikes in France this year.
8. Michael is always hungry in the morning at breakfast.
9. Are you (tu) thirsty? Do you want something to drink?
10. In winter, my grandmother is very cold so she always wears a hat.

L'impératif

To express an order in French, you must use the 'impératif' or the command form of the verb.

Formation

The 'impératif' of the verb is formed as follows:

Step 1: Take the 'tu', 'nous' and 'vous' forms of the present tense:

pronouns	aller	donner	faire	vendre
tu	tu vas	tu donnes	tu fais	tu vends
nous	nous allons	nous donnons	nous faisons	nous vendons
vous	vous allez	vous donnez	vous faites	vous vendez

Note: '-er' verbs drop the final 's' in the 'tu' form: 'Donne(s) !'

Step 2: Drop 'tu', 'nous' and 'vous':

infinitif	impératif
aller	Va ! (Go!)
	Allons ! (Let us go!)
	Allez ! (Go!)
donner	Donne ! (Give)
	Donnons ! (Let us give!)
	Donnez ! (Give!)
faire	Fais ! (Do!/Make!)
	Faisons ! (Let us do!/Let us make!)
	Faites ! (Do/Make!)
vendre	Vends ! (Sell!)
	Vendons ! (Let us sell!)
	Vendez ! (Sell!)

Exceptions: There are only three French verbs with an irregular 'impératif':

infinitif	impératif
avoir	Aie ! (Have!)
	Ayons ! (Let us have!)
	Ayez ! (Have!)
être	Sois ! (Be!)
	Soyons ! (Let us be!)
	Soyez ! (Be!)
savoir	Sache ! (Know!)
	Sachons ! (Let us know!)
	Sachez ! (Know!)

Negative orders

To make an order negative, place 'ne' before the verb and 'pas' after the verb.

Ne vends pas ton vélo !..................... Don't sell your bicycle!
Ne sois pas en retard ! .... Don't be late!
Ne prenez pas le train ! .... Don't take the train!
Ne parle pas si vite !........................... Don't speak so quickly!

Exercice 8

Traduisez les phrases suivantes en français.

1. Speak (vous) more slowly please!
2. Don't (tu) mow the lawn today, wait until tomorrow.
3. Let's go to the cinema tomorrow night.
4. Beat (vous) the eggs and then add the milk.
5. Don't be afraid of the noise, children.
6. Let's spend a month in France this summer.
7. Be (tu) on time for our class tomorrow morning!
8. Finish (tu) your chores before going to bed Paul!
9. Don't (vous) forget to lock the door.
10. Do (tu) your homework properly this time!

Les verbes pronominaux

The 'verbes pronominaux' take a 'pronom réfléchi' (reflexive pronoun) before them.

s'amuser .... to enjoy oneself
se couper .... to cut oneself
se coucher .... to go to bed
se laver .... to wash oneself

Reflexive pronouns

me .... myself
te .... yourself
se .... himself/herself/oneself
nous .... ourselves
vous .... yourself/yourselves
se .... themselves

'Présent' of reflexive verbs

The reflexive pronoun 'se' can also mean 'each other' or 'one another', for example 's'écrire' (to write to one another), 'se rencontrer' (to meet each other).

se laver	to wash oneself
je **me** lave	I wash myself
tu **te** laves	you wash yourself
il/elle/on **se** lave	he/she/one washes himself/herself/oneself
nous **nous** lavons	we wash ourselves
vous **vous** lavez	you wash yourself/selves
ils/elles **se** lavent	they wash themselves

Here are some examples of other reflexive verbs:

s'asseoir .... to sit down
se détendre .... to relax
s'habiller .... to get dressed
s'endormir .... to fall asleep
se lever .... to get up
se mettre à (+ infinitif) ..... to start to
se promener .... to go for a walk
se regarder .... to look at oneself

'Passé composé' of reflexive verbs

Reflexive verbs use 'être' in the 'passé composé' and the reflexive pronouns come before 'être'.

se laver	to wash oneself
je me suis lavé(e)	I washed myself
tu t'es lavé(e)	you washed yourself
il s'est lavé	he washed himself
elle s'est lavée	she washed herself
on s'est lavé(e)(s)	one washed oneself
nous nous sommes lavé(e)s	we washed ourselves
vous vous êtes lavé(e)(s)	you washed yourself/selves
ils se sont lavés	they washed themselves
elles se sont lavées	they washed themselves

Exercice 9

Conjuguez les verbes entre parenthèses au temps qui convient.

1. Les garçons _____ (s'habiller) à toute vitesse chaque matin !
2. Le week-end dernier, je _____ (se lever) très tard.
3. Mon grand-père _____ (se reposer) entre deux heures et trois heures chaque jour.
4. Nous _____ (se détendre) hier soir en regardant notre série préférée.
5. Est-ce que tu _____ (s'amuser) en voyage scolaire la semaine dernière ?
6. Hier, en cours, je _____ (se disputer) avec mon prof d'allemand.
7. Vous _____ (se passionner) pour quels sports, en général ?
8. Ma mère _____ (se balader) hier dans la forêt avec son chien.
9. Mes petits frères _____ (se coucher) tous les soirs à sept heures pile!
10. L'homme _____ (se signer) chaque jour en passant par l'église.

Exercice 10

Traduisez les phrases suivantes en français.

1. I put on my make-up in front of the mirror every day.
2. The girls washed themselves in the bathroom this morning.
3. I will relax in front of the television this evening.
4. He used to fight with his parents a lot when he was young.
5. We often injure ourselves when skiing.

Le futur simple

Formation

The 'futur simple' of all regular verbs ('donner', 'finir', 'vendre', etc.) and of the majority of irregular verbs ('partir', 'boire', etc.) in French is formed as follows:

Step 1: Take the infinitive of the verb.

| donner |
| vendre |
| partir |
| finir |
| boire |
| sortir |

Step 2: Add the following endings:

| -ai |
| -as |
| -a |
| -ons |
| -ez |
| -ont |

Examples

donner	to give
je donner**ai**	I will give
tu donner**as**	you will give
il/elle/on donner**a**	he/she/one will give
nous donner**ons**	we will give
vous donner**ez**	you will give
ils/elles donner**ont**	they will give

finir	to finish
je finir**ai**	I will finish
tu finir**as**	you will finish
il/elle/on finir**a**	he/she/one will finish
nous finir**ons**	we will finish
vous finir**ez**	you will finish
ils/elles finir**ont**	they will finish

Verbs ending in '-re' must drop the '-e' before adding the future endings.

boire	to drink
je boir**ai**	I will drink
tu boir**as**	you will drink
il/elle/on boir**a**	he/she/one will drink
nous boir**ons**	we will drink
vous boir**ez**	you will drink
ils/elles boir**ont**	they will drink

vendre	to sell
je vendr**ai**	I will sell
tu vendr**as**	you will sell
il/elle/on vendr**a**	he/she/one will sell
nous vendr**ons**	we will sell
vous vendr**ez**	you will sell
ils/elles vendr**ont**	they will sell

Irregular verbs

The following important French verbs have an irregular stem in the 'futur simple' but their endings are regular. You should learn these verbs carefully.

avoir	to have
j'aur**ai**	I will have
tu aur**as**	you will have
il/elle/on aur**a**	he/she/one will have
nous aur**ons**	we will have
vous aur**ez**	you will have
ils/elles aur**ont**	they will have

être	to be
je ser**ai**	I will be
tu ser**as**	you will be
il/elle/on ser**a**	he/she/one will be
nous ser**ons**	we will be
vous ser**ez**	you will be
ils/elles ser**ont**	they will be

aller	j'irai (I will go)	recevoir	je recevrai (I will receive)
courir	je courrai (I will run)	savoir	je saurai (I will know)
devoir	je devrai (I will have to)	tenir	je tiendrai (I will hold)
envoyer	j'enverrai (I will send)	venir	je viendrai (I will come)
faire	je ferai (I will do/make)	voir	je verrai (I will see)
pouvoir	je pourrai (I will be able)	vouloir	je voudrai (I will want)

Exercice 11

Conjuguez les verbes entre parenthèses au futur simple.

1 Je _____ (prendre) mon petit-déjeuner sur la terrasse demain matin.

2 Amélie ne _____ (venir) pas chez nous le mois prochain car son père est malade.

3 Ils _____ (être) en retard à cause du verglas et de la neige.

4 Est-ce que tu _____ (louer) des vélos en vacances ?

5 Je lui _____ (envoyer) un courriel demain pour expliquer la situation.

6 Mes parents _____ (partir) en vacances aux États-Unis la semaine prochaine.

7 Nous _____ (faire) la vaisselle ce soir après le dîner.

8 Tous les élèves de terminale _____ (passer) le bac en juin.

9 Il vous _____ (voir) à l'entrée après le match.

10 Vous _____ (aller) en boîte de nuit ce soir après la fête chez Lucie ?

Triomphe au Bac Supérieur

Exercice 12

Traduisez les phrases suivantes en français.

1. We will be in London next Sunday for the concert.
2. I will give her the money tonight at the ice rink.
3. Will you (vous) drink some wine at the surprise party tomorrow night?
4. My brothers will share a room at university.
5. Paul will not be able to go on holidays this summer if he does not find a part-time job.
6. Will you (tu) learn to drive before buying a car?
7. In my opinion they will not win the match tonight as the other team is stronger.
8. My aunt will sell her house in town next year and she will move to the countryside.
9. Our neighbours will go on holidays to New Zealand in August.
10. My sister will have to work harder next year to succeed in the Leaving Cert.

The 'futur proche'

The 'futur' can also be expressed in a simple way by using the present tense of the verb 'aller' followed by an infinitive.

Je vais faire mes devoirs	**I am going to do** my homework
Tu vas ranger ta chambre	**You are going to tidy** your bedroom
Il/elle/on va regarder un film	**He/She/One is going to watch** a film
Nous allons manger une glace	**We are going to eat** an ice cream
Vous allez finir la vaisselle	**You are going to finish** the washing up
Ils/elles vont partir bientôt	**They are going to leave** soon

Examples

Il va vendre la maison	He is going to sell the house
Je vais faire mes devoirs	I am going to do my homework
Les garçons vont jouer au foot	The boys are going to play football
Vous allez regarder ce film ?	Are you going to watch this film?

Exercice 13

Traduisez les phrases suivantes en français.

1. I am going to improve my French this summer in France.
2. Is he going to punish the two students who disrupted the class?
3. Are you going to visit the Louvre museum during your trip to Paris, Mr Arnaud?
4. My sisters and I are going to make a cake for our mother's birthday.
5. The team is going to sing the national anthem before the match.
6. His mother is going to cancel her appointment at the doctor.
7. I am not going to smoke in the building because it is forbidden.
8. They are going to stay in a five-star hotel in Madrid.
9. William is not going to fail the Leaving Cert.
10. Our teacher is going to organise a school exchange in Italy next year.

Le conditionnel

Formation

The 'conditionnel' of all regular verbs and of the majority of irregular verbs in French is formed as follows:

Step 1: Take the infinitive of the verb:

> donner
> vendre
> partir
> finir
> boire
> sortir

Step 2: Add the following endings:

> -ais
> -ais
> -ait
> -ions
> -iez
> -aient

donner	to give
je donner**ais**	I would give
tu donner**ais**	you would give
il/elle/on donner**ait**	he/she/one would give
nous donner**ions**	we would give
vous donner**iez**	you would give
ils/elles donner**aient**	they would give

finir	to finish
je finir**ais**	I would finish
tu finir**ais**	you would finish
il/elle/on finir**ait**	he/she/one would finish
nous finir**ions**	we would finish
vous finir**iez**	you would finish
ils/elles finir**aient**	they would finish

Verbs ending in '-re'

Verbs ending in '-re' must drop the '-e' before adding the conditional endings.

boire	to drink
je boir**ais**	I would drink
tu boir**ais**	you would drink
il/elle/on boir**ait**	he/she/one would drink
nous boir**ions**	we would drink
vous boir**iez**	you would drink
ils/elles boir**aient**	they would drink

vendre	to sell
je vendr**ais**	I would sell
tu vendr**ais**	you would sell
il/elle/on vendr**ait**	he/she/one would sell
nous vendr**ions**	we would sell
vous vendr**iez**	you would sell
ils/elles vendr**aient**	they would sell

Irregular verbs

The following important French verbs have an irregular stem in the 'conditionnel', but their endings are regular. You should learn these verbs carefully.

avoir	to have
j'aurais	I would have
tu aurais	you would have
il/elle/on aurait	he/she/one would have
nous aurions	we would have
vous auriez	you would have
ils/elles auraient	they would have

être	to be
je serais	I would be
tu serais	you would be
il/elle/on serait	he/she/one would be
nous serions	we would be
vous seriez	you would be
ils/elles seraient	they would be

aller .... j'irais (I would go)
courir .... je courrais (I would run)
devoir .... je devrais (I would have to/I ought to)
envoyer .... j'enverrais (I would send)
faire .... je ferais (I would make/do)
pouvoir .... je pourrais (I would be able)
recevoir .... je recevrais (I would receive)
savoir .... je saurais (I would know)
tenir .... je tiendrais (I would hold)
venir .... je viendrais (I would come)
voir .... je verrais (I would see)
vouloir .... je voudrais (I would want/I would like)

The 'conditionnel' of the verb 'devoir' also means 'ought to'/'should'. The 'conditionnel' of the verb 'vouloir' also means 'would like'.

Je devrais faire mes devoirs .... I should do my homework
Elle devrait rester à la maison .... She ought to stay at home
Je voudrais une baguette s'il vous plaît .... I would like a baguette please

Exercice 14

Conjuguez les verbes entre parenthèses au conditionnel.

1. Mon père _____ (donner) tout son argent aux pauvres.
2. Je _____ (être) ravi de vous rencontrer.
3. Nous _____ (vouloir) parler couramment français.
4. Le juge _____ (devoir) punir le coupable très sévèrement à mon avis.
5. Est-ce que vous _____ (pouvoir) me prêter de l'argent ?
6. Je _____ (avoir) du mal à me lever à six heures du matin !
7. Elle a dit qu'elle _____ (venir) chez moi ce soir pour regarder un film.
8. Les enfants ont promis qu'ils ne _____ (gaspiller) pas leur argent de poche.
9. Est-ce que tu _____ (choisir) un cadeau de Noël pour Mark ?
10. Anne _____ (faire) de son mieux pour vous aider.

Exercice 15

Traduisez les phrases suivantes en français.

1. She would not work in the city.
2. I would like to spend some time in Canada.
3. He said that he would make the reservation for tonight at 8 p.m.
4. Would you (vous) accept an invitation to the party?
5. They would never be able to save enough money.

Les phrases conditionnelles

Formation

A conditional sentence usually contains the word 'si' ('if') in French. The sentences can be divided into two main types, shown in the table below. There are two strict rules which you must apply when using these sentences.

1. si + present tense = future tense in the main clause

   Si je gagne le prix, je serai content(e) .... If I win the prize I will be happy
   S'ils ratent le train, ils seront en retard .... If they miss the train, they will be late

2. si + imperfect tense = conditional in the main clause.

   Si je gagnais le prix, je serais content(e)................ If I won the prize I would be happy
   S'ils rataient le train, ils seraient en retard .... If they missed the train, they would be late

The sentence can also be written beginning with the main clause.

Jean sera content s'il gagne le match .... John will be happy if he wins the match

Exercice 16

Traduisez les phrases suivantes en français.

1. John will be able to go to the concert if he finds a job.
2. If I was hungry, I would eat some fruit.
3. If he had some petrol, he would mow the lawn.
4. If you (tu) fail your driving test, I will be very disappointed.
5. They would go to bed early if they were tired.
6. The children will go to the beach if the weather is fine.
7. If I am late home, my parents will be very angry.
8. We will not fly if there is an airport strike.

Les verbes de perception

Formation

In English, verbs of perception are usually followed by the present participle, but in French they are followed by the 'infinitif'.

Common verbs of perception

écouter..................................to listen to	remarquer..............................to notice
entendre................................to hear	sentir......................................to feel/to smell
regarder................................to look at/to watch	voir...to see

Examples

J'ai entendu la porte s'ouvrir...	I heard the door opening/I could hear the door opening
J'ai vu la femme tomber...	I saw the woman falling/I could see the woman falling
Nous avons remarqué l'eau monter...............................	We noticed the water rising
Ils ont écouté la fille chanter	They listened to the girl singing

Exercice 17

Traduisez les phrases suivantes en français.

1. Marie saw the thief running away.
2. We did not notice the principal entering the classroom.
3. They will listen to the crowd shouting in the stadium during the match.
4. In autumn, I watch the leaves falling on the footpath.
5. Luc listened to the teacher explaining the answer.
6. One can feel the weather changing.
7. They love to watch their grandchildren playing.
8. Can you (tu) smell the cake burning in the oven?

L'infinitif passé

Formation

To express the idea that after doing something, you did something else, in French you use:

(i) 'Après avoir' + past participle ('avoir' verbs).

Après avoir regardé le film, elle était effrayée .... **After watching** the film, she was frightened
Après avoir fini mon travail, je me suis couché(e) .... **After finishing** my work, I went to bed
Après avoir gagné le match, nous étions très heureux .... **After winning** the match, we were very happy

(ii) 'Après être' + past participle ('être' verbs).

Après être rentrée à la maison, elle a pris une douche .... **After returning** home, she had a shower
Après être arrivé à la gare, il a pris un taxi .... **After arriving** at the station, he took a taxi

It is a very simple construction and should be practised by all students.

Exercice 18

Traduisez les phrases suivantes en français.

1. After receiving his results, he went abroad with his friends.
2. After leaving the house, we went to the cinema.
3. After finishing her chores, she went to the library.
4. We went on a world tour after winning the lottery.
5. After arriving at the airport, I took a taxi.
6. Louise fell asleep after watching the film.
7. After buying their tickets, the men boarded the train.
8. After returning from work, Marion prepared the dinner.

Le participe présent

Formation

The 'participe présent' in French is formed as follows:

Step 1: Take the first person plural ('nous') of the present tense:

(nous) allons
(nous) donnons
(nous) finissons
(nous) lisons
(nous) venons
(nous) vendons

Step 2: Drop the '-ons' ending:

all-
donn-
finiss-
lis-
ven-
vend-

Step 3: Add the ending '-ant':

all**ant**	going
donn**ant**	giving
finiss**ant**	finishing
lis**ant**	reading
ven**ant**	coming
vend**ant**	selling

There are only three verbs in French with an irregular 'participe présent'.

avoir	ayant (having)
être	étant (being)
savoir	sachant (knowing)

It is very important to remember that the 'participe présent' should never be used as part of any other tense in French.

Je travaille……………………………………I am working (Never: ~~Je suis travaillant~~)
Je regardais…………………………………I was watching (Never: ~~J'étais regardant~~)

Uses of the 'participe présent'

The 'participe présent' has three main uses in French.

1. It can be used as an adjective and always agrees with the noun:

   l'eau **courante** ....running water
   une histoire **intéressante**.................................an interesting story
   un spectacle **amusant**.......................................an entertaining show

2. It can be used simply as a participle to describe an action being performed (in this case it does not agree):

   L'homme est parti, **criant** comme un fou.............The man left, roaring like a madman
   Prenant ma guitare, j'ai commencé à jouer.........Taking my guitar, I began to play

3. And it can be used with the preposition 'en' to describe the following:
   (a) upon doing something
   (b) in doing something
   (c) while doing something
   (d) by doing something.

   In these cases, it does not agree.

   En **arrivant**, j'ai acheté un billet..........................On arriving, I bought a ticket
   J'ai mangé en **regardant** la télévision..................I ate while watching TV

Exercice 19

Traduisez les phrases suivantes en français.

1. I relax in the evening while watching my favourite programme.
2. Knowing that I was late, I began to run.
3. One learns to win and to lose by playing sport.
4. He likes to read a book while waiting for the train.
5. Our new headmaster is a very charming man.
6. On seeing the huge crowd in front of him, he began to tremble.
7. The falling leaves in autumn are very beautiful.
8. Closing the door, my father began to cry.

Le plus-que-parfait

The 'plus-que-parfait' in French is used to describe something that had already happened before a certain time, i.e. had done something.

Elle **avait fini** quand je suis arrivé(e) ....She had finished when I arrived
Mon père **avait décidé** d'acheter une nouvelle maison ......My father had decided to buy a new house

Formation

The 'plus-que-parfait' is formed in almost the same way as the 'passé composé', and exactly the same rules of agreement apply to both tenses. There is, however, one very important difference: in the 'plus-que-parfait', the auxiliary verb ('avoir' or 'être') is in the 'imparfait' form.

finir	to finish
j'**avais** fini	I had finished
tu **avais** fini	you had finished
il/elle/on **avait** fini	he/she/one had finished
nous **avions** fini	we had finished
vous **aviez** fini	you had finished
ils/elles **avaient** fini	they had finished

aller	to go
j'**étais** allé(e)	I had gone
tu **étais** allé(e)	you had gone
il/elle/on **était** allé(e)(s)	he/she/one had gone
nous **étions** allé(e)s	we had gone
vous **étiez** allé(e)(s)	you had gone
ils/elles **étaient** allé(e)s	they had gone

You should learn the 'plus-que-parfait' and use it regularly in your written questions.

Marie **avait lu** tous les romans .... Marie **had read** all the novels
Ils **avaient perdu** trop de matchs................... They **had lost** too many matches
Elle **était arrivée** un peu avant midi .... She **had arrived** just before noon
Ils **étaient partis** quand tu es arrivé(e)........... They **had left** when you arrived

Exercice 20

Conjuguez les verbes soulignés au plus-que-parfait.

1. J'<u>ai organisé</u> une boum pour fêter mon anniversaire.
2. Elle <u>est allée</u> en Allemagne pour perfectionner son allemand.
3. Nous <u>avons mangé</u> au restaurant après le concert.
4. Ils <u>sont restés</u> dans un appartement au centre-ville.
5. Le voleur <u>a pris</u> tous les bijoux de valeur de ma mère.

Exercice 21

Traduisez les phrases suivantes en français.

1. I had not visited France for many years.
2. Why had you (tu) refused to leave the restaurant?
3. We had stayed at home because of the bad weather.
4. They had not seen that new film.
5. Michael had gone to America when he was twenty.

Venir de + infinitif

The 'venir de' construction is used very widely in French and means 'to have just done something'. In this construction, the verb 'venir' is used only in two tenses:

1. The 'présent' (has/have just done)
   Je **viens de perdre** mon portefeuille .... I **have just lost** my wallet
   Elle **vient de quitter** l'école .... She **has just left** school

2. The 'imparfait' (had just done).
   Il **venait d'acheter** la voiture .... He **had just bought** the car
   Elles **venaient de fermer** la porte .... They **had just closed** the door

'Venir de' must always be followed by the infinitive of the verb, not by the past participle as in English.

Exercice 22

Traduisez les phrases suivantes en français.

1. I had just received my Leaving Cert results.
2. The girls have just won the jackpot.
3. My teacher has just bought a new black boat.
4. My wife and I had just gone on holidays.
5. I have just seen her in the supermarket.
6. My parents have just arrived in Paris.
7. He had just sat his driving test.
8. You (tu) had just left the house when I arrived.

Le présent + depuis

Formation

To describe an action that has been going on for a period of time and is still happening, the 'présent' of the verb is used in French (English uses the past perfect). The word 'for' is translated by 'depuis'. You should master this construction and use it regularly.

Examples

Il travaille à Paris depuis deux ans .... He has been working in Paris for two years
J'attends ici depuis dix minutes .... I have been waiting here for ten minutes
Ils jouent au foot depuis trois heures .... They have been playing football for three hours

L'imparfait + « depuis »

Formation

To express the idea of 'had been doing something', the 'imparfait' of the verb is used, followed by the word 'depuis'.

Examples

J'attendais à la gare depuis une heure .... I had been waiting at the station for an hour
Nous regardions la télévision depuis une demi-heure .... We had been watching television for half an hour

Exercice 23

Traduisez les phrases suivantes en français.

1. He had been smoking for forty years.
2. She has been teaching French for twenty years.
3. My uncle has been living in London for ten years.
4. I have been waiting for the train for half an hour.
5. You (tu) have been reading that book for at least an hour.
6. They had been working together in the factory for eight years.
7. The rain has been falling for several hours.
8. We had been saving for five weeks.

Le passé simple

The 'passé simple', or past definite, is also called the past historic. It is used in the same way as the 'passé composé', but only in formal stories or novels. The 'passé simple' is never used in letter-writing or other written questions. Although you are unlikely to have to write this tense, you must understand and recognise it because it appears constantly in literary comprehension passages on the Leaving Certificate paper.

Formation

For all regular verbs and the vast majority of irregular verbs, the formation of the 'passé simple' follows these rules:

Step 1: Take the stem of the infinitive:

aller	all-
donner	donn-
finir	fin-
partir	part-
sortir	sort-
vendre	vend-

Step 2: Add the following endings ('-ir' and '-re' verbs have the same endings in the 'passé simple').

-er	-ir	-re
-ai	-is	-is
-as	-is	-is
-a	-it	-it
-âmes	-îmes	-îmes
-âtes	-îtes	-îtes
-èrent	-irent	-irent

Examples

donner	to give
je donnai	I gave
tu donnas	you gave
il/elle/on donna	he/she/one gave
nous donnâmes	we gave
vous donnâtes	you gave
ils/elles donnèrent	they gave

finir	to finish
je finis	I finished
tu finis	you finished
il/elle/on finit	he/she/one finished
nous finîmes	we finished
vous finîtes	you finished
ils/elles finirent	they finished

vendre	to sell
je vendis	I sold
tu vendis	you sold
il/elle/on vendit	he/she/one sold
nous vendîmes	we sold
vous vendîtes	you sold
ils/elles vendirent	they sold

aller .... j'allai (I went)
partir .... je partis (I left)

Irregular verbs

The following verbs have an irregular stem in the 'passé simple', but their endings are always either

-is
-is
-it
-îmes
-îtes
-irent

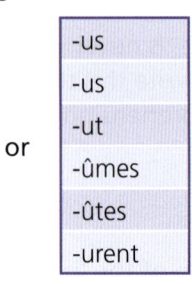

or

-us
-us
-ut
-ûmes
-ûtes
-urent

Examples

You should learn these verbs carefully as they regularly appear in comprehension passages.

avoir	j'eus (I had)	mettre	je mis (I put)
boire	je bus (I drank)	pouvoir	je pus (I was able)
connaître	je connus (I knew)	prendre	je pris (I took)
courir	je courus (I ran)	recevoir	je reçus (I received)
croire	je crus (I believed)	savoir	je sus (I knew)
devoir	je dus (I had to)	tenir	je tins (I held)
dire	je dis (I said/told)	venir	je vins (I came)
écrire	j'écrivis (I wrote)	vivre	je vécus (I lived)
être	je fus (I was)	voir	je vis (I saw)
faire	je fis (I made/did)	vouloir	je voulus (I wanted)
lire	je lus (I read)		

The verbs 'être', 'avoir' and 'faire' are particularly important.

avoir	to have
j'eus	I had
tu eus	you had
il/elle/on eut	he/she/one had
nous eûmes	we had
vous eûtes	you had
ils/elles eurent	they had

être	to be
je fus	I was
tu fus	you were
il/elle/on fut	he/she/one was
nous fûmes	we were
vous fûtes	you were
ils/elles furent	they were

faire	to do/make
je fis	I did/made
tu fis	you did/made
il/elle/on fit	he/she/one did/made
nous fîmes	we did/made
vous fîtes	you did/made
ils/elles firent	they did/made

'Tenir' and 'venir' have a slight spelling peculiarity in the passé simple:

tenir .... je tins (I held)
venir .... je vins (I came)

Exercice 24

Conjuguez les verbes entre parenthèses au passé simple.

1. Elle _____ (boire) un verre de vin blanc à la fête.
2. Ils _____ (parler) à la directrice du lycée.
3. Je _____ (être) très fâché(e) après l'incident.
4. L'agent de police _____ (prendre) la déposition du témoin.
5. Ils _____ (devoir) quitter leur pays natal à cause de la guerre.
6. Mon frère _____ (courir) vite au supermarché.
7. Nous _____ (vendre) notre voiture aux voisins.
8. Il _____ (faire) de son mieux aux examens.
9. Tu _____ (recevoir) beaucoup de cadeaux pour ton anniversaire.
10. Mes parents _____ (vouloir) visiter les sites historiques avant leur retour.

Exercice 25

Traduisez les phrases suivantes en français.

1. John went to America when he was young.
2. We saw many foreign tourists in town last week.
3. The teachers punished the students who disrupted the classes.
4. She made a lot of friends in Canada and stayed in contact with them after returning to Ireland.
5. I read several books while on holidays.

Le subjonctif présent

The 'subjonctif présent' is widely used in both spoken and written French. You should learn how to form this tense/mood and practise using it in your written questions.

Formation

The 'subjonctif présent' of a verb is formed as follows:

Step 1: Take the 'nous' form of the present tense indicative:

(nous) battons
(nous) donnons
(nous) finissons
(nous) lisons
(nous) partons
(nous) vendons

Step 2: Drop the '-ons':

batt-
donn-
finiss-
lis-
part-
vend-

Step 3: Add the following endings:

-e
-es
-e
-ions
-iez
-ent

Examples

parler	to speak
que je parl**e**	I may speak
que tu parl**es**	you may speak
qu'il/elle/on parl**e**	he/she/one may speak
que nous parl**ions**	we may speak
que vous parl**iez**	you may speak
qu'ils/elles parl**ent**	they may speak

finir	to finish
que je finiss**e**	I may finish
que tu finiss**es**	you may finish
qu'il/elle/on finiss**e**	he/she/one may finish
que nous finiss**ions**	we may finish
que vous finiss**iez**	you may finish
qu'ils/elles finiss**ent**	they may finish

vendre	to sell
que je vend**e**	I may sell
que tu vend**es**	you may sell
qu'il/elle/on vend**e**	he/she/one may sell
que nous vend**ions**	we may sell
que vous vend**iez**	you may sell
qu'ils/elles vend**ent**	they may sell

battre .... que je batte (I may beat)
lire .... que je lise (I may read)
partir .... que je parte (I may leave)

Irregular verbs

There are some verbs with an irregular 'subjonctif présent'. The first person singular of each of these verbs is given here. The full tense can be found in the verb section at the back of this book (see p. 301).

aller .... que j'**aille** (I may go)
avoir .... que j'**aie** (I may have)
boire .... que je **boive** (I may drink)
devoir .... que je **doive** (I may have to)
être .... que je **sois** (I may be)
faire .... que je **fasse** (I may do/make)
pouvoir .... que je **puisse** (I may be able)

prendre .... que je **prenne** (I may take)
recevoir .... que je **reçoive** (I may receive)
savoir .... que je **sache** (I may know)
tenir .... que je **tienne** (I may hold)
venir .... que je **vienne** (I may come)
voir .... que je **voie** (I may see)
vouloir .... que je **veuille** (I may want)

When to use the 'subjonctif présent'

1 After verbs of wishing/ordering

demander que .... to demand that
désirer que .... to desire that
préférer que .... to prefer that
souhaiter que .... to wish that
vouloir que .... to want/to wish that

Example

Mes parents veulent que je **fasse** de mon mieux .... My parents wish that I do my best/want me to do my best

2 After verbs of fearing

avoir peur que (ne) .... to be afraid that
craindre que (ne) .... to fear that

Examples

Elle a peur qu'ils ne **soient** en retard .... She is afraid that they will (may) be late
Il craint que tu ne **viennes** .... He is afraid that you will (may) come

'Ne' is placed before the subjunctive verb in these two cases.

3 After verbs expressing strong emotion:

être content(e) que .... to be happy that	être surpris(e) que .... to be surprised that
être heureux(se) que ...... to be happy that	être étonné(e) que .... to be astonished that
être ravi(e) que............... to be delighted that	avoir honte que .... to be ashamed that
être désolé(e) que .... to be sorry that	être fâché(e) que............ to be angry that
être triste que .... to be sad that	

Examples

Il est déçu que tu ne **puisses** pas venir.......................... He is disappointed that you cannot come
Elle est contente qu'ils **soient** là/ici .... She is happy that they are here

The verb 'espérer que' (to hope that) is usually not followed by the 'subjonctif'.

J'espère que nous gagnerons .... I hope that we will win

4 After verbs expressing doubt or denial

croire que .... to believe that (negative and interrogative)	nier que.. to deny that
douter que.. to doubt that	penser que.. to think that (negative and interrogative)

Elle doute que tu **dises** la vérité .... She doubts that you are telling the truth
Je ne pense pas qu'elle **soit** paresseuse......................... I do not think that she is lazy

5 After the following impersonal expressions:

il est bon que.................... it is good that	il faut que........................ it is necessary that
il est possible que............. it is possible that	il est naturel que .... it is natural that
il est douteux que .... it is doubtful that	il se peut que .... it is possible that
il est temps que .... it is time that	il est nécessaire que .... it is necessary that
il est important que.......... it is important that	il vaut mieux que .... it is better that

Il faut que nous **travaillions** dur...................................... It is necessary that we work hard
Il est possible que Marie y **aille** aussi............................... It is possible that Marie will/may go there too

6 After the following important conjunctions

à condition que................ on condition that	jusqu'à ce que .... until
afin que.......................... in order that	quoique........................... although
à moins que (ne)............... unless	pour que.......................... in order that
avant que (ne).................. before	pourvu que...................... provided that
bien que .... although	sans que .... without
en attendant que............. until	

Je suis content quoique je **sois** très pauvre................... I am happy although I am very poor
Elle partira avant qu'il ne **vienne** .... She will leave before he comes

Exercice 26

Conjuguez les verbes entre parenthèses au subjonctif.

1. Il faut que mes parents _____ (partir) demain matin de bonne heure.
2. Elle est ravie que tu _____ (venir) au concert avec nous.
3. Je suis désolé que mon fils ne _____ (pouvoir) pas assister au match.
4. Il est important que la police _____ (prendre) les mesures nécessaires pour arrêter les criminels.
5. Il est temps que nous _____ (trouver) une solution avant qu'il ne _____ (être) trop tard.
6. Il veut que tu _____ (savoir) la vérité à tout prix.
7. J'irai en vacances pourvu que je _____ (avoir) l'argent.
8. Il vaut mieux que vous _____ (se coucher) tôt ce soir.
9. Tu peux sortir ce soir à condition que tu _____ (finir) tes devoirs maintenant.
10. Mon père a peur que mon frère ne _____ (perdre) son poste à cause de la récession.

Exercice 27

Traduisez les phrases suivantes en français.

1. It is good that I see my grandparents every weekend.
2. It is necessary that I obtain five hundred and fifty points to study languages in college.
3. I do not believe that the man is innocent.
4. I am sad that you (tu) are not going to Rome on the school tour next week.
5. It is natural that the boy blushes as he is shy.
6. My parents demand that I do my best every day at school.
7. Even though the girls live right beside school, they are often late in the mornings.
8. It is possible that she may have to emigrate.
9. My parents prefer me to drink water as fizzy drinks are full of sugar.
10. We are surprised that our father is retiring because he is only fifty years old.

Le passif

The two voices

In French, just like in English, every verb has:
- an active voice.
- a passive voice.

The verb is said to be in the 'voix active' when the subject carries out the action: 'He punished the students.'

The verb is said to be in the 'voix passive' when the action is done to the subject: 'He was punished.'

Verb	Active voice	Passive voice
to give	to give he gives he gave	to be given he is given he was given
to stop	to stop she stops she stopped	to be stopped she is stopped she was stopped

Formation

In French, the 'passif' is formed by using the different tenses of 'être' plus the past participle. The past participle is simply an adjective and it agrees with the subject in the normal way.

tense	le passif	
l'infinitif passif	être puni (to be punished)	
le présent passif	je **suis** puni(e) (I am punished) il **est** puni (he is punished)	nous **sommes** puni(e)s (we are punished) ils **sont** puni**s** (they are punished)
l'imparfait passif	j'**étais** puni(e) (I was punished) elle **était** puni**e** (she was punished)	nous **étions** puni(e)s (we were punished) ils **étaient** puni**s** (they were punished)
le passé composé passif	j'**ai été** puni(e) (I have been punished) il **a été** puni (he has been punished)	nous **avons été** puni(e)s (we have been punished) elles **ont été** puni**es** (they have been punished)
le futur passif	je **serai** puni(e) (I will be punished) elle **sera** puni**e** (she will be punished)	nous **serons** puni(e)s (we will be punished) ils **seront** puni**s** (they will be punished)
le conditionnel passif	je **serais** puni(e) (I would be punished) il **serait** puni (he would be punished)	nous **serions** puni(e)s (we would be punished) elles **seraient** puni**es** (they would be punished)

It is essential to practise the use of the 'passif', as it is the only way to become familiar with it. Remember: the past participle is simply an adjective that must always agree with the subject when used with the passive voice.

Les garçons **étaient punis**................................. The boys were punished
La fille **était prise** au piège.............................. The girl was trapped
Il **sera interrogé** .... He will be questioned
Elles **seraient choisies** .... They would be chosen

Avoiding the 'passif'

An easy way to avoid having to use the 'passif' in French is to use 'on' + an active verb

Passive	Active (On +)
Les filles ont été choisies (The girls were chosen)	On a choisi les filles (Someone chose the girls)
Ils seront punis (They will be punished)	On les punira (Someone will punish them)

Exercice 28

Traduisez les phrases suivantes en français.

1 The theatre will be officially opened at eight o'clock tonight.
2 A lot of whisky is made in Scotland.
3 That film was made in two thousand and ten.
4 Our neighbours have been burgled twice recently.
5 The students would be punished if necessary.
6 My school is situated in the town centre.
7 The matches will be cancelled because of the bad weather.
8 The family was well known in the area.

Les adjectifs

Les adjectifs au féminin

1. The majority of French adjectives are made feminine simply by adding the letter 'e' to the masculine form.

le petit frère	la petite soeur
le grand village	la grande ville

2. Adjectives which already end in '-e' in their masculine form do not change in the feminine.

le vélo rouge	la voiture rouge
le jeune garçon	la jeune fille

3. Adjectives which end in '-é' in the masculine add another '-e' in the feminine.

le père âgé	la mère âgée
un homme fâché	une femme fâchée

4. Adjectives which end in '-er' in the masculine change to '-ère' in the feminine.

le premier livre	la première porte
le dernier jour	la dernière semaine
mon cher oncle	ma chère tante

5. Adjectives which end in '-x' in the masculine change to '-se' in the feminine.

un garçon curieux	une fille curieuse
un enfant heureux	une personne heureuse
le professeur sérieux	la dame sérieuse

6. Adjectives which end in '-f' in the masculine change to '-ve' in the feminine.

un livre neuf	une porte neuve
un homme actif	la vie active
un joueur sportif	une famille sportive

Further rules

7. Adjectives which end in '-as' change to '-asse'.

bas	basse

8. Adjectives which end in '-on' change to '-onne'.

bon	bonne
mignon	mignonne

9. Adjectives which end in '-et' change to '-ette'.

cadet	cadette

10. Adjectives which end in '-en' change to '-enne'.

parisien	parisienne
indien	indienne

11. Adjectives which end in '-el' change to '-elle'.

maternel	maternelle
quel	quelle

Exceptions: The following adjectives ending in '-et' change to '-ète' in the feminine.

complet	complète
inquiet	inquiète
concret	concrète
discret	discrète
secret	secrète

Irregular forms

A number of very common French adjectives have an irregular feminine form.

beau*	belle (beautiful)	fou*	folle (mad/foolish)	nouveau*	nouvelle (new)
blanc	blanche (white)	frais	fraîche (fresh/cool)	public	publique (public)
bref	brève (brief)	gentil	gentille (nice/kind)	sec	sèche (dry)
doux	douce (sweet)	gros	grosse (large)	vieux*	vieille (old)
faux	fausse (false)	long	longue (long)		
favori	favorite (favourite)	mou*	molle (soft/limp/flabby)		

Note: The adjectives with an asterisk (*) have a special adjectival form before a masculine singular noun that begins with a vowel or a silent 'h'.

beau	⇨	bel	un bel étranger
fou	⇨	fol	un fol amour
mou	⇨	mol	un mol oreiller
nouveau	⇨	nouvel	un nouvel appartement
vieux	⇨	vieil	un vieil homme

Exercice 29

Accordez (si nécessaire) les adjectifs entre parenthèses avec le nom auquel ils se réfèrent.

1 Ma meilleure amie Lucie est une fille très _____ (actif).

2 Sa tante est vachement _____ (jeune).

3 Son oncle a acheté une _____ (vieux) maison.

4 Il y a de la crème _____ (frais) dans le frigo.

5 Le prof a raconté une _____ (fou) histoire.

6 Il y a un _____ (beau) arbre dans notre jardin.

7 Ma soeur _____ (cadet) va à l'école primaire.

8 Ma matière _____ (préféré) à l'école est l'informatique.

9 Ma mère n'est pas très _____ (fort) en français.

10 On dit qu'elle est très _____ (paresseux).

Les adjectifs et les noms au pluriel

As a general rule, both nouns and adjectives in French are made plural by adding the letter 's' to the singular form.

le joli jardin	les jolis jardins
le petit ami	les petits amis
la belle fleur	les belles fleurs
la vieille rue	les vieilles rues

You should learn the following rules carefully.

1. Nouns and adjectives ending in '-s', '-x' or '-z' do not change in the plural.

le bras	les bras (arms)
le nez	les nez (noses)
la noix	les noix (nuts)
le pas	les pas (steps)
le repas délicieux	les repas délicieux (delicious meals)
le stylo gris	les stylos gris (grey pens)
la voix	les voix (voices)

2. Nouns and adjectives ending in '-al' change to '-aux' in the plural.

le journal	les journaux (newspapers)
le petit animal	les petits animaux (small animals)
le sport national	les sports nationaux (national sports)

3. Nouns and adjectives ending in '-eau' or '-eu' add the letter 'x' in the plural.

le beau gâteau	les beaux gâteaux (beautiful cakes)
le nouveau bureau	les nouveaux bureaux (new offices)
le feu	les feux (fires)
le jeu	les jeux (games)

Exceptions

le mur bleu	les murs bleus (blue walls)
le pneu	les pneus (tyres)

4 Nouns and adjectives ending in '-ou' add the letter 's' in the plural.

le clou	les clous (nails)
le fou	les fous (madmen)
le trou	les trous (holes)

However, the following masculine nouns ending in '-ou' add the letter 'x' in the plural.

le bijou	les bijoux (jewels)
le caillou	les cailloux (pebbles)
le chou	les choux (cabbages)
le genou	les genoux (knees)
le hibou	les hiboux (owls)
le joujou	les joujoux (toys)
le pou	les poux (lice)

Exercice 30

Accordez (si nécessaire) les adjectifs entre parenthèses avec le nom auquel ils se réfèrent.

1. Les vestes _____ (blanc) se portent très facilement en été.
2. Mes voisins sont vraiment très _____ (amical).
3. Il y a beaucoup de _____ (beau) jardins dans mon quartier.
4. Nous avons mangé les pommes _____ (vert).
5. Mes grands-parents sont _____ (actif) et _____ (sociable).
6. Il y a deux _____ (nouveau) écoles en ville.
7. Juliette a les cheveux _____ (court), _____ (brun) et _____ (bouclé).
8. Leurs grands-pères sont si _____ (gentil) et _____ (généreux).
9. Le cambrioleur a volé mes bijoux _____ (précieux).
10. Les gouvernements _____ (mondial) doivent se réunir.

La position des adjectifs

Placed after the noun

The majority of French adjectives follow the noun.

un élève **intelligent**
un homme **riche**
une fille **heureuse**
des choses **importantes**

Adjectives of colour and nationality always follow the noun:

une fleur **blanche**
un acteur **irlandais**
une voiture **rouge**
une actrice **irlandaise**

Placed before the noun

The following very common French adjectives come before the noun in a sentence:

beau .... beautiful/handsome	grand .... tall/big	jeune .... young
long .... long	méchant .... nasty	petit .... small
bon .... good	gros .... large/fat	joli .... pretty
mauvais .... bad	nouveau .... new	vieux .... old

Examples

un grand bateau
une vieille maison
une mauvaise histoire
un joli jardin

Changing meaning

Two important French adjectives alter their meaning depending on whether they come before or after the noun: 'ancien' and 'propre'.

Before the noun, 'ancien' means 'former', and after the noun, it means 'very old'.

mon ancien lycée .... my former school   une région ancienne .... a very old region

Before the noun, 'propre' means 'own', and after the noun, it means 'clean'.

mon propre vélo .... my own bicycle   une chambre propre .... a clean bedroom

Exercice 31

Traduisez les mots/expressions suivants en français.

1. the blue door
2. our new car
3. the happy families
4. the bad student (m.)
5. this old tree
6. a young rabbit
7. my rich aunt
8. his beautiful daughters
9. a big country
10. my favourite novels
11. his small house
12. a good story
13. a clean bedroom
14. an old castle
15. the French team

Les adverbes

La formation des adverbes

Rules

The adverb in French is usually formed from the corresponding adjective. There are three main rules for the formation of adverbs:

1. The adverb is normally formed by making the corresponding adjective feminine and adding '-ment'.

Masculine adjective	Feminine adjective	Adverb
actif	active	activement (actively)
dernier	dernière	dernièrement (lastly/lately)
frais	fraîche	fraîchement (freshly)
furieux	furieuse	furieusement (furiously)
heureux	heureuse	heureusement (happily)
premier	première	premièrement (firstly)

2. Adjectives which end in a vowel form the adverb by adding '-ment' to the masculine form:

Masculine adjective	Adverb
absolu	absolument (absolutely)
facile	facilement (easily)
poli	poliment (politely)
vrai	vraiment (really)

Exceptions

Masculine adjective	Feminine adjective	Adverb
fou	folle	follement (madly)
mou	molle	mollement (softly)
nouveau	nouvelle	nouvellement (newly)

3. Adjectives which end in '-ant' and '-ent' in the masculine change to '-amment' or '-emment' as adverbs.

Masculine adjective	Adverb
évident	évidemment (obviously)
constant	constamment (constantly)
récent	récemment (recently)
patient	patiemment (patiently)

Exception

lent/lente	lentement (slowly)

Les formes irrégulières

The following masculine adjectives have an irregular adverbial form.

Masculine adjective	Adverb
bon	bien (well)
gentil	gentiment (kindly/nicely)
mauvais	mal (badly)
meilleur	mieux (better)
pire	pis (worse)
rapide	rapidement/vite (quickly)

Many words in French are adverbs as parts of speech. Learn these words, as they are often asked in the Leaving Certificate comprehension passages.

ailleurs .... elsewhere
autrefois .... formerly (in times past)
bientôt... soon
déjà .... already
encore .... again
d'habitude .... usually
jamais .... never (ever)
parfois .... sometimes
souvent... often
toujours .... always (still)

Exercice 32

Transformez les adjectifs entre parenthèses en adverbes.

1. Il attend _____ (patient) devant le magasin.
2. Les choses vont _____ (mauvais) pour mon père depuis un bon moment maintenant.
3. Nos examens sont _____ (vrai) difficiles cette année car nous sommes en terminale.
4. Mes grands-parents vont très _____ (bon) merci.
5. L'autobus roule assez _____ (lent) en ville.
6. Il est _____ (récent) rentré de ses vacances.
7. Je suis _____ (absolu) certain qu'il est innocent.
8. La mère chante _____ (doux) à son bébé.
9. Il vaudrait _____ (meilleur) prendre l'avion.
10. Il y a _____ (normal) neuf cours par jour.

Triomphe au Bac Supérieur

Exercice 33

Traduisez les phrases suivantes en français.

1. Our team is playing badly at the moment.
2. Her dream is to speak fluent French.
3. The crowd shouted furiously at the referee.
4. The woman walked slowly into the shop.
5. The teacher spoke politely to my parents.
6. I am working better in my new school.
7. She was running too quickly at the beginning of the marathon.
8. My Dad will easily find a new job.
9. Rain is unfortunately forecast.
10. She kindly asked me to pick her up at the airport.

Les noms

Le genre des noms

The best way to recognise the gender of new nouns in French is to carefully learn whether each noun you meet is masculine or feminine. The following gender rules can also be helpful in deciding the gender of certain French nouns. Be careful not to learn both sets at the same time as this may only lead to confusion.

Masculine nouns

1. Nouns ending in '-eau':

   le bateau .... boat
   le gâteau .... cake
   le chapeau .... hat
   le veau .... calf/veal

   ### Exceptions

   l'eau (f.) .... water
   la peau .... skin

2. Nouns ending in '-ent'

   l'accident .... accident
   le parent .... parent
   le moment .... moment
   le vent .... wind

   ### Exceptions

   la dent .... tooth
   la jument .... mare

3. Languages:

   l'allemand .... German
   le gaélique .... Irish
   le français .... French
   le russe .... Russian

4. Days of the week, months, seasons and points of the compass:

   le lundi .... on Monday
   mardi prochain .... next Tuesday
   mai prochain .... next May
   juin dernier .... last June
   le printemps .... spring
   l'été .... summer
   l'automne .... autumn
   l'hiver .... winter
   le nord .... north
   le sud .... south
   l'est .... east
   l'ouest .... west

5. Countries and regions not ending in '-e':

   le Canada .... Canada
   le Japon .... Japan
   le Languedoc .... Languedoc
   le Portugal .... Portugal
   le Royaume-Uni .... United Kingdom
   le Var .... Var

6. Metric words

   un gramme .... gram(me)
   un kilo .... kilo
   un litre .... litre
   un mètre .... metre

7 Trees

le châtaignier	chestnut tree
le chêne	oak tree
le pommier	apple tree
le rosier	rose bush

Exception

la vigne	vine

8 Metals

l'acier	steel
l'argent	silver
le cuivre	copper
le fer	iron
l'or	gold
le plomb	lead

Feminine nouns

1 Nouns ending in '-tion':

la description	description
l'invitation	invitation
la nation	nation
la protection	protection

2 Nouns ending in '-aison':

la comparaison	comparison
la maison	house
la raison	reason
la saison	season

3 Nouns ending in '-ance' and '-ence':

la chance	luck/chance
la compétence	competence
l'évidence	evidence
la patience	patience

Exceptions

le silence	silence

4 Countries and regions ending in '-e':

l'Autriche	Austria
la Bretagne	Brittany
l'Espagne	Spain
la France	France
l'Irlande	Ireland
la Provence	Provence
la Russie	Russia
la Savoie	Savoy

5 Nouns ending in '-ée':

l'année	year
l'armée	army
la journée	day
la matinée	morning

Exceptions

le musée	museum
le lycée	secondary school
le trophée	trophy

6 Nouns ending in '-sion':

l'allusion	hint
la confusion	confusion
l'illusion	illusion
l'infusion	herbal tea

7 Fruits, flowers or vegetables ending in '-e':

la carotte	carrot
la fraise	strawberry
la framboise	raspberry
la jonquille	daffodil
la laitue	lettuce
la poire	pear
la pomme	apple
la rose	rose

8 Nouns ending in '-ie':

la compagnie	company
l'envie	desire
la pluie	rain
la vie	life

Exceptions

l'incendie	fire
le parapluie	umbrella

Les pays

1. A definite article ('le' or 'la') is normally used before the name of a country.

   la France.............................France
   l'Irlande ....Ireland

2. All countries and regions ending with '-e' in French are feminine nouns.

   l'Allemagne ....Germany
   la Belgique........................Belgium
   la Bourgogne.....................Burgundy
   la Bretagne........................Brittany
   la Normandie.....................Normandy
   la Provence........................Provence
   la Russie ....Russia
   la Suisse............................Switzerland

3. All countries and regions not ending in '-e' in French are masculine nouns.

   le Canada..........................Canada
   le Languedoc.....................Languedoc
   le Luxembourg...................Luxembourg
   le Var.................................Var

Rules

There are three simple rules:

1. 'To' or 'in' a feminine country or province is translated by the word 'en'.

   en Bretagne........................to/in Brittany
   en France...........................to/in France
   en Normandie....................to/in Normandy
   en Espagne........................to/in Spain

2. 'To' or 'in' a masculine country is translated by the word 'au' ('aux').

   au Canada..........................to/in Canada
   au Danemark.....................to/in Denmark
   au Portugal........................to/in Portugal
   aux États-Unis....................to/in the USA

3. 'To' or 'in' a town or city is translated by the word 'à'.

   à Dublin.............................to/in Dublin
   à Londres...........................to/in London

   Note: 'To' or 'in' an Irish county or a masculine region is usually translated by the words 'dans le':

   dans le Kerry......................to/in Kerry
   dans le Languedoc.............to/in Languedoc

Exercice 34

Traduisez les phrases suivantes en français.

1. My best friend lives in Bordeaux with her boyfriend.
2. She is going to visit Spain next year to practise her Spanish.
3. The weather is always fine in Italy.
4. My brother used to live in Portugal when he was young but now he lives in the United States.
5. I was in Kerry on holidays last year.
6. We love going to Austria on skiing holidays.
7. Our cousins went camping in Normandy last week.
8. David said that he would like to spend a year working in Switzerland.
9. Do you (tu) often go to Canada with your friends?
10. It is said that Germany is the richest country in Europe.

Les articles partitifs

Du, de la, de l', des

du	masculine singular
de la	feminine singular
de l'	masculine and feminine before a vowel or 'h' mute
des	all masculine and feminine plurals

Examples

Il mange **du** fromage chaque jour	He eats (some) cheese every day
Elle mange **de la** confiture le matin	She eats (some) jam in the morning
Veux-tu **de l'**eau minérale ?	Would you like (some) mineral water?
Avez-vous **de l'**argent ?	Have you (any) money?
J'ai déjà acheté **des** pommes	I already bought (some) apples

Very often the words 'some' and 'any' are omitted from the English sentence. In French, les 'articles partitifs' ('du', 'de la', 'de l'' and 'des') should always be used.

Elle a fait de la crème anglaise pour le dessert.	She made custard for dessert
Tu as fumé des cigarettes ?	Did you smoke cigarettes?

De, d'

There are a number of important occasions in French when the four 'articles partitifs' are replaced by 'de' or 'd''. Learn them carefully and practise using them.

1. After a negative:

Elle a du temps	She has time
Elle n'a pas de temps	She has no time
Il mange de la confiture	He eats jam
Il ne mange plus de confiture	He no longer eats jam
J'ai de l'argent	I have money
Je n'ai jamais d'argent	I never have (any) money
Elle mange des poires	She eats pears
Elle ne mange pas de poires	She does not eat pears

2. When the plural 'article partitif' 'des' is followed by an adjective, it often changes to 'de' or to 'd'':

des amis	some friends
de vieux amis	some old friends
des maisons	some houses
de nouvelles maisons	some new houses

3 'De' is normally used after all expressions of quantity and it is never made plural even when the noun is plural.

Combien de filles ? .... How many girls?
assez de lait.. enough milk
beaucoup d'argent .... a lot of money
un kilo de pommes.................................... a kilo of apples
trop de circulation..................................... too much traffic

After a negative, 'un' and 'une' are also commonly replaced by 'de' or 'd'' in modern French.

Il a un stylo   Il n'a pas de stylo
(He has a pen   He has no pen)

Elle a un frère   Elle n'a pas de frère
(She has a brother   She has no brother)

Tu as un ami ?   Tu n'as pas d'ami ?
(Have you got a friend?   Have you no friend?)

Exercice 35

Complétez les phrases suivantes en utilisant un article partitif.

1 J'ai acheté _____ confiture au supermarché.
2 Tu prends _____ lait et _____ sucre dans ton thé ?
3 Il ne mange jamais _____ viande.
4 Nous recevons beaucoup _____ devoirs en ce moment car le bac approche !
5 Je bois _____ eau tous les jours.
6 Elle dit qu'elle n'a plus _____ argent.
7 Ma tante m'a donné _____ pommes rouges et vertes.
8 Ils nous racontent _____ belles histoires.
9 Je n'ai pas _____ temps cette année pour jouer au basket.
10 Nous avons lu des tas _____ poèmes la semaine dernière en cours d'anglais.

Exercice 36

Traduisez les phrases suivantes en français.

1 My mother buys some sweets every Saturday.
2 They drank some beer in the restaurant last night.
3 The young girl has no raincoat.
4 There is too much crime in our cities.
5 We bought some old novels in the bookshop.

Les phrases négatives

Formation

Negative words

Apart from 'ne … pas', there are a number of other important negative words in French. Each one of them has a different meaning.

ne … aucun(e)	no/not any/none
ne … guère	hardly
ne … jamais	never
ne … ni … ni	neither … nor
ne … nul(le)	no/not any
ne … nulle part	nowhere/not anywhere
ne … pas	not
ne … pas du tout	not at all
ne … personne	nobody
ne … plus	no longer/no more
ne … que	only
ne … rien	nothing

La position des mots négatifs

1 In a normal sentence, 'ne' is placed before the verb and the second part of the negative (i.e. 'pas', 'plus', 'jamais') is placed after the verb.

Elle ne fume jamais	She never smokes
Nous ne buvons plus	We no longer drink

2 If the verb is in the 'passé composé' or 'plus-que-parfait' (i.e. perfect tense or pluperfect tense), 'ne' must be placed before the auxiliary verb. The second part of the negative is placed immediately after the auxiliary verb, not after the past participle.

Il n'a pas vendu la maison	He did not sell the house
Je n'ai jamais visité la France	I have never visited France

The words 'personne' and 'que' are placed after the past participle.

Elle n'a vu personne	She saw nobody
Mon père n'a bu qu'une bière	My father only drank one beer

3 'Ne' changes to 'n'' before a vowel or 'h' mute.

Elle n'est pas arrivée à l'heure	She did not arrive on time
Tu n'as pas dit la vérité	You did not tell the truth
Il n'habite plus ici	He does not live here anymore

Exercice 37

Traduisez les phrases suivantes en français.

1. My aunt no longer works in Belgium.
2. We ate nothing in the restaurant.
3. She will not be able to come to my house tomorrow night.
4. She just bought a new house but she knows nobody in the estate.
5. My brother has never worked in London.
6. Their parents have only one car.
7. I do not like wine at all but I love champagne.
8. Mr Leclerc goes nowhere without his wife as they are very close.

Les questions

There are four methods of asking a question in French.

1. In conversation, a statement can be changed into a question simply by raising one's voice in a questioning way at the end of a sentence.

    Tu aimes le français ?   Tu connais cet homme ?

    Vous habitez ici ?   Il parle couramment anglais ?

    Remember

    When writing, you must use a question mark at the end of the sentence. Otherwise it is simply a statement, not a question.

2. A statement can be turned into a question by placing the expression 'Est-ce que' at the beginning of the sentence.

    Est-ce que tu aimes le français ?   Est-ce que vous habitez ici ?
    Est-ce que tu connais cet homme ?   Est-ce qu'il parle couramment anglais ?

3. A statement can be turned into a question by inverting the order of the subject and the verb. A hyphen must divide the subject and the verb.

    Aimes-tu le français ?   Habitez-vous ici ?
    Connais-tu cet homme ?   Parle-t-il couramment anglais ?

    When the verb ends in a vowel, the letter 't' between hyphens ('-t-') is placed between the verb and the subject. This is done to make pronunciation easier:

    Donne-t-il… ?   Va-t-il… ?
    Donne-t-elle… ?   Va-t-elle… ?

4. The statement can be turned into a question by placing the expression 'n'est-ce pas' at the end of the sentence. This method is normally used when one is expecting the person to agree.

    Tu aimes le français, n'est-ce pas ?   Vous habitez ici, n'est-ce pas ?
    Tu connais cet homme, n'est-ce pas ?   Il parle couramment anglais, n'est-ce pas ?

Exercice 38

Traduisez les phrases suivantes en français.

1. Do you (vous) want to go to the beach this evening?
2. Did he go to Spain on holidays as planned?
3. Will the boys cancel the match?
4. Does she like her new house?
5. Are we going to win the tournament?
6. Does he get on well with his mother-in-law?
7. Did they do their homework for Mr Vannier?
8. Are you (tu) looking for a part-time job?

Les pronoms

Les pronoms objets directs et indirects

For the sake of greater simplicity, these pronouns have been divided into three groups.

Group 1

The pronouns are:

Le	him, it
la	her, it
les	them

'Le' and 'la' are shortened to 'l'' before a vowel. The three pronouns are placed just before the verb in the sentence.

Je vois le garçon. Je **le** vois	I see the boy. I see him
Tu connais la fille ? Tu **la** connais ?	Do you know the girl? Do you know her?
Il déteste les cigarettes. Il **les** déteste	He hates cigarettes. He hates them
Elle achète le vélo. Elle **l'**achète	She is buying the bicycle. She is buying it

In the 'passé composé', these direct object pronouns always come before the auxiliary 'avoir' in the sentence, and the past participle always agrees with them.

Il a gagné la voiture. Il **l'**a gagné**e**	He has won the car. He has won it
Nous avons vendu les bonbons. Nous **les** avons vendu**s**	We sold the sweets. We sold them
Tu as trouvé les clés ? Tu **les** as trouv**ées** ?	Did you find the keys? Did you find them?

Group 2

The pronouns are:

lui	to him
lui	to her
leur	to them

These pronouns can also mean 'for him', 'for her', 'for them'. The three pronouns are placed just before the verb in the sentence.

Il donne le livre <u>à son père</u>. Il **lui** donne le livre	He gives the book to his father. He gives the book to him
Nous parlons <u>à Louise</u> tous les jours. Nous **lui** parlons tous les jours	We talk to Louise every day. We talk to her every day
Elle a vendu la maison <u>à ses amis</u>. Elle **leur** a vendu la maison	She sold the house to her friends. She sold the house to them

In the 'passé composé', these indirect object pronouns always come before the auxiliary 'avoir' in the sentence but the past participle does not agree with them.

Il **lui** a donné l'argent	He gave the money to her
Elle **leur** a vendu la maison	She sold the house to them

Group 3

The pronouns are:

me	me/to me
te	you/to you
nous	us/to us
vous	you/to you

Exactly the same rules apply to these pronouns as to the other two groups. They are placed just before the verb in the sentence.

Il **me** parle .... He speaks to me
Elle **nous** voit.................... She sees us

In the 'passé composé', these pronouns come before the verb 'avoir' in the sentence. The same rules of agreement also apply.

Elle **m'**a donné une montre..... She gave me a watch
Il **nous** a vu**s** au match .... He saw us at the match

Position of pronouns

me	le	lui			
te	la	lui	y	en	(verb)
nous	les	leur			
vous					

See page 262 for more details about the pronouns 'y' and 'en'.

Exercice 39

Remplacez les mots soulignés par un pronom.

1. Tu as goûté <u>le gâteau</u> ?
2. Elle n'écrit pas <u>à ses parents</u>.
3. Mon ami vendra bientôt <u>sa voiture</u>.
4. Il a perdu <u>sa clé</u>.
5. Robert ne voit pas <u>ses amis</u>.
6. Ils enverront des cadeaux <u>à leurs amis</u>.
7. Mes parents traitent <u>mon frère et moi</u> comme des enfants.
8. Le directeur du lycée explique <u>la règle</u> <u>aux parents</u>.
9. Il a prêté <u>le roman</u> <u>à sa petite-amie</u>.
10. Les policiers ont rendu <u>la montre</u> <u>au garçon</u>.

Les pronoms « y » et « en »

The pronoun 'y'

The pronoun 'y' normally means 'there' and replaces the name of a place.

Elle va à Londres. Elle **y** va.................................. She is going to London. She is going there
Il allait à la piscine. Il **y** allait .... He used to go to the swimming pool. He used to go there

The pronoun 'en'

The pronoun 'en' normally means 'some/any' (of it/of them).

Il achète du vin. Il **en** achète .... He buys some wine. He buys some (of it)
Elle a pris dix bonbons. Elle **en** a pris dix .... She took ten sweets. She took ten (of them)

Position of 'y' and 'en'

Both 'y' and 'en' are placed just before the verb in the sentence (see Position of pronouns, page 261).

Exercice 40

Remplacez les mots soulignés par un pronom ('y' ou 'en').

1. Mes parents mangent <u>à la crêperie</u> tous les samedis soirs.
2. J'espère travailler <u>à New York</u> à l'avenir.
3. Le prof distribue cinq <u>prix</u> aux meilleurs élèves de la classe.
4. Tu as acheté <u>de la viande</u> à la boucherie cet après-midi ?
5. Elle va <u>à l'école</u> à pied chaque jour.
6. Il est arrivé tard <u>au cabinet du dentiste</u>.
7. Nous avons besoin <u>d'argent</u> pour acheter les billets de concert.
8. Est-ce que tu as <u>des cigarettes</u> ?
9. Elle mange <u>du poisson</u> tous les vendredis.
10. On a l'intention d'aller <u>en France</u> l'année prochaine.

Les pronoms formes fortes/disjoints

The 'pronoms formes fortes'

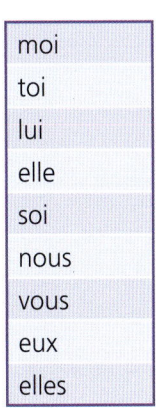

| moi |
| toi |
| lui |
| elle |
| soi |
| nous |
| vous |
| eux |
| elles |

Using the 'pronoms formes fortes'

The 'pronoms formes fortes' can be used on their own as well as with the verb. The 'pronoms formes fortes' are used as follows:

1. After most prepositions:

| avec moi | contre lui | parmi vous | après eux |

2. To make a comparison:

| Il est plus grand que moi. | Elle travaille mieux que nous. |

3. After 'c'est' and 'ce sont':

| c'est moi | c'est toi | c'est lui | c'est elle |
| c'est nous | c'est vous | ce sont eux | ce sont elles |

4. To emphasise the subject of a sentence:

| Moi, je m'appelle Louise. | Lui, il est très riche. |

5. With the preposition 'à' to show ownership:

| Ce stylo est à moi. | Cette voiture ? Elle est à nous. |

6. To answer a question in one word:

| Qui a cassé la fenêtre ? Moi. | Qui a trouvé l'argent ? Elle. |

7 With the word 'chez':

| chez moi | at home |
| chez eux | at their house/to their house |

8 With the word 'même'

moi-même	myself
toi-même	yourself
lui-même	himself
elle-même	herself
soi-même	oneself
nous-mêmes	ourselves
vous-même(s)	yourself/yourselves
eux-mêmes	themselves (m.)
elles-mêmes	themselves (f.)

Exercice 41

Remplacez les mots soulignés par un pronom forme forte.

1 Ce sont Caroline et Claire qui ont triché à l'examen !
2 Mon frère s'entend à merveille avec mes parents.
3 Il doit préparer le dîner pour son père.
4 Cette montre est à ma copine Louise.
5 Nous avons joué un match contre les filles.
6 Oui, c'est Marc qui est le cadet dans la famille.
7 Mon père est bien plus patient que ma mère.
8 Ça te dit d'aller chez Pierre ce soir pour regarder un film ?
9 Parmi les garçons, il y a cinq qui ont moins de dix-huit ans.
10 Selon le directeur, il est interdit de mâcher du chewing-gum à l'école.

Les prépositions

Prépositions courantes

The following is a list of the most common prepositions in French.

à	to/at	entre	between
après	after	malgré	despite
avant	before	par	by
avec	with	parmi	among
chez	at (the house) of	pendant	during
contre	against	pour	for
dans	in/into	sans	without
de	of/from	sauf	except
depuis	since	selon	according to
derrière	behind	sous	under
devant	in front of	sur	on
en	in/into	vers	towards

Examples

Mes amis vont **à** Paris	My friends are going to Paris
Ils sont rentrés **de** la soirée	They returned from the party
Tu trouveras les clés **sur** la table	You will find the keys on the table
Mon frère est allé **chez** ma tante	My brother has gone to my aunt's house

Expressions et verbes suivis par des prépositions

Expressions with 'de'

In English, some important prepositions made up of only one word are translated into French with a prepositional expression. They all contain 'de'.

autour de	around	loin de	far (from)
à côté de	beside	le long de	along
à cause de	because (of)	au milieu de	in the middle of
en dépit de	despite	près de	near
au-dessous de	below	à propos de	concerning
au-dessus de	above	au sujet de	about
en face de	opposite		

Examples

Nous habitons **près** de l'église .... We live near the church
Je me suis promené(e) **le long de** la rivière .... I walked along the river

Verbs with 'à'

The following French verbs are usually followed by the preposition 'à'.

apprendre à	to teach (someone)	obéir à	to obey (someone)
assister à	to attend	penser à	to think about
commencer à	to begin to	permettre à	to allow (someone)
conseiller à	to advise (someone) to	plaire à	to please (someone)
continuer à	to continue to	rappeler à	to remind (someone)
se décider à	to decide to	renoncer à	to give up
demander à	to ask (someone)	répondre à	to reply to
s'habituer à	to get used to	résister à	to resist
hésiter à	to hesitate to	ressembler à	to resemble (someone)
s'intéresser à	to be interested in	réussir à	to succeed (in)
jouer à	to play (a game)	téléphoner à	to telephone (someone)
se mettre à	to begin to		

Examples

Je **pense à** mes examens .... I am thinking about my exams
Elle a **commencé à** rire .... She began to laugh

Verbs with 'de'

The following French verbs are usually followed by the preposition 'de'.

cesser de	to cease	partir de	to leave (from)
couvrir de	to cover (with)	se permettre de	to allow oneself to
décider de	to decide to	promettre de	to promise to
empêcher de	to prevent (from)	refuser de	to refuse to
essayer de	to try to	remercier de	to thank (for)
éviter de	to avoid	remplir de	to fill with
jouer de	to play (an instrument)	se servir de	to use
se méfier de	to distrust	sortir de	to go out of
se moquer de	to make fun of	se souvenir de	to remember
s'occuper de	to look after	tenter de	to attempt to
oublier de	to forget to	venir de	to have just

Examples

Il **a peur de** son père..................................He is afraid of his father
Elle **a essayé de** fermer la porte..............She tried to close the door

Verbs without a preposition

A number of very common French verbs already include a preposition and it is therefore wrong to use one with them.

attendre	to wait for
chercher	to look for
demander	to ask for
écouter	to listen to
payer	to pay for
regarder	to look at

Examples

J'aime **regarder** la télévision....................................I like to look at television
Mon frère **cherche** un boulot pour les vacances......My brother is looking for a summer job

Exercice 42

Complétez les phrases suivantes en utilisant une préposition.

1. Nous nous intéressons _____ la mode.
2. Les cambrioleurs sont entrés _____ la maison _____ la nuit.
3. Les garçons se souviennent _____ leurs belles vacances passées dans le sud de la France.
4. J'aimerais habiter _____ pleine campagne.
5. Ma tante s'occupe _____ mes petits-frères quand ma mère doit travailler.
6. Jack s'entend mal _____ son prof d'anglais en ce moment.
7. Le système de points met beaucoup _____ pression _____ les élèves de terminale.
8. Je rêve d'habiter _____ Paris.
9. N'oubliez pas _____ me contacter dès que possible.
10. Il a commencé _____ pleuvoir pendant la nuit.

Exercice 43

Traduisez les phrases suivantes en français.

1. He found the money under the couch in the sitting room.
2. Last night, I read a fascinating article about racism in Ireland.
3. The people were protesting in front of the National Parliament.
4. I hope to attend their next concert.
5. We decided to spend our holidays in Ireland this year.
6. The girls are waiting for the train.
7. Paul tried to find a part-time job but unfortunately he didn't succeed.
8. Despite the bad weather, we went for a walk in the countryside.
9. The library is located opposite the police station.
10. My father has been playing guitar since the age of ten.

6

Lexique

Vocabulaire

📖 La nourriture

La viande/la volaille

le jambon .... ham	le foie .... liver	la volaille................. poultry
le lard/le bacon .... bacon	la viande hachée .... minced meat	le lapin..................... rabbit
le mouton................... mutton	la côtelette................ chop	le poulet .... chicken
le bœuf....................... beef	la côte .... rib	la dinde .... turkey
l'agneau (m.) .... lamb	le filet .... fillet	le canard................. duck
le gigot d'agneau...... leg of lamb	le faux-filet .... sirloin	le caneton................ duckling
le porc .... pork	le ragoût .... stew	l'oie (f.) .... goose
le veau...................... veal	la saucisse................ sausage	le faisan .... pheasant
le rognon................... kidney	l'escalope (f.) .... escalop	

Le poisson et les fruits de mer

le poisson .... fish	le calamar .... squid
le saumon................................. salmon	le thon...................................... tuna
la sardine................................. sardine	le turbot .... turbot
la truite................................... trout	le merlan.................................. whiting
le maquereau........................... mackerel	la petite friture........................ whitebait
le hareng .... herring	le rouget.................................. mullet
les fruits (m. pl.) de mer .... seafood	le brochet................................. pike
les moules (f. pl.)..................... mussels	le carrelet................................. plaice
le crabe................................... crab	les coques (f. pl.)...................... cockles
la langouste............................. crayfish	l'anchois (m.)........................... anchovy
la langoustine.......................... scampi	l'anguille (f.)............................ eel
la crevette............................... prawn	
le homard .... lobster	
l'huître (f.)............................... oyster	
le colin.................................... hake	
la morue.................................. cod	
le cabillaud .... fresh-water cod	
le loup .... sea bass	
la sole .... sole	

Les légumes

une pomme de terre .... potato	les petits pois (m. pl.) .... peas
une carotte .... carrot	les pois mange-tout (m. pl.) .... mange tout
un navet .... turnip	un oignon................................. onion
un panais................................. parsnip	le persil.................................... parsley
les haricots verts (m. pl.)............ green beans	le chou .... cabbage

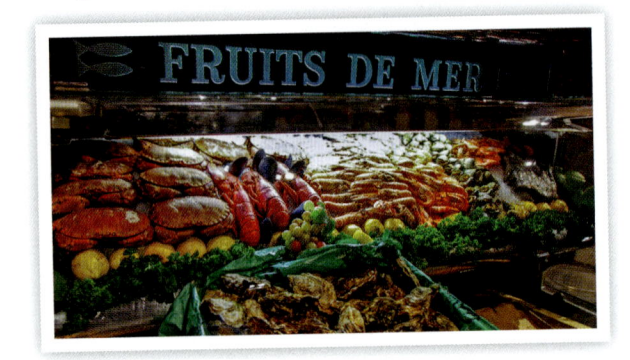

le chou-fleur	cauliflower	une betterave rouge	beetroot
un radis	radish	le brocoli	broccoli
les épinards (m. pl.)	spinach	le céleri	celery
les choux de Bruxelles (m. pl.)	Brussels sprouts	le maïs	corn
la laitue	lettuce	un épi de maïs	corn on the cob
un poivron rouge	red pepper	un concombre	cucumber
un poivron vert	green pepper	un poireau	leek
un artichaut	artichoke	une courgette	courgette
une asperge	asparagus	l'ail (m.)	garlic
un avocat	avocado	le persil	parsley
une aubergine	aubergine	le basilic	basil
un cornichon	pickle/gherkin	la menthe	mint

Les fruits

un citron	lemon	une cerise	cherry	une tomate	tomato
un citron vert	lime	une mangue	mango	une figue	fig
une poire	pear	un abricot	apricot	une datte	date
une prune	plum	une banane	banana		
un pruneau	prune	une orange	orange		
un ananas	pineapple	une pêche	peach		
une framboise	raspberry	un cassis	blackcurrant		
une fraise	strawberry	un melon	melon		
une groseille	gooseberry	un pamplemousse	grapefruit		
une mûre	blackberry	une pastèque	watermelon		
un raisin	grape	un kiwi	kiwi		
une pomme	apple	un fruit de la passion	passion fruit		

Les desserts

une glace	ice-cream	une crêpe	pancake
une tarte aux pommes	apple tart	une charlotte russe	trifle
la crème anglaise	custard	la crème Chantilly	whipped cream
une crème caramel	crème caramel	une mousse au chocolat	chocolate mousse
une crème brûlée	crème brûlée	un yaourt	yoghurt
un beignet	doughnut		

Autre

le pain	bread	le fromage	cheese
le beurre	butter	un œuf	egg
la farine	flour	une soupe	soup
le sucre	sugar	un potage	soup
le sel	salt	un consommé	clear soup
le poivre	pepper	le riz	rice
la confiture	jam	les pâtes (f. pl.)	pasta

Les boissons

l'eau minérale (f.)	mineral water	un panaché	shandy
l'eau gazeuse (f.)	sparkling water	une bière	beer
l'eau plate (f.)	still water	le champagne	champagne
la limonade	lemonade	le cidre	cider
le lait	milk	le cognac	brandy
un coca	Coca-Cola	le gin	gin
un orangina	Orangina	le kir	kir
un chocolat chaud	hot chocolate	le vin blanc	white wine
un café	coffee	le vin rosé	rosé wine
un thé	tea	le vin rouge	red wine
un apéritif	aperitif (before-dinner drink)	la vodka	vodka
un digestif	digestive (after-dinner drink)	le whisky	whiskey

Le corps humain

la tête	head	l'épaule (f.)	shoulder	la chair	flesh
les cheveux (m. pl.)	hair	le bras	arm	la peau	skin
la barbe	beard	le coude	elbow	l'os (m.)	bone
le front	forehead	le poignet	wrist	le cœur	heart
la tempe	temple	la main	hand	le foie	liver
le crâne	skull	le poing	fist	les poumons (m. pl.)	lungs
le sourcil	eyebrow	le doigt	finger	les reins (m. pl.)	kidneys
le cil	eyelash	le pouce	thumb	la côte	rib
l'œil (m.)	eye	la paume	palm	la veine	vein
la paupière	eyelid	l'ongle (m.)	nail	la sueur	sweat
la prunelle	pupil	le dos	back		
l'oreille (f.)	ear	la poitrine	chest/breast		
la joue	cheek	l'estomac (m.)	stomach		
la mâchoire	jaw	le ventre	stomach/belly		
le nez	nose	la hanche	hip		
la lèvre	lip	la cuisse	thigh		
la bouche	mouth	la jambe	leg		
la dent	tooth	le genou	knee		
la langue	tongue	le tibia	shin		
la gencive	gum	le pied	foot		
le menton	chin	la cheville	ankle		
le visage	face	le talon	heel		
la figure	face	l'orteil (m.)	toe		
le cou	neck	la plante du pied	sole		
la gorge	throat	le sang	blood		

La santé

être en bonne santé	to be in good health
être en mauvaise santé	to be in bad health
les premiers secours (m. pl.)	first aid
l'assurance maladie (f.)	health insurance
les services de secours (m. pl.)	rescue services
une allergie	allergy
être allergique à	to be allergic to
tomber malade	to fall ill
un(e) malade	patient
garder le lit	to stay in bed
un remède	cure
un médicament	medicine
une fracture	breakage/fracture
une contusion/un bleu	bruise
une brûlure	burn
un virus	virus
être atteint(e) du SIDA	to have AIDS
la dépression	depression
la grippe	flu
une crise cardiaque	heart attack
une greffe	transplant
un donneur/une donneuse	donor
le mal des transports	travel sickness
les rhumatismes (m. pl.)	rheumatism
un antibiotique	antibiotic
une posologie	dosage
les urgences (f. pl.)	emergency room
garder la forme	to keep fit
garder la ligne	to keep slim
grossir	to put on weight
avoir des kilos en trop	to be overweight
être au régime	to be on a diet
un produit allégé	low-fat product
un produit riche en graisses	fatty product
la sous-alimentation	undernourishment
une piqûre	injection
un vaccin	vaccine
un comprimé	tablet
la radiographie	X-ray
la radiothérapie	radiotherapy
la chimiothérapie	chemotherapy
la douleur	pain
une ampoule	blister
la nausée	nausea
la convalescence	recovery
se rétablir	to recover
un(e) pharmacien(ne)	pharmacist
un infirmier/une infirmière	nurse
un chirurgien	surgeon
une sage-femme	midwife
un(e) kinésithérapeute	physiotherapist

Les relations humaines

la famille	family
les proches (m. pl.)	close relatives
les amis (m. pl.)	friends
les liens familiaux (m. pl.)	family ties
les liens amicaux (m. pl.)	friendship ties
se marier avec	to marry
épouser	to marry
divorcer	to divorce
se séparer	to separate
un père/une mère célibataire	single parent
un foyer mono-parental	one-parent family
des parents indulgents (m. pl.)	lenient parents
un(e) enfant gâté(e)	spoiled child
un manque de respect	lack of respect
rejeter l'autorité parentale	to reject parental authority
être au fond de l'abîme	to be at rock bottom
se sentir isolé(e)	to feel isolated
un comportement antisocial	anti-social behaviour
parler dans le dos de quelqu'un	to talk behind someone's back
porter un jugement moral	to make a moral judgment
s'entendre bien/mal avec	to get on well/badly with

l'âme sœur (f.)	soulmate	un malentendu	a misunderstanding
avoir le coup de foudre	love at first sight	se fâcher	to get annoyed with
rompre avec	to break up with	pousser à bout	to push to the limits
être fidèle à	to be faithful to	se disputer	to have an argument
tromper	to deceive/be unfaithful to	un différend	a disagreement
étouffer ses sentiments	to bottle up one's feelings	se réconcilier	to make up
maltraiter	to ill-treat	garder son sang-froid	to stay calm
délaisser	to abandon	resserrer un lien avec	to restore a link with

📖 Les vêtements et la mode

les fringues (fam.) (f. pl.)	clothes	un collant	tights
une robe	dress	des chaussettes (f. pl.)	socks
une robe décolletée	low-neck dress	les sous-vêtements (m. pl.)	underwear
une jupe	skirt	la lingerie	lingerie
une mini-jupe	mini-skirt	un soutien-gorge	bra
un pantalon	trousers	un slip	underpants/panties
un pantalon à pattes d'éléphant	flared trousers	une culotte	panties
un pantalon à taille basse	low-waisted trousers	un tablier	apron
un jean	jeans	un mouchoir	handkerchief
un treillis	combat trousers	des souliers (m. pl.)	shoes
un complet	suit	des chaussures (f. pl.)	shoes
un costume	suit	des baskets (f. pl.)	runners
un tailleur	suit	des tongs (f. pl.)	flip-flops
un tee-shirt	T-shirt	des talons hauts (m. pl.)	high heels
un débardeur	girl's top/tank top	des pantoufles (f. pl.)	slippers
un veston	men's jacket	des bottes (f. pl.)	boots
une veste	jacket	un imperméable	raincoat
un blouson	casual jacket	une couleur	colour
un anorak	anorak	sombre	dark
un pull	pullover	clair	light
une chemise	shirt	une poche	pocket
un chemisier	blouse	une canne	walking stick
un gilet	waistcoat	en haillons	in rags
une cravate	tie	un ruban	ribbon
un chapeau	hat	rayé	striped
une capuche	hood	serré	tight
une écharpe	scarf	à carreaux	check
un foulard	neck scarf	uni(e)	plain
un pardessus	overcoat	criard	gaudy
un manteau	coat	une manche	sleeve
un gant	glove	à manches longues	long-sleeved
une ceinture	belt	à manches courtes	short-sleeved
un bas	stocking	une robe en soie	a silk dress

en laine	wool	une fermeture éclair	zip
en nylon	nylon	un survêtement	tracksuit
en coton	cotton	une salopette	dungarees
en cuir	leather	une taille	size
en daim	suede	le prêt-à-porter	ready-to-wear
en velours	velvet	un bouton	button
en jean	denim	un col	collar
un tissu	material	un lacet	shoelace
une nouvelle tendance	new trend	une montre	watch
à la mode	fashionable	des bretelles (f. pl.)	braces
démodé(e)/passé(e) de mode	old-fashioned	des accessoires (m. pl.)	accessories
être dans le vent	to be trendy/with it	des bijoux (m. pl.)	jewellery
des vêtements de marque (m. pl.)	branded/designer clothes	des bijoux fantaisie (m. pl.)	costume jewellery
un maillot de bain	swimsuit	un bracelet	bracelet
un bikini	bikini	une bague	ring
un sac à main	handbag	une boucle d'oreille	earring
des lunettes (f. pl.)	spectacles/glasses	un collier	necklace
un parapluie	umbrella	un pendentif	pendant

📖 La maison

un appartement	flat/apartment	la cave	cellar
un appartement meublé	furnished apartment	le grenier	attic
un bâtiment	building	la façade	front
un immeuble	block of flats	une entrée	entrance
un étage	storey	le couloir	corridor
une maison à deux étages	two-storey house	le vestibule	hall
une maison jumelée	semi-detached house	un escalier	stairs
une maison individuelle	detached house	le balcon	balcony
un pavillon/un bungalow	bungalow	le palier	landing
une chaumière	cottage (thatched)	le plafond	ceiling
un château	castle	le plancher	floor
une résidence secondaire	second home	le toit	roof
un gîte	holiday home	au rez-de-chaussée	on the ground floor
une pièce	room	au premier étage	on the first floor
la chambre	bedroom	le jardin	garden
le séjour	living room	la véranda	conservatory/sun room
le salon	sitting room	un meuble	piece of furniture
la salle à manger	dining room	un fauteuil	armchair
la cuisine	kitchen	un canapé	sofa
la buanderie	utility room	une chaise	chair
la salle de bain(s)	bathroom	un tiroir	drawer
le bureau	office	une moquette	carpet
le sous-sol	basement	un mur	wall

Triomphe au Bac Supérieur

un rideau	curtain
une fenêtre	window
un volet	shutter
une cheminée	fireplace
une porte	door
une sonnette	bell
un système d'alarme	burglar alarm
une serrure	lock
une clef/clé	key
la tapisserie	wallpaper
un aspirateur	vacuum cleaner
une étagère	shelf
un placard	press
une pendule	clock
un tabouret	stool
un tableau	picture
un cendrier	ashtray
la fumée	smoke
un bibelot	ornament
une lampe	lamp
un chiffon	duster
une douche	shower
une baignoire	bath
le savon	soap
un robinet	tap
un rasoir	razor
un lavabo	washbasin
un miroir/une glace	mirror
le shampooing	shampoo
une serviette	towel
un sèche-cheveux	hairdryer
un évier	sink
la vaisselle	dishes
une bouilloire	kettle
une théière	teapot
une cafetière	coffee pot
une assiette	plate
une tasse	cup
une soucoupe	saucer
une cruche	jug
un couteau	knife
une fourchette	fork
une cuillère	spoon
un plateau	tray
un grille-pain	toaster
un four	oven
un micro-ondes	microwave
un frigo	fridge
un congélateur	freezer
la lessive en poudre	washing powder
une machine à laver	washing machine
un lave-vaisselle	dishwasher
un séchoir	tumble-drier
un fer à repasser	iron
une poêle	frying pan
une casserole	saucepan
un batteur	food mixer
le ménage	housework
un panier	basket
un seau	bucket
un balai	sweeping brush
une poubelle	dustbin
les ordures (f. pl.)	rubbish
les déchets (m. pl.)	rubbish
un lit	a bed
un édredon	quilt
une couette	quilt
un drap	sheet
un couvre-lit	bedspread
un oreiller	pillow
une armoire	wardrobe
une table de chevet	beside locker
le logement	accommodation
l'hébergement (m.)	accommodation
un(e) locataire	tenant
le loyer	rent
un tuyau	pipe
une échelle	ladder
un(e) voisin(e)	neighbour

Le tourisme

un(e) touriste	tourist
une visite guidée	guided tour
un guide	guide
la détente	relaxation
le train-train quotidien	(boring) daily routine
avoir envie de se changer les idées	to feel like a change
une station balnéaire	seaside resort
un baigneur/une baigneuse	swimmer
un phare	lighthouse
le sable	sand
une plage	beach
un vacancier/une vacancière	holidaymaker
un coquillage	shell
un pédalo	pedal boat
un jet-ski	jet-ski
le wakeboard	wake board
faire de la planche à voile	to go windsurfing
un rocher	rock
une côte	coast
une vague	wave
une falaise	cliff
un ferry	ferry boat
avoir le mal de mer	to be seasick
un naufrage	shipwreck
une jetée	pier
des jumelles (f. pl.)	binoculars
une passerelle	gangway
une traversée	crossing
un(e) estivant(e)	summer holidaymaker
un(e) hivernant(e)	winter holidaymaker
une piste	ski run
une salle d'attente	waiting room
une sortie	exit
un buffet	buffet
une correspondance	connecting train
les transports en commun (m. pl.)	public transport
une auberge de jeunesse	youth hostel
un serveur/une serveuse	waiter/waitress
l'addition (f.)	bill
une vue	view
un bar	pub
la vie nocturne	night life
une pension	boarding house
en pension complète	full board
en demi-pension	half board
un tarif tout compris	all-inclusive rate
un maître d'hôtel	headwaiter
un dortoir	dormitory
un continent	continent
une capitale	capital city
l'alpinisme (m.)	mountain climbing
une randonnée	trek/hike
une frontière	border
une croisière	cruise
les congés payés (m. pl.)	paid holidays
un gîte	holiday home
un campeur/une campeuse	camper
un auto-stoppeur/une auto-stoppeuse	hitch-hiker
les bagages (m. pl.)	luggage
une valise	suitcase
un avion	plane
un passeport	passport
un billet	ticket
la vitesse	speed
le mur du son	sound barrier
un vol	flight
une escale	stopover
un réseau ferroviaire	rail network
des turbulences (f. pl.)	turbulence
un aéroport	airport
un chemin de fer	railway
un compartiment	compartment
un métro	underground train
un quai	platform
un voyageur	traveller
un wagon	carriage
une consigne	luggage office
une destination	destination
la gare	station
une voie	track
un express	express train

un wagon-lit	sleeping car	les tropiques (m. pl.)	tropics
un wagon-restaurant	dining car	une carte	map
un ascenseur	lift	un pays d'origine	native country
un(e) client(e)	guest	la location	renting
un pourboire	tip	les arrhes (f. pl.)	booking deposit
la monnaie	change (money)	une caution	refundable deposit
un grand lit	double bed	pratiquer des prix exorbitants	to charge excessive prices
un tarif hebdomadaire	weekly rate	le taux de change	exchange rate
aller à l'étranger	to go abroad	la douane	customs
un sac de couchage	sleeping bag		

L'air

un départ	departure		
une arrivée	arrival		
un douanier	customs officer		
un vol charter	charter flight		
un hélicoptère	helicopter		
un parachute	parachute		
un pilote de ligne	airline pilot		
un retard	delay		
la douane	customs		
atterrir	to land		
un atterrissage	landing		
décoller	to take off	une épave	wreck
un décollage	take-off	un festival aérien	air show
un avion à réaction	jet plane	un casse-cou	daredevil
une aile	wing	un hangar	hangar
une piste	runway	une tour de contrôle	control tower
une salle de départ	departure lounge	un planeur	glider
un aiguilleur du ciel	traffic controller	un deltaplane	hang-glider
le mal de l'air	air sickness	l'habitacle (m.)	cockpit
le mur du son	sound barrier	une hélice	propeller
un vol	flight	un hublot	porthole
les balises de nuit (f. pl.)	runway lights	un manche à balai	joystick
les commandes (f. pl.)	controls	une boîte noire	black box
à bord	on board	ravitailler	to refuel
faire une escale	to stop (over)	rouler	to taxi
un hydravion	flying boat	détourner un avion	to hijack
une fusée	rocket	faire un looping	to loop the loop
un dirigeable	airship	s'écraser	to crash
un aviateur	aviator	une ceinture de sécurité	safety belt
un avion de chasse	fighter	dépanner	to repair
un bombardier	bomber	un magasin hors taxes	duty-free shop
		passer par la douane	to go through customs
		rien à déclarer	nothing to declare
		la contrebande	smuggling

📖 La mer

un transatlantique	liner
un transat	deckchair
un ferry	ferry boat
un aéroglisseur	hovercraft
un pont	deck
une jetée	jetty
un marin	sailor
un(e) clandestin(e)	stowaway
une mer agitée	choppy sea
couler	to sink
débarquer	to disembark
un naufrage	shipwreck
un sous-marin	submarine
un chalutier	trawler
un remorqueur	tug
un pétrolier	tanker
une passerelle	gangway
un phare	lighthouse
un armateur	shipowner
la côte	coast
une vague	wave
échouer	to run aground
chavirer	to capsize/overturn
une marée	tide
un navire de guerre	warship

📖 Le temps

le soleil	sun
le vent	wind
le brouillard	fog
le verglas	black ice
le tonnerre	thunder
l'orage (m.)	storm
la tempête	storm
la brume	mist
l'averse (f.)	shower
la foudre	lightning
des éclairs (m. pl.)	lightning
des éclaircies (f. pl.)	sunny spells
le nuage	cloud
la bruine	drizzle
la pluie	rain
la chaleur	heat
l'inondation (f.)	flood
des intempéries (f. pl.)	bad weather
la chute de neige	snow fall
la canicule	heatwave
la vague de chaleur	heatwave
la marée	tide
à marée haute/basse	at high/low tide
le raz-de-marée	tidal wave
il pleut	it's raining
il neige	it's snowing
il gèle	it's freezing
il grêle	it's hailing
il fait beau	the weather is nice
il fait mauvais	the weather is bad
il fait chaud	it's warm
il fait froid	it's cold
le ciel est bleu	the sky is blue
le ciel est couvert	it's overcast
le soleil brille	the sun is shining
le temps sera ensoleillé	the weather will be sunny
la température maximale	maximum temperature
la température minimale	minimum temperature
la météo	weather forecast
on prévoit de la neige	snow is forecast

La voiture et les accidents de la route

une automobile	car
une voiture	car
une voiture familiale	saloon car
une bagnole (fam.)	crock/banger (car)
une voiture autonome	driverless car
une voiture électrique	electric car
un conducteur/une conductrice	driver
un camion	lorry
une camionnette	van
un semi-remorque	articulated lorry
un camion-citerne	tanker
un poids lourd	heavy goods vehicle (HGV)
un camionneur	lorry driver
un routier	lorry driver
une marque	make/brand
un volant	steering wheel
une roue	wheel
une roue de secours	spare wheel
un pneu	tyre
gonfler les pneus	to pump the tyres
un moteur	engine
les freins (m. pl.)	brakes
l'embrayage (m.)	clutch
l'accélérateur (m.)	accelerator
un rétroviseur	rear mirror
un pare-brise	windscreen
un essuie-glace	windscreen wiper
un pare-chocs	bumper
une aile	wing
un capot	bonnet
un coffre	boot
un tableau de bord	dashboard
un radiateur	radiator
un siège	seat
une portière	door
un toit ouvrant	sunroof
un garde-boue	mudguard
la ceinture de sécurité	safety belt
un démarreur	starter
les phares (m. pl.)	headlights
les clignotants (m. pl.)	indicators
le carburateur	carburettor
une plaque d'immatriculation	registration plate
une clé de contact	ignition key
une boîte de vitesse	gearbox
un châssis	chassis
un starter	choke
une poignée	door handle
un réservoir d'essence	petrol tank
un klaxon	horn
une batterie	battery
un casque protecteur	crash helmet
rouler	to drive
conduire	to drive
un piéton	pedestrian
un passage clouté/pour piétons	pedestrian crossing
un passage à niveau	level crossing
la circulation	traffic
un embouteillage	traffic jam
un bouchon	tailback
les heures de pointe/d'affluence (f. pl.)	rush hour
un carrefour	crossroads
un rond-point	roundabout
une station-service	petrol station
un garagiste	garage owner
l'essence (f.)	petrol
faire le plein d'essence	to fill with petrol
le gas-oil/le diesel	diesel
l'huile (f.)	oil
une autoroute	motorway
une route nationale	main road

une route à double voie	dual carriageway	déraper	to skid
une route départementale	secondary road	écraser	to knock down
une bretelle	slip road	une route verglacée	slippery road
une route goudronnée	tarred road	heurter	to run/crash into
une rue à sens unique	one-way street	entrer en collision avec	to crash into
un panneau de signalisation	road sign	un accident de la route	road accident
garer la voiture	to park the car	un carambolage	pile up
défense de stationner	no parking	être en état d'ivresse/ d'ébriété	to be in a state of drunkenness
mettre le contact	to switch on	un(e) mort(e)	a dead person
couper le contact	to switch off	un(e) blessé(e)	an injured person
une crevaison	puncture	éviter de justesse	to narrowly miss
tomber en panne	to break down	faire une embardée	to swerve
un permis de conduire	driving licence	capoter	to overturn
le code de la route	rules of the road	les feux (m. pl.)	traffic lights
la sécurité routière	road safety	brûler les feux (m. pl.)	to break the lights
la limitation de vitesse	speed limit	un virage	bend
un chauffard	road hog	infliger une amende	to fine (somebody)
rouler à toute vitesse	to drive at full speed	l'assurance (f.)	insurance
rouler au ralenti	to drive slowly	un motard	motorcycle police officer
dépasser	to overtake		

📖 La ville

une banlieue	suburb		
un faubourg	suburb		
un quartier	district/area		
un voisinage	neighbourhood		
le centre-ville	town centre		
un coin	corner		
une place	square		
un parking	car park		
un endroit	place		
un trottoir	footpath	un bâtiment	building
une rue	street	un immeuble	block of flats
un boulevard/une avenue	avenue	un gratte-ciel	skyscraper
les environs (m. pl.)	surroundings	un abribus	bus shelter
un(e) habitant(e)	inhabitant	un chantier	building site
une foule	crowd	un passage clouté	pedestrian crossing
un(e) citadin(e)	town dweller	un passage à niveau	level crossing
un réverbère	street lamp	un carrefour	crossroads
une cabine téléphonique	phone box	un pont	bridge
un jeton	token (for trolley/telephone)	un rond-point	roundabout
		la circulation	traffic
un lotissement	housing estate	le bruit	noise

Triomphe au Bac Supérieur

un bouchon/un embouteillage	traffic jam
un détour	detour
un taudis	hovel/slum
le coût de la vie	cost of living
un bistro(t)	café bar
un café	coffee shop
un restaurant	restaurant
un supermarché	supermarket
une agence de voyages	travel agency
une cathédrale	cathedral
une église	church
un bureau de poste	post office
une poste	post office
une banque	bank
un hôtel	hotel
une caisse d'épargne	savings bank
un poste de police	police station
un commissariat de police	police station
un marché	market
une mairie	town hall
un hôtel de ville	town hall (large)
un musée	museum
une bibliothèque	library
un cinéma	cinema
une piscine	swimming pool
une patinoire	ice rink
un hôpital	hospital
un stade	stadium
un château	castle
un jardin public	public park
un parc	public park
une maison des jeunes	youth centre
un office de tourisme	tourist office
un syndicat d'initiative	tourist office
une gare	station
une gare SNCF	train station
une gare routière	bus depot
un théâtre	theatre
une fabrique	factory
une usine	factory
un bureau	office
un atelier	workshop
un kiosque	newspaper stall
un centre commercial	shopping centre
un(e) commerçant(e)	shopkeeper
une librairie	bookshop
une papeterie	stationer's shop
un(e) marchand(e) de journaux	newsagent
une boulangerie	baker's shop
une pâtisserie	cake shop
une boucherie	butcher's shop
une pharmacie	chemist's shop
une bijouterie	jeweller's shop
une mercerie	haberdashery
une quincaillerie	hardware shop
une poissonnerie	fish shop
une crémerie	dairy shop
une fruiterie	fruit shop
une charcuterie	pork butcher's
une épicerie	grocer's shop
une confiserie	sweet shop
un tabac	tobacconist
une cordonnerie	cobbler's shop
un(e) fleuriste	florist
un coiffeur/une coiffeuse	hairdresser
les commissions (f. pl.)	errands
les courses (f. pl.)	shopping
faire des courses/du shopping	to go shopping
faire les magasins	to go shopping
une queue	queue
une vitrine	shop window
les soldes (m. pl.)	sales
faire une (bonne) affaire	to pick up a bargain
une gamme	range of goods
un produit	product
une caisse	cash desk

un coffre-fort	safe	un mandat (postal)	postal order
un bénéfice	profit	une boîte aux lettres	letter box
une dette	debt	un timbre	stamp
les frais (m. pl.)	expenses	un colis	parcel
une carte de crédit	credit card	un code postal	postal code
une perte	loss	une lettre recommandée	registered letter
un(e) contribuable	taxpayer	le port	postage
un magnat	tycoon	les frais de port	postal charges
un facteur/une factrice	postman/woman		

📘 Le travail et l'argent

un(e) patron(ne)	boss		
un(e) gérant(e)	manager		
un(e) employé(e)	employee		
un employeur	employer		
un cadre	executive		
un ouvrier/une ouvrière	worker		
un col blanc	white-collar worker		
un col bleu	blue-collar worker		
la population active	working population	un chômeur/une chômeuse	unemployed man/woman
une firme/entreprise	firm/company	un demandeur/une demandeuse d'emploi	unemployed man/woman
les affaires (f. pl.)	business	être au chômage	to be unemployed
une industrie	industry	les allocations chômage	unemployment assistance
la gestion	management		
un(e) stagiaire	trainee	un commis-voyageur	commercial traveller
un(e) apprenti(e)	apprentice	la concurrence	competition
une carrière	career	une marque	brand
un salaire	salary/wages	un compte en banque	bank account
la fonction publique	civil service	un caissier/une caissière	cashier
un(e) fonctionnaire	civil servant	une succursale	branch office
Pôle emploi	National Employment Agency	un consommateur/une consommatrice	consumer
un boulot (fam.)	job	un entrepôt	warehouse
un emploi/un travail/un poste	job	une hausse	increase
trouver un poste	to find a job	une baisse	reduction
chercher de l'embauche	to look for employment	une filiale	subsidiary
gagner le SMIC	to earn the minimum wage	un agent de change	stockbroker
gravir les échelons (m. pl.)	to climb the ladder	la Bourse	Stock Exchange
la sécurité sociale	social welfare	faire faillite	to go bankrupt
l'indemnité (f.)	allowance/benefit	placer	to invest
le chômage	unemployment	lancer sur un marché	to market/launch
		le personnel	staff

les prix réduits (m. pl.) .... lower prices
les matières premières (f. pl.) .... raw materials
un syndicat .... trade union
un(e) syndicaliste .... trade unionist
un conflit social .... social/labour dispute
faire la grève .... to go on strike
une émeute .... a riot
une manifestation .... protest
une délocalisation .... relocation
le travail saisonnier .... seasonal work
des heures supplémentaires
   (f. pl.) .... overtime
être (au poste) de nuit .... to be on night shift
le plein emploi .... full employment
la non-discrimination .... equality of opportunity
l'égalité des chances .... equal opportunities
l'égalité salariale (f.)/la parité
   des salaires .... equal pay
l'âge de la retraite .... retiring age
un contremaître .... foreman
une centrale nucléaire .... nuclear power station
un jour férié .... public holiday
les congés payés (m. pl.) .... paid holidays
un contrat .... contract
travailler à temps plein/partiel .... to work full time/part-time

un entretien/une entrevue .... interview
des horaires flexibles (m.) .... flexitime
un poste libre .... vacancy
un ralentissement .... slow down
être licencié(e) .... to be made redundant
toucher/gagner un salaire .... to earn a salary
le secteur privé .... private sector
le secteur public .... public sector
une montée en flèche .... boom
une hausse des impôts .... tax increases
le taux d'inflation .... inflation rate
l'industrie alimentaire (f.) .... food industry
l'industrie manufacturière (f.) .... manufacturing industry
l'industrie touristique (f.) .... tourist industry

📖 Les métiers/Les professions

un(e) fonctionnaire .... civil servant
un(e) cadre .... executive
un agent .... policeman
une femme-agent .... policewoman
un(e) gendarme .... police officer
un marin .... sailor
un coiffeur/une coiffeuse .... hairdresser
une esthéticienne .... beauty therapist
un cuisinier/une cuisinière .... cook
un(e) ingénieur(e) .... engineer
un vendeur/une vendeuse .... salesperson
un professeur .... secondary-school teacher

un instituteur/une institutrice .... primary-school teacher
un menuisier/une menuisière ..... carpenter
un(e) mécanicien(ne) .... mechanic
un(e) comptable .... accountant
un(e) représentant(e) .... representative
un(e) réceptionniste .... receptionist
un(e) architecte .... architect
un(e) électricien(ne) .... electrician
un(e) avocat(e) .... barrister
un(e) avoué(e)/un(e) notaire .... solicitor
un(e) dactylo .... typist
un(e) dentiste .... dentist

Triomphe au Bac Supérieur

lexique

un(e) journaliste	journalist
un plombier/une plombière	plumber
un soldat	soldier
un infirmier/une infirmière	nurse
un homme/une femme d'affaires	businessman/woman
un(e) commerçant(e)	tradesperson/shopkeeper
un(e) député(e)	member of parliament
un prêtre	priest
une religieuse	nun
un(e) pilote	pilot
un(e) vétérinaire	vet
un agriculteur/une agricultrice	farmer
un médecin	doctor
une femme médecin	female doctor
une femme au foyer	housewife

📖 La technologie et la science

une percée technologique	technological breakthrough
l'informatique (f.)	computer studies
un(e) informaticien(ne)	computer expert
un programmeur	programmer
un outil de communication	means of communication
l'électronique (f.)	electronics
un logiciel	software
une puce	chip
une base de données	database
un virus	virus
un PC/micro-ordinateur	personal computer
un ordinateur portable	laptop
une tablette	tablet
un iPad	iPad
un disque dur	hard disk
une touche	key
une clé USB	USB key
un clavier	keyboard
une souris	mouse
un curseur	cursor
un écran	screen/monitor
enregistrer	to save
effacer	to delete
mettre à jour	to update
une connexion internet	internet connection
en ligne	on line
à (très) haut débit	broadband
un courriel/un email/un mél	email
le téléchargement	downloading
un texto/SMS	text message
un lecteur de DVD	DVD player
un appareil photo numérique	digital camera
un(e) scientifique	scientist
une expérience	experiment
un laboratoire	laboratory
l'analyse (f.)	analysis
un chercheur/une chercheuse	researcher
une température	temperature
le point de congélation	freezing point
la pesanteur	gravity
la mise au point d'un vaccin	perfecting a vaccine
les OGM (m. pl.)	GMO
un organisme	organism
l'ADN (m.)	DNA
la chirurgie esthétique	cosmetic surgery
une greffe d'organe	organ transplant
la fécondation in vitro	in-vitro fertilisation (IVF)

📖 La criminalité

un assassin	assassin/murderer
un meurtrier/une meurtrière	murderer
un(e) criminel(le)	criminal
des malfaiteurs (m. pl.)	criminals
un attentat	attack/murder attempt
un meurtre	murder
commettre un crime	to commit a crime
le taux de criminalité	crime rate
un commissariat de police	police station
un agent	policeman
une femme-agent	police woman
un(e) gendarme	police officer
un(e) flic (fam.)	cop
tuer	to kill
blesser	to injure
une victime	victim
un(e) juge	judge
coupable	guilty
non-coupable	non-guilty
un mobile	motive
la preuve	proof
troubler la paix	to breach the peace
un prisonnier/une prisonnière	prisoner
un témoin	witness
un type	fellow
une agression	a mugging/attack
un agresseur	mugger/attacker
un hold-up	hold-up/robbery
un vol	theft
un voleur/une voleuse	thief
un cambriolage	burglary
un cambrioleur/une cambrioleuse	burglar
cambrioler	to burgle
un enlèvement	kidnapping
un(e) otage	hostage
un(e) complice	accomplice
un escroc	crook
un filou	crook
une bande	gang
un voyou	hooligan
un(e) délinquant(e)	delinquent/offender
un pirate de l'air	hijacker
un terroriste	terrorist
des attentats terroristes (m. pl.)	terrorist attacks
Daesh/ISIS/ISIL/État Islamique	Islamic State (ISIS)
un(e) récidiviste	repeat offender
porter une accusation	to make an accusation
une enquête	enquiry
un(e) espion(ne)	spy
la prise (de)	capture (of)
dévaliser une banque	to rob a bank
une cellule	cell
un procès	trial
un sauvetage	rescue
recevoir une amende	to receive a fine
une bagarre	fight
une arme	weapon
braquer une arme sur quelqu'un	to point a weapon at someone
tirer	to fire/shoot
un poignard	dagger
une déposition	statement
une émeute	riot
infliger une peine	to sentence
la peine capitale	capital punishment
une rafle	police raid
une évasion	escape
une rançon	ransom
Haut les mains !	Hands up!
un butin	loot
un jury	jury
passer devant les assises	to appear in court
s'évader	to escape
une récompense	reward

un larcin	larceny
un petit larcin	petty crime
un suicide	suicide
un viol	rape
les dégâts (m. pl.)	damage
la dégradation de biens	the damage to property
un acte de vandalisme	an act of vandalism
un incendie criminel	arson
le chantage	blackmail
le pillage	looting
être inculpé	to be accused
l'escalade (f.) de la violence	increase in violence
de violents affrontements (m. pl.)	violent confrontations
une punition	punishment
à perpétuité	for life
un(e) gardien(ne) de prison	prison guard
une pendaison	hanging
les travaux forcés (m. pl.)	hard labour
la contrebande	smuggling
faire de la contrebande de	to smuggle
faire passer en fraude	to smuggle
un vol à l'étalage	shoplifting
la violence conjugale	domestic violence

📖 La politique

une loi	law
un mandat	term of office
se présenter aux élections	to stand for office
un ministère	ministry
un(e) ministre	minister
promettre monts et merveilles	to promise the earth
le suffrage universel	universal suffrage
détenir le pouvoir	to hold power
le chef de l'état	the head of state
un(e) député(e)	TD/member of parliament
une circonscription	constituency
remporter une circonscription	to win a seat
les élections législatives (f. pl.)	general elections
voter	to vote
la carte d'électeur	voting/polling card
aller aux urnes	to go to the polls
un sondage d'opinion	opinion poll
un revirement de l'opinion	swing in opinion
réformer en profondeur	to radically reform
élire	to elect
démissionner	to resign
la tension	tension
la détente	relaxation
un point névralgique	trouble spot
les pourparlers (m. pl.)	talks
l'échec (m.) des pourparlers	breakdown of talks
une crise	crisis
un traité	treaty
un accord	agreement
un compromis	compromise
une garantie	guarantee
être un pays neutre	to be a neutral state
mettre/opposer son veto à	to veto
subversif/subversive	subversive
un(e) citoyen(ne)	citizen
un débat	debate
soulever un débat	to provoke a discussion/debate
un discours	speech
affronter un problème	to tackle a problem
un cabinet fantôme	shadow cabinet
les socialistes (m. pl.)	socialists

les verts (m. pl.)	greens/ecologists
les conservateurs/la droite	conservatives
un revenu	income
un budget	budget
au niveau international	internationally speaking
les relations internationales (f. pl.)	international relations
une politique extérieure	foreign policy
les super-puissances (f. pl.)	superpowers
l'Union Européenne	EU
les Nations unies (f. pl.)	United Nations
les casques bleus (m. pl.)	UN soldiers
l'Organisation du traité de l'Atlantique nord (OTAN)	North Atlantic Treaty Organization (NATO)
les droits de l'homme	human rights
les violations des droits de l'homme	human-rights violations
la course aux armements	arms race
les crimes de guerre (m. pl.)	war crimes
un pays en voie de développement	developing country
affamé(e)	starved
la sous-alimentation	malnutrition

📖 La presse

un quotidien	daily paper
un hebdomadaire	weekly magazine
un mensuel	monthly magazine
la presse à scandale	tabloid press
la presse à sensation	tabloid press
la presse people	tabloid press
un format tabloïd	tabloid format
la presse de qualité	quality press
un quotidien grand format	daily broadsheet
un supplément illustré	colour supplement
le courrier du cœur	problem page
un lecteur/une lectrice	reader
les gros titres (m. pl.)	headlines
à la une	on the front page
un fait divers	short news item
une rumeur	rumour
les échos (m. pl.)	gossip column
être abonné(e) à	to be subscribed to
un(e) envoyé(e) spécial(e)	special correspondent
l'exclusivité (f.)	scoop
la censure	censorship
sordide	sordid
banal(e)	trivial
osé(e)	daring
à grand tirage	large circulation
un feuilleton	serial story
une chronique sportive	sports report
un article de tête	leading article
une petite annonce	small advertisement
les mots-croisés (m. pl.)	crosswords
une colonne	column
un rédacteur/une rédactrice	editor
un reporter	reporter
une revue	magazine/journal
la liberté de la presse	freedom of the press
la libre parole	free speech
l'invasion (f.) de la vie privée	invasion of privacy
le paparazzi	paparazzi
véridique	truthful
impartial(e)	unbiased

📖 L'immigration et le racisme

un(e) raciste	racist
la cible du racisme	the target of racism
des attaques racistes (f. pl.)	racist attacks
injurier	to insult
une injure/insulte raciste	racist abuse
des propos racistes (m. pl.)	racist language
l'extrême droite	the far right
la haine	hatred
la xénophobie	xenophobia
antisémite	anti-Semite
l'antisémitisme (m.)	anti-Semitism
la discrimination raciale	racial discrimination
une agression verbale	verbal abuse
la méfiance	distrust
la peur de l'inconnu	fear of the unknown
le mauvais traitement	abuse
un préjugé	prejudice
un bouc émissaire	a scapegoat
être victime de	to be a victim of
un sentiment d'exclusion	feeling of alienation
être déraciné(e)	to be rootless
un ouvrier étranger	foreign worker
un sans-papier	illegal immigrant
le rapatriement	repatriation
un pays d'origine	country of origin
une terre d'accueil	host country
un étranger/une étrangère	foreigner
un(e) immigré(e)	immigrant
un demandeur/une demandeuse d'asile	asylum-seeker
un(e) réfugié(e)	refugee
fuir la misère	to flee poverty
l'immigration clandestine (f.)	illegal immigration
maîtriser les flux d'entrée	to control the flow of immigrants
une frontière	border
passer une frontière	to cross a border
un permis de travail	work permit
un permis de séjour	residency permit
être muni(e) d'une pièce d'identité	to have identification
sans ressources	destitute
un(e) sans-abri	homeless person
un(e) sans-domicile-fixe	homeless person
un bidonville	shanty town
un quartier pauvre	slum
un quartier défavorisé	deprived area
une lutte contre	fight against
un fossé	gap
politiquement correct	politically correct
les droits de l'homme (m. pl.)	human rights
les libertés civiques (f. pl.)	civil liberties
l'égalité (f.) des chances	equal opportunity
accueillir	to welcome
la tolérance	tolerance
l'intolérance (f.)	intolerance
le respect	respect
avoir envie de s'intégrer	to have a desire to integrate
l'intégration (f.)	integration
la solidarité	solidarity
une société multiculturelle	multicultural society
les coutumes (f. pl.)	customs
les mœurs (f. pl.)	customs/mores/morals
les traditions (f. pl.)	traditions

📖 La dépendance

le tabac	tobacco
une cigarette	cigarette
une clope (fam.)	cigarette
un cigare	cigar
le tabagisme	addiction to smoking
le tabagisme passif	passive smoking
un fumeur/une fumeuse	smoker
un non-fumeur/une non-fumeuse	non-smoker
les allumettes	matches

du feu/un briquet	light/lighter
fumer comme un pompier	to smoke like a chimney
tousser	to cough
le cancer du poumon	lung cancer
les maladies pulmonaires (f. pl.)	lung diseases
une mauvaise habitude	bad habit
c'est une habitude dégoûtante	it is a disgusting habit
avoir mauvaise haleine	to have bad breath
l'interdiction (f.) de fumer	smoking ban
la drogue	drugs
les stupéfiants (m.)	drugs/narcotics
les drogues dures/douces (f. pl.)	hard/soft drugs
prendre de la drogue	to take drugs
se droguer	to take drugs
la vente de drogue	sale of drugs
un trafiquant/un dealer	drugs dealer
un fournisseur	drugs dealer
la lie de la société	the dregs of society
la toxicomanie	drug addiction
un(e) toxicomane	drug addict
la pression du groupe	peer pressure
une seringue	syringe
devenir dépendant(e) de	to become addicted to
se passer de/se priver de	to deprive oneself/go without
être en manque	to be in need
planer	to be on a high
s'adonner à la boisson/drogue	to take to drink/drugs
le sevrage	weaning
sevrer quelqu'un de l'alcool/d'une drogue	to wean someone off alcohol/drugs
la désintoxication	detox
une crise cardiaque	heart attack
une overdose	overdose
la cocaïne	cocaine
le haschich	hash
la marijuana	marijuana
le cannabis	cannabis
l'ecstasy (m. ou f.)	ecstasy
l'héroïne (f.)	heroin
la méthadone	methadone
légaliser	legalise
le dopage sportif	doping in sports
le fléau de la société	scourge of society
l'alcoolisme (m.)	alcoholism
boire de l'alcool	to drink alcohol
se soûler	to get drunk
être soûl/ivre	to be drunk
prendre une cuite (fam.)	to get plastered
être bourré (fam.)	to be drunk
avoir la gueule de bois	to have a hangover
être en état d'ivresse	to be in a drunken state
un accident de la route	a road accident
un(e) ivrogne	a drunkard
un(e) alcoolique	an alcoholic
des maladies du foie (f. pl.)	liver diseases
la dépendance à	addiction to
être accro à	to be addicted to
nuire à	to damage
échapper à la réalité	to escape from reality
oublier la pression du Bac	to forget about the pressure of the Leaving Cert
pour être branché/cool	to be cool
être mauvais pour la santé	to be bad for one's health
être dangereux/nuisible	to be dangerous/harmful
des conséquences dangereuses (f. pl.)	dangerous consequences

L'éducation

une école maternelle	infant/preschool
une école primaire	primary school
une école secondaire	secondary school
un collège	secondary school (junior)
un lycée	secondary school (senior)
une université/faculté	university
une école mixte	mixed school
les élèves (m. ou f. pl.)	pupils
un(e) interne	boarder
un(e) externe	day pupil
un trimestre	term
la rentrée	return to school
la cour	playground
un directeur/une directrice	headmaster/headmistress/principal
la récréation	break
un professeur	teacher
un(e) enseignant(e)	teacher
un instituteur/une institutrice	primary teacher
enseigner	to teach
un groupe de plusieurs niveaux	mixed-ability group
un groupe de niveau	streamed group
une réunion parents–enseignants	parent–teacher meeting
une leçon	lesson
une salle d'études	study hall
une brosse	brush/duster
un effaceur	eraser
un bureau	desk
une carte	map
un tableau noir	blackboard
un tableau blanc	whiteboard
un tableau blanc interactif	interactive whiteboard
un carnet	notebook
un programme	syllabus
un emploi du temps	timetable
sécher les cours	to skip classes
faire l'école buissonnière	to play truant
une faute	mistake
une note	mark
une mention	grade
un bulletin scolaire	report
une épreuve	test
un examen	exam
un examen blanc	mock exam
passer un examen	to sit an exam
réussir à un examen	to succeed in an exam/to pass
être reçu(e) à un examen	to succeed in an exam
échouer à un examen	to fail an exam
rater un examen	to fail an exam
une matière	subject
une punition	punishment
la retenue	detention
la colle (fam.)	detention
en sixième	in first year
en terminale	in final year
la terminale	final/sixth year
un examinateur/une examinatrice	examiner
la vie étudiante	student life
redoubler une année	to repeat a year
une épreuve orale	oral test
une bourse	scholarship
les études supérieures (f. pl.)	higher education
un diplôme	diploma
un certificat	certificate
une licence	degree
une maîtrise	masters
un stage	a work placement
le baccalauréat (le bac)	Leaving Certificate
le brevet (BEPC)	Junior Cycle
l'orientation professionnelle (f.)	career guidance
le Centre de Documentation et d'Information (CDI)	resource centre
la salle des professeurs	staff room
le conseil d'administration	school council
la formation éducative	educational training
la formation continue	adult education

Triomphe au Bac Supérieur

📖 La musique

un piano	piano
un piano à queue	grand piano
une touche de piano	piano key
un violon	violin
un violoncelle	cello
une guitare	guitar
un accordéon	accordion
la batterie	drums
un tambour	drum
un orgue	organ
une trompette	trumpet
une flûte	flute
une flûte à bec	recorder
une harpe	harp
un saxophone	saxophone
un clavier	keyboard
un synthétiseur	keyboard
une clarinette	clarinet
une contrebasse	(double) bass
un harmonica	harmonica
une fanfare	brass band
un orchestre	orchestra
un chef d'orchestre	conductor
un chanteur/une chanteuse	singer
un groupe	band
un chœur/une chorale	choir
un compositeur	composer
enregistrer un album	to record an album
un disque	record
être dans les bacs	to be on the shelves
la musique pop/rock	pop/rock music
un tube	hit record
le palmarès de la chanson	charts (Top 20/30)
un tourne-disque	record player
un lecteur de CD	CD player
un lecteur (de) MP3	MP3 player
un iPod	iPod
accorder	to tune
chanter juste	to sing in tune
chanter faux	to sing out of tune
jouer d'un instrument	to play an instrument
passer un disque	to play a record
télécharger	to download

📖 La littérature

une œuvre	work
un roman	novel
un roman policier	detective novel
un conte de fées	fairy tale
une nouvelle	short story
un poème	poem
la poésie	poetry
une bande dessinée (BD)	comic
une pièce de théâtre	theatre play
le théâtre	theatre
une suite	sequel
un livre de poche	paperback
un(e) auteur	author
un romancier/une romancière	novelist
un(e) poète	poet
un(e) dramaturge	dramatist
un(e) critique	critic
un chapitre	chapter
une intrigue	plot
le dénouement	ending
un personnage	character

le fond	subject matter
fade	dull/boring
palpitant	exciting
divertissant	entertaining
de premier ordre	first class
traiter de	to deal with
bouquiner	to browse through
une librairie	bookshop
une bibliothèque	library
une maison d'édition	publishing company

La télévision et la radio

un poste de télévision	television set
une émission	programme
une antenne	aerial
un écran	screen
le petit écran	TV
le grand écran	cinema
une bonne réception	good reception
une image nette	good picture
en haute définition	in high definition
en différé	pre-recorded
en direct	live
une chaîne	channel
une chaîne câblée	cable channel
avoir le satellite	to have satellite TV
une télécommande	remote control
zapper (fam.)	to flick through the channels
les informations (f. pl.)	the news
le journal	the news
les actualités (f. pl.)	the news
un jeu télévisé	panel game
un dessin animé	cartoon
une série/un feuilleton	series/soap
un feuilleton sentimental	soap opera
un film comique	comedy
un film de science-fiction	science-fiction film
un film d'épouvante	horror film
un film policier	thriller/detective film
un film d'aventure	adventure film
un film d'espionnage	spy film
un film d'horreur	horror film
un film romantique	romantic film
un film biographique	biographic film
un film catastrophe	disaster film
un film à grand spectacle	epic
un documentaire	documentary
les résultats sportifs (m. pl.)	sports results
une émission de téléréalité	reality-TV programme
une émission de variétés	show
la météo	weather forecast
une publicité	advertisement
une pause publicité	interval/commercial break
un(e) fanatique	addict
un magnétoscope	video recorder
un lecteur de DVD	DVD player
un présentateur/une présentatrice	newscaster
un téléspectateur/une téléspectatrice	viewer
un disc-jockey	DJ
un auditeur/une auditrice	listener
mauvais/nul	poor/rubbish
sponsoriser	to sponsor
régler	to tune
allumer	to switch on
éteindre	to switch off
brancher	to plug in
débrancher	unplug
un bouton	switch

Le cinéma

aller au cinéma	to go to the cinema
un billet	a ticket
une salle	auditorium
un acteur/une actrice	actor
une caméra	camera
une équipe de tournage	film crew
sur un plateau	on set
en extérieur	on location

un cinéphile	cinema buff	doublé	dubbed
un réalisateur/une réalisatrice	director	une sortie en salle	general release
un cinéaste	film-maker	un long-métrage	feature film
une vedette/star	film star	un court-métrage	short film
un producteur/une productrice	film producer	un film à petit budget	low-budget film
un navet	flop	un film à gros budget	blockbuster
une bande-annonce	trailer	un dessin animé	cartoon
sous-titré	subtitled	un film comique	comedy
une séance	showing of film	un film de science-fiction	science-fiction film
un écran	screen	un film d'épouvante	horror film
une suite	sequel	un film policier	thriller/detective film
les effets spéciaux (m. pl.)	special effects	un film d'aventure	adventure film
un cascadeur/une cascadeuse	stuntman/woman	un film d'espionnage	spy film
une bande sonore	soundtrack	un film d'horreur	horror film
un scénario	screenplay	un film romantique	romantic film
tourner un film	to make a film	un film biographique	biographic film
en version originale (VO)	in the original language	un film catastrophe	disaster film
		un film à grand spectacle	epic

📖 Le sport

faire du sport	to do/play sport	le ski de fond	cross-country skiing
jouer au foot	to play football	le ski de piste	downhill skiing
le tennis	tennis	l'équitation (f.)	horse riding
le ping-pong	table tennis	la course automobile	motor racing
le football	football/soccer	la voile	sailing
le football gaélique	Gaelic football	la planche à voile	windsurfing
le basket	basketball	le surf	surfing
le rugby	rugby	le ski nautique	water skiing
le hurling	hurling	les sports nautiques (m. pl.)	water sports
le camogie	camogie	le jogging	jogging
le cyclisme	cycling	la course à pied	running
le vélo tout terrain (VTT)	mountain-biking	une promenade	walk
le badminton	badminton	la marche rapide	power-walking
le baseball	baseball	la randonnée	hillwalking/hiking
le handball	handball	la plongée	diving
le volleyball	volleyball	la plongée sous-marine	deep-sea diving
le golf	golf	l'alpinisme (m.)	mountain climbing
le hockey	hockey	l'escalade (f.)	rock climbing
le hockey sur glace	ice hockey	la chasse	hunting
le skate	skateboarding	l'aviron (m.)	rowing
le patinage sur glace	ice skating	le judo	judo
le roller	roller skating	le karaté	karate
le ski	skiing	la boxe	boxing

une canne à pêche	fishing rod
un hameçon	hook
un appât	bait
l'athlétisme (m.)	athletics
une piste	track
un tournoi	tournament
un coureur	runner
un(e) arbitre	referee
un ballon	ball
un but	goal
marquer un but	to score a goal
un gardien	goalkeeper
une équipe	team
un joueur	player
un stade	stadium
la mi-temps	half time
un coup de pied	kick
une partie	game
un terrain	pitch/court
un pari	bet
un(e) débutant(e)	beginner
un(e) perdant(e)	loser
un(e) gagnant(e)	winner
un(e) fan	fan
les sports individuels (m. pl.)	individual sports
les sports d'équipe (m. pl.)	team sports

le catch/la lutte	wrestling
le yoga	yoga
le pilates	pilates
le deltaplane	hang-gliding
le vol libre	hang-gliding
le parapente	paragliding
le parachutisme	parachuting
le tir	shooting
le tir à l'arc (m.)	archery
l'escrime (f.)	fencing
la gymnastique	gymnastics
un gymnase	gymnasium
la natation	swimming
une piscine	swimming pool
un maillot de bain	swimsuit
une combinaison	wet suit
la pêche	fishing
la pêche au large	deep-sea fishing

📖 Les Loisirs

une boîte de nuit	nightclub
une discothèque	disco
le cinéma	cinema
le théâtre	theatre
un spectacle	show
une pièce de théâtre	play
un concert	concert
une vedette/star	star
un disque	record
les écouteurs (m. pl.)	earphones
un CD (disque compact)	compact disc (CD)
un lecteur de CD	CD player
un iPod	iPod
un lecteur (de) MP3	MP3 player
télécharger de la musique	to download music
un musée	museum
la maison des jeunes	youth club
la photographie	photography
un appareil photo	camera
une machine à sous	slot machine
le hit-parade	music chart
un tube	hit song
la couture	sewing
le tricotage	knitting
la peinture	painting
une soirée/fête	party
la lecture	reading
un roman	novel
le bricolage	odd jobs/DIY
les cartes (f. pl.)	cards

les échecs (m. pl.)	chess	le bowling	ten pin bowling
le jeu de dames	draughts	le flipper	pinball
le billard	billiards/snooker	le divertissement	entertainment
les fléchettes (f. pl.)	darts	le temps pour soi	time for oneself
la pétanque	petanque	les activités (f. pl.) de détente	relaxing activities

📖 La nature et les animaux

un bois	wood	les vendanges (f. pl.)	grape harvests
une forêt	forest	une commune	village
un champ	field	le blé	wheat
un pré	meadow	la moisson	harvest
une haie	hedge	à l'ombre (f.)	in the shade
un buisson	bush	une pelouse	lawn
l'herbe (f.)	grass	un fermier/une fermière	farmer
un lac	lake	un agriculteur/une agricultrice	farmer
un ruisseau	stream	une ferme	farm
un sentier	path	une poule	hen
une colline	hill	un coq	rooster
		un canard	duck
		un cheval	horse
		une vache	cow
		un veau	calf
		un âne	donkey
		un mouton	sheep
		une chèvre	goat
		un cochon	pig
		un poulet	chicken
		une oie	goose
une montagne	mountain	une dinde	turkey
une pierre	stone	un hibou	owl
un rocher	rock	un ours	bear
un caillou	pebble	un renard	fox
un étang	pond	un singe	monkey
une rivière	river	un loup	wolf
un fleuve	large river	un lièvre	hare
une rive	bank	une guêpe	wasp
la paix	peace	une fourmi	ant
la campagne	country	un papillon	butterfly
les campagnards (m. pl.)	country people	un moustique	mosquito
le foin	hay	une grenouille	frog
un marais	marsh	une abeille	bee
une vallée	valley	une piqûre	sting
une chaumière	thatched cottage	une araignée	spider

un ver	worm
une mouche	fly
un oiseau	bird
un corbeau	crow
un moineau	sparrow
une hirondelle	swallow
une mouette	seagull
un rouge-gorge	robin
un cygne	swan
un arbre	tree
une feuille	leaf
une branche	branch
un chêne	oak
un frêne	ash
un hêtre	beech
un houx	holly
un sapin	fir
une fleur	flower
un bouquet	bunch
une rose	rose
un pissenlit	dandelion
une pâquerette	daisy
une jonquille	daffodil
une tulipe	tulip
un œillet	carnation
une pensée	pansy

📖 L'environnement

l'équilibre (m.) de la nature	balance of nature
les ressources naturelles (f. pl.)	natural resources
l'écologie (f.)	ecology
la conservation	conservation
la préservation	preservation
la pollution	pollution
polluer/contaminer	to pollute
épuiser	to exhaust
surexploiter	to over-exploit
être respecteux de l'environnement	to be environmentally friendly
sauver la planète	to save the planet
la crise de l'énergie (f.)	energy crisis
les polluants (m. pl.)	pollutants
les pesticides (m. pl.)	pesticides
les ordures (f.)/les déchets (m.)	rubbish
recycler	to recycle
le recyclage	recycling
les produits recyclables (m. pl.)	recyclable products
trier le verre/le papier	to sort glass/paper
les produits biodégradables (m. pl.)	biodegradable products
les déchets nucléaires (m. pl.)	nuclear waste
les ordures ménagères (f. pl.)	household waste
les décharges industrielles (f. pl.)	industrial waste
le traitement des ordures	waste disposal
une décharge municipale	local dump
un incinérateur	incinerator
une poubelle	bin
l'effet (m.) de serre	greenhouse effect
le changement climatique	climate change
les gaz d'échappement (m. pl.)	exhaust fumes
les gaz CFC (m. pl.)	CFC gases
une bombe aérosol	aerosol
le réchauffement de la planète	global warming
le trou dans la couche d'ozone	hole in the ozone layer
les glaciers fondent	glaciers are melting
la forêt tropicale	rainforest
la destruction de la forêt tropicale	destruction of the rainforest
la déforestation/le déboisement	deforestation
les espèces menacées (f. pl.)	endangered species
être en voie de disparition	on the way to extinction
une marée noire	oil spill
l'érosion (f.) du sol	soil erosion
la sécheresse	drought
la canicule	heat wave
l'ouragan (m.)	hurricane
un raz-de-marée/un tsunami	tidal wave
les pays producteurs (m. pl.)	producing countries
le forage pétrolier	drilling for oil
une plate-forme pétrolière	oil rig
un pétrolier	oil tanker
le carburant	fuel

Triomphe au Bac Supérieur

l'essence (f.) .... petrol
l'essence (f.) sans plomb .... unleaded petrol
le gasoil/le diesel .... diesel
le fioul/fuel .... heating oil
les dégâts (m. pl.) .... damage
les effets néfastes (m. pl.) .... harmful effects
la dégradation .... deterioration
les énergies fossiles (f. pl.) .... fossil fuels
l'énergie (f.) solaire .... solar energy
un panneau solaire .... solar panel
l'électricité (f.) marémotrice .... tidal power
une ferme éolienne .... wind farm
la circulation .... traffic
le covoiturage .... car-pooling
les transports en commun .... public transport

📖 La religion

la foi .... faith
la croyance .... belief
un cierge .... candle in church
le Carême .... Lent
le Pape .... Pope
un prêtre .... priest
un curé .... parish priest
un évêque .... bishop
un rabbin .... rabbi
un imam .... imam
un pasteur .... minister
une assemblée de fidèles .... congregation
une prière .... prayer
une paroisse .... parish
le ciel/le paradis .... heaven
un ange .... angel
la Sainte Vierge .... Blessed Virgin
le Saint-Esprit .... Holy Spirit
un(e) païen(ne) .... pagan
adorer .... to worship
bénir .... to bless
assister à la messe .... to attend mass
la quête .... collection
un(e) enfant de chœur .... altar boy/girl
la messe .... mass
le baptême .... baptism/christening
la Bible .... Bible
la croix .... cross
l'enfer (m.) .... hell
le salut .... salvation
(le bon) Dieu .... God
le Christ .... Christ
le péché .... sin
le pécheur .... sinner
la pécheresse .... sinner
saint .... holy
endimanché .... in Sunday best (clothes)
pratiquer .... to practise
le libre arbitre .... free will
sacré(e) .... sacred
l'œcuménisme (m.) .... ecumenism
un(e) chrétien(ne) .... Christian
le christianisme .... Christianity
un(e) catholique .... Catholic
un(e) protestant(e) .... Protestant
un juif/une juive .... Jew
un(e) musulman(e) .... Muslim
un(e) athée .... atheist
une église .... church
une cathédrale .... cathedral
une mosquée .... mosque
une synagogue .... synagogue
un temple .... temple
Prophète Mahomet .... Prophet Muhammad
le Coran .... Koran
Bouddha .... Buddha
le bouddhisme .... Buddhism
l'unité religieuse .... religious unity
le sectarisme .... sectarianism

Expressions courantes

Je suis arrivé(e) à bon port	I arrived safe and sound
avoir le pied marin	to be a good sailor
faire une gaffe	to make a blunder
faire la grasse matinée	to sleep late
faire la noce	to live it up
faire des pieds et des mains pour	to move heaven and earth to
Je n'ai pas un rond	I haven't a penny
Cela fait fureur en ce moment	It is all the rage at the moment
Passons l'éponge là-dessus	Let bygones be bygones
monter sur ses grands chevaux	to get very angry
prendre une cuite (fam.)	to get plastered
rattraper le temps perdu	to make up for lost time
J'ai mis les pieds dans le plat	I put my foot in it
Il a les yeux plus grands que le ventre	His eyes are bigger than his belly
tout au long de l'année	all year round
C'est de bonne guerre !	It is only fair!
Je suis fauché(e)	I am broke
Cela vous/te va comme un gant	It fits you like a glove
avoir l'eau à la bouche	to make your mouth water
Le bruit court que	There is a rumour that
regarder les choses du bon côté/du mauvais côté	to be optimistic/to be pessimistic
la brebis galeuse	the black sheep
C'est ma bête noire	It is my pet hate
Aussitôt dit, aussitôt fait	No sooner said than done
à la longue	in the long run
Je suis arrivé(e) à point nommé	I arrived in the nick of time
On m'a reçu(e) à bras ouverts	I was received with open arms
d'un bout à l'autre	from one end to the other
Je peux à peine y croire	I can hardly believe it
voir la vie en rose	to be an optimist
Je n'en ai pas les moyens	I cannot afford it
À quoi bon ?	What is the use?
faute de mieux	for want of something better
Mêlez-vous de vos affaires !	Mind your own business!
Chacun pour soi !	Everyone for himself!
parler couramment	to speak fluently
joindre les deux bouts	make ends meet
à contre-coeur	reluctantly
Advienne que pourra !	Come what may!
sauf avis contraire	unless advised to the contrary
descendre dans un hôtel	to stay at a hotel

ne pas savoir sur quel pied danser	not knowing what to do
De rien !/Il n'y a pas de quoi !	Don't mention it!
Réflexion faite	On second thoughts
Il fait un froid de canard !	It is bitterly cold!
dormir comme un loir	to sleep like a log
parler français comme une vache espagnole	to speak broken French
J'en mettrais ma main au feu/à couper !	I would stake my life on it!
y aller tête baissée	to charge in blindly
marcher la tête haute	to walk with one's head held high

Proverbes

C'est en forgeant qu'on devient forgeron.	Practice makes perfect.
Dans le doute, abstiens-toi.	When in doubt, don't.
Faire d'une mouche un éléphant.	To make a mountain out of a molehill.
Faire d'une pierre deux coups.	To kill two birds with one stone.
Il ne faut pas vendre la peau de l'ours avant de l'avoir tué.	Don't count your chickens before they are hatched.
Il n'y a que le premier pas qui coûte.	The first step is the hardest.
L'appétit vient en mangeant.	The more you have the more you want.
Les petits ruisseaux font les grandes rivières.	Pennies make pounds.
L'habit ne fait pas le moine.	Don't judge a book by its cover.
Loin des yeux, loin du cœur.	Out of sight, out of mind.
Mieux vaut tard que jamais.	Better late than never.
On reconnaît ses amis dans le besoin.	A friend in need is a friend indeed.
Pas de fumée sans feu.	There is no smoke without fire.
Pas de nouvelles, bonnes nouvelles.	No news is good news.
Quand le chat est parti, les souris dansent.	When the cat is away the mice will play.
Qui ne risque rien n'a rien.	Nothing ventured, nothing gained.
Qui se ressemble s'assemble.	Birds of a feather flock together.
Qui vivra verra.	Time will tell.
Tel père, tel fils.	Like father, like son.
Telle mère, telle fille.	Like mother, like daughter.
Tout est bien qui finit bien.	All is well that ends well.

Verbes

	présent	imparfait	passé composé	passé simple	futur	conditionnel	subjonctif présent	impératif	participe présent	participe passé
avoir (to have)	j' ai tu as il/elle/on a nous avons vous avez ils/elles ont	j' avais tu avais il/elle/on avait nous avions vous aviez ils/elles avaient	j' ai eu tu as eu il/elle/on a eu nous avons eu vous avez eu ils/elles ont eu	j' eus tu eus il/elle/on eut nous eûmes vous eûtes ils/elles eurent	j' aurai tu auras il/elle/on aura nous aurons vous aurez ils/elles auront	j' aurais tu aurais il/elle/on aurait nous aurions vous auriez ils/elles auraient	que j' aie que tu aies qu'il/elle/on ait que nous ayons que vous ayez qu'ils/elles aient	aie ayons ayez	ayant	eu
être (to be)	je suis tu es il/elle/on est nous sommes vous êtes ils/elles sont	j' étais tu étais il/elle/on était nous étions vous étiez ils/elles étaient	j' ai été tu as été il/elle/on a été nous avons été vous avez été ils/elles ont été	je fus tu fus il/elle/on fut nous fûmes vous fûtes ils/elles furent	je serai tu seras il/elle/on sera nous serons vous serez ils/elles seront	je serais tu serais il/elle/on serait nous serions vous seriez ils/elles seraient	que je sois que tu sois qu'il/elle/on soit que nous soyons que vous soyez qu'ils/elles soient	sois soyons soyez	étant	été
aller (to go)	je vais tu vas il/elle/on va nous allons vous allez ils/elles vont	j' allais tu allais il/elle/on allait nous allions vous alliez ils/elles allaient	je suis allé(e) tu es allé(e) il/elle/on est allé(e) nous sommes allé(e)s vous êtes allé(e)(s) ils/elles sont allé(e)s	j' allai tu allas il/elle/on alla nous allâmes vous allâtes ils/elles allèrent	j' irai tu iras il/elle/on ira nous irons vous irez ils/elles iront	j' irais tu irais il/elle/on irait nous irions vous iriez ils/elles iraient	que j' aille que tu ailles qu'il/elle/on aille que nous allions que vous alliez qu'ils/elles aillent	va allons allez	allant	allé
battre (to beat)	je bats tu bats il/elle/on bat nous battons vous battez ils/elles battent	je battais tu battais il/elle/on battait nous battions vous battiez ils/elles battaient	j' ai battu tu as battu il/elle/on a battu nous avons battu vous avez battu ils/elles ont battu	je battis tu battis il/elle/on battit nous battîmes vous battîtes ils/elles battirent	je battrai tu battras il/elle/on battra nous battrons vous battrez ils/elles battront	je battrais tu battrais il/elle/on battrait nous battrions vous battriez ils/elles battraient	que je batte que tu battes qu'il/elle/on batte que nous battions que vous battiez qu'ils/elles battent	bats battons battez	battant	battu
boire (to drink)	je bois tu bois il/elle/on boit nous buvons vous buvez ils/elles boivent	je buvais tu buvais il/elle/on buvait nous buvions vous buviez ils/elles buvaient	j' ai bu tu as bu il/elle/on a bu nous avons bu vous avez bu ils/elles ont bu	je bus tu bus il/elle/on but nous bûmes vous bûtes ils/elles burent	je boirai tu boiras il/elle/on boira nous boirons vous boirez ils/elles boiront	je boirais tu boirais il/elle/on boirait nous boirions vous boiriez ils/elles boiraient	que je boive que tu boives qu'il/elle/on boive que nous buvions que vous buviez qu'ils/elles boivent	bois buvons buvez	buvant	bu
connaître (to know)	je connais tu connais il/elle/on connaît nous connaissons vous connaissez ils/elles connaissent	je connaissais tu connaissais il/elle/on connaissait nous connaissions vous connaissiez ils/elles connaissaient	j' ai connu tu as connu il/elle/on a connu nous avons connu vous avez connu ils/elles ont connu	je connus tu connus il/elle/on connut nous connûmes vous connûtes ils/elles connurent	je connaîtrai tu connaîtras il/elle/on connaîtra nous connaîtrons vous connaîtrez ils/elles connaîtront	je connaîtrais tu connaîtrais il/elle/on connaîtrait nous connaîtrions vous connaîtriez ils/elles connaîtraient	que je connaisse que tu connaisses qu'il/elle/on connaisse que nous connaissions que vous connaissiez qu'ils/elles connaissent	connais connaissons connaissez	connaissant	connu
courir (to run)	je cours tu cours il/elle/on court nous courons vous courez ils/elles courent	je courais tu courais il/elle/on courait nous courions vous couriez ils/elles couraient	j' ai couru tu as couru il/elle/on a couru nous avons couru vous avez couru ils/elles ont couru	je courus tu courus il/elle/on courut nous courûmes vous courûtes ils/elles coururent	je courrai tu courras il/elle/on courra nous courrons vous courrez ils/elles courront	je courrais tu courrais il/elle/on courrait nous courrions vous courriez ils/elles courraient	que je coure que tu coures qu'il/elle/on coure que nous courions que vous couriez qu'ils/elles courent	cours courons courez	courant	couru

		présent	imparfait	passé composé	passé simple	futur	conditionnel	subjonctif présent	impératif	participe présent	participe passé
craindre (to fear)	je	crains	craignais	j' ai craint	je craignis	je craindrai	je craindrais	que je craigne		craignant	craint
	tu	crains	craignais	tu as craint	tu craignis	tu craindras	tu craindrais	que tu craignes	crains		
	il/elle/on	craint	craignait	il/elle/on a craint	il/elle/on craignit	il/elle/on craindra	il/elle/on craindrait	qu'il/elle/on craigne	craignons		
	nous	craignons	craignions	nous avons craint	nous craignîmes	nous craindrons	nous craindrions	que nous craignions	craignez		
	vous	craignez	craigniez	vous avez craint	vous craignîtes	vous craindrez	vous craindriez	que vous craigniez			
	ils/elles	craignent	craignaient	ils/elles ont craint	ils/elles craignirent	ils/elles craindront	ils/elles craindraient	qu'ils/elles craignent			
finir (to finish)	je	finis	finissais	j' ai fini	je finis	je finirai	je finirais	que je finisse		finissant	fini
	tu	finis	finissais	tu as fini	tu finis	tu finiras	tu finirais	que tu finisses	finis		
	il/elle/on	finit	finissait	il/elle/on a fini	il/elle/on finit	il/elle/on finira	il/elle/on finirait	qu'il/elle/on finisse	finissons		
	nous	finissons	finissions	nous avons fini	nous finîmes	nous finirons	nous finirions	que nous finissions	finissez		
	vous	finissez	finissiez	vous avez fini	vous finîtes	vous finirez	vous finiriez	que vous finissiez			
	ils/elles	finissent	finissaient	ils/elles ont fini	ils/elles finirent	ils/elles finiront	ils/elles finiraient	qu'ils/elles finissent			
joindre (to join)	je	joins	joignais	j' ai joint	je joignis	je joindrai	je joindrais	que je joigne		joignant	joint
	tu	joins	joignais	tu as joint	tu joignis	tu joindras	tu joindrais	que tu joignes	joins		
	il/elle/on	joint	joignait	il/elle/on a joint	il/elle/on joignit	il/elle/on joindra	il/elle/on joindrait	qu'il/elle/on joigne	joignons		
	nous	joignons	joignions	nous avons joint	nous joignîmes	nous joindrons	nous joindrions	que nous joignions	joignez		
	vous	joignez	joigniez	vous avez joint	vous joignîtes	vous joindrez	vous joindriez	que vous joigniez			
	ils/elles	joignent	joignaient	ils/elles ont joint	ils/elles joignirent	ils/elles joindront	ils/elles joindraient	qu'ils/elles joignent			
lire (to read)	je	lis	lisais	j' ai lu	je lus	je lirai	je lirais	que je lise		lisant	lu
	tu	lis	lisais	tu as lu	tu lus	tu liras	tu lirais	que tu lises	lis		
	il/elle/on	lit	lisait	il/elle/on a lu	il/elle/on lut	il/elle/on lira	il/elle/on lirait	qu'il/elle/on lise	lisons		
	nous	lisons	lisions	nous avons lu	nous lûmes	nous lirons	nous lirions	que nous lisions	lisez		
	vous	lisez	lisiez	vous avez lu	vous lûtes	vous lirez	vous liriez	que vous lisiez			
	ils/elles	lisent	lisaient	ils/elles ont lu	ils/elles lurent	ils/elles liront	ils/elles liraient	qu'ils/elles lisent			
mettre (to put)	je	mets	mettais	j' ai mis	je mis	je mettrai	je mettrais	que je mette		mettant	mis
	tu	mets	mettais	tu as mis	tu mis	tu mettras	tu mettrais	que tu mettes	mets		
	il/elle/on	met	mettait	il/elle/on a mis	il/elle/on mit	il/elle/on mettra	il/elle/on mettrait	qu'il/elle/on mette	mettons		
	nous	mettons	mettions	nous avons mis	nous mîmes	nous mettrons	nous mettrions	que nous mettions	mettez		
	vous	mettez	mettiez	vous avez mis	vous mîtes	vous mettrez	vous mettriez	que vous mettiez			
	ils/elles	mettent	mettaient	ils/elles ont mis	ils/elles mirent	ils/elles mettront	ils/elles mettraient	qu'ils/elles mettent			
mourir (to die)	je	meurs	mourais	je suis mort(e)	je mourus	je mourrai	je mourrais	que je meure		mourant	mort
	tu	meurs	mourais	tu es mort(e)	tu mourus	tu mourras	tu mourrais	que tu meures	meurs		
	il/elle/on	meurt	mourait	il/elle/on est mort(e)	il/elle/on mourut	il/elle/on mourra	il/elle/on mourrait	qu'il/elle/on meure	mourons		
	nous	mourons	mourions	nous sommes mort(e)s	nous mourûmes	nous mourrons	nous mourrions	que nous mourions	mourez		
	vous	mourez	mouriez	vous êtes mort(e)(s)	vous mourûtes	vous mourrez	vous mourriez	que vous mouriez			
	ils/elles	meurent	mouraient	ils/elles sont mort(e)s	ils/elles moururent	ils/elles mourront	ils/elles mourraient	qu'ils/elles meurent			
naître (to be born)	je	nais	naissais	je suis né(e)	je naquis	je naîtrai	je naîtrais	que je naisse		naissant	né
	tu	nais	naissais	tu es né(e)	tu naquis	tu naîtras	tu naîtrais	que tu naisses	nais		
	il/elle/on	naît	naissait	il/elle/on est né(e)	il/elle/on naquit	il/elle/on naîtra	il/elle/on naîtrait	qu'il/elle/on naisse	naissons		
	nous	naissons	naissions	nous sommes né(e)s	nous naquîmes	nous naîtrons	nous naîtrions	que nous naissions	naissez		
	vous	naissez	naissiez	vous êtes né(e)(s)	vous naquîtes	vous naîtrez	vous naîtriez	que vous naissiez			
	ils/elles	naissent	naissaient	ils/elles sont né(e)s	ils/elles naquirent	ils/elles naîtront	ils/elles naîtraient	qu'ils/elles naissent			

	présent	imparfait	passé composé	passé simple	futur	conditionnel	subjonctif présent	impératif	participe présent	participe passé
nettoyer *(to clean)*	je nettoie tu nettoies il/elle/on nettoie nous nettoyons vous nettoyez ils/elles nettoient	je nettoyais tu nettoyais il/elle/on nettoyait nous nettoyions vous nettoyiez ils/elles nettoyaient	j' ai nettoyé tu as nettoyé il/elle/on a nettoyé nous avons nettoyé vous avez nettoyé ils/elles ont nettoyé	je nettoyai tu nettoyas il/elle/on nettoya nous nettoyâmes vous nettoyâtes ils/elles nettoyèrent	je nettoierai tu nettoieras il/elle/on nettoiera nous nettoierons vous nettoierez ils/elles nettoieront	je nettoierais tu nettoierais il/elle/on nettoierait nous nettoierions vous nettoieriez ils/elles nettoieraient	que je nettoie que tu nettoies qu'il/elle/on nettoie que nous nettoyions que vous nettoyiez qu'ils/elles nettoient	nettoie nettoyons nettoyez	nettoyant	nettoyé
ouvrir *(to open)*	j' ouvre tu ouvres il/elle/on ouvre nous ouvrons vous ouvrez ils/elles ouvrent	j' ouvrais tu ouvrais il/elle/on ouvrait nous ouvrions vous ouvriez ils/elles ouvraient	j' ai ouvert tu as ouvert il/elle/on a ouvert nous avons ouvert vous avez ouvert ils/elles ont ouvert	j' ouvris tu ouvris il/elle/on ouvrit nous ouvrîmes vous ouvrîtes ils/elles ouvrirent	j' ouvrirai tu ouvriras il/elle/on ouvrira nous ouvrirons vous ouvrirez ils/elles ouvriront	j' ouvrirais tu ouvrirais il/elle/on ouvrirait nous ouvririons vous ouvririez ils/elles ouvriraient	que j' ouvre que tu ouvres qu'il/elle/on ouvre que nous ouvrions que vous ouvriez qu'ils/elles ouvrent	ouvre ouvrons ouvrez	ouvrant	ouvert
partir *(to leave)*	je pars tu pars il/elle/on part nous partons vous partez ils/elles partent	je partais tu partais il/elle/on partait nous partions vous partiez ils/elles partaient	je suis parti(e) tu es parti(e) il/elle est parti(e) nous sommes parti(e)s vous êtes parti(e)(s) ils/elles sont parti(e)s	je partis tu partis il/elle/on partit nous partîmes vous partîtes ils/elles partirent	je partirai tu partiras il/elle/on partira nous partirons vous partirez ils/elles partiront	je partirais tu partirais il/elle/on partirait nous partirions vous partiriez ils/elles partiraient	que je parte que tu partes qu'il/elle/on parte que nous partions que vous partiez qu'ils/elles partent	pars partons partez	partant	parti
pouvoir *(to be able to)*	je peux tu peux il/elle/on peut nous pouvons vous pouvez ils/elles peuvent	je pouvais tu pouvais il/elle/on pouvait nous pouvions vous pouviez ils/elles pouvaient	j' ai pu tu as pu il/elle/on a pu nous avons pu vous avez pu ils/elles ont pu	je pus tu pus il/elle/on put nous pûmes vous pûtes ils/elles purent	je pourrai tu pourras il/elle/on pourra nous pourrons vous pourrez ils/elles pourront	je pourrais tu pourrais il/elle/on pourrait nous pourrions vous pourriez ils/elles pourraient	que je puisse que tu puisses qu'il/elle/on puisse que nous puissions que vous puissiez qu'ils/elles puissent	—	pouvant	pu
prendre *(to take)*	je prends tu prends il/elle/on prend nous prenons vous prenez ils/elles prennent	je prenais tu prenais il/elle/on prenait nous prenions vous preniez ils/elles prenaient	j' ai pris tu as pris il/elle/on a pris nous avons pris vous avez pris ils/elles ont pris	je pris tu pris il/elle/on prit nous prîmes vous prîtes ils/elles prirent	je prendrai tu prendras il/elle/on prendra nous prendrons vous prendrez ils/elles prendront	je prendrais tu prendrais il/elle/on prendrait nous prendrions vous prendriez ils/elles prendraient	que je prenne que tu prennes qu'il/elle/on prenne que nous prenions que vous preniez qu'ils/elles prennent	prends prenons prenez	prenant	pris
recevoir *(to receive)*	je reçois tu reçois il/elle/on reçoit nous recevons vous recevez ils/elles reçoivent	je recevais tu recevais il/elle/on recevait nous recevions vous receviez ils/elles recevaient	j' ai reçu tu as reçu il/elle/on a reçu nous avons reçu vous avez reçu ils/elles ont reçu	je reçus tu reçus il/elle/on reçut nous reçûmes vous reçûtes ils/elles reçurent	je recevrai tu recevras il/elle/on recevra nous recevrons vous recevrez ils/elles recevront	je recevrais tu recevrais il/elle/on recevrait nous recevrions vous recevriez ils/elles recevraient	que je reçoive que tu reçoives qu'il/elle/on reçoive que nous recevions que vous receviez qu'ils/elles reçoivent	reçois recevons recevez	recevant	reçu
rire *(to laugh)*	je ris tu ris il/elle/on rit nous rions vous riez ils/elles rient	je riais tu riais il/elle/on riait nous riions vous riiez ils/elles riaient	j' ai ri tu as ri il/elle/on a ri nous avons ri vous avez ri ils/elles ont ri	je ris tu ris il/elle/on rit nous rîmes vous rîtes ils/elles rirent	je rirai tu riras il/elle/on rira nous rirons vous rirez ils/elles riront	je rirais tu rirais il/elle/on rirait nous ririons vous ririez ils/elles riraient	que je rie que tu ries qu'il/elle/on rie que nous riions que vous riiez qu'ils/elles rient	ris rions riez	riant	ri

		présent	imparfait	passé composé	passé simple	futur	conditionnel	subjonctif présent	impératif	participe présent	participe passé
savoir (to know)	je	sais	savais	ai su	sus	saurai	saurais	que je sache	sache	sachant	su
	tu	sais	savais	as su	sus	sauras	saurais	que tu saches	sachons		
	il/elle/on	sait	savait	a su	sut	saura	saurait	qu'il/elle/on sache	sachez		
	nous	savons	savions	avons su	sûmes	saurons	saurions	que nous sachions			
	vous	savez	saviez	avez su	sûtes	saurez	sauriez	que vous sachiez			
	ils/elles	savent	savaient	ont su	surent	sauront	sauraient	qu'ils/elles sachent			
sortir (to go out)	je	sors	sortais	suis sorti(e)	sortis	sortirai	sortirais	que je sorte	sors	sortant	sorti
	tu	sors	sortais	es sorti(e)	sortis	sortiras	sortirais	que tu sortes	sortons		
	il/elle/on	sort	sortait	est sorti(e)	sortit	sortira	sortirait	qu'il/elle/on sorte	sortez		
	nous	sortons	sortions	sommes sorti(e)s	sortîmes	sortirons	sortirions	que nous sortions			
	vous	sortez	sortiez	êtes sorti(e)(s)	sortîtes	sortirez	sortiriez	que vous sortiez			
	ils/elles	sortent	sortaient	sont sorti(e)s	sortirent	sortiront	sortiraient	qu'ils/elles sortent			
suivre (to follow)	je	suis	suivais	ai suivi	suivis	suivrai	suivrais	que je suive	suis	suivant	suivi
	tu	suis	suivais	as suivi	suivis	suivras	suivrais	que tu suives	suivons		
	il/elle/on	suit	suivait	a suivi	suivit	suivra	suivrait	qu'il/elle/on suive	suivez		
	nous	suivons	suivions	avons suivi	suivîmes	suivrons	suivrions	que nous suivions			
	vous	suivez	suiviez	avez suivi	suivîtes	suivrez	suivriez	que vous suiviez			
	ils/elles	suivent	suivaient	ont suivi	suivirent	suivront	suivraient	qu'ils/elles suivent			
tenir (to hold)	je	tiens	tenais	ai tenu	tins	tiendrai	tiendrais	que je tienne	tiens	tenant	tenu
	tu	tiens	tenais	as tenu	tins	tiendras	tiendrais	que tu tiennes	tenons		
	il/elle/on	tient	tenait	a tenu	tint	tiendra	tiendrait	qu'il/elle/on tienne	tenez		
	nous	tenons	tenions	avons tenu	tînmes	tiendrons	tiendrions	que nous tenions			
	vous	tenez	teniez	avez tenu	tîntes	tiendrez	tiendriez	que vous teniez			
	ils/elles	tiennent	tenaient	ont tenu	tinrent	tiendront	tiendraient	qu'ils/elles tiennent			
vendre (to sell)	je	vends	vendais	ai vendu	vendis	vendrai	vendrais	que je vende	vends	vendant	vendu
	tu	vends	vendais	as vendu	vendis	vendras	vendrais	que tu vendes	vendons		
	il/elle/on	vend	vendait	a vendu	vendit	vendra	vendrait	qu'il/elle/on vende	vendez		
	nous	vendons	vendions	avons vendu	vendîmes	vendrons	vendrions	que nous vendions			
	vous	vendez	vendiez	avez vendu	vendîtes	vendrez	vendriez	que vous vendiez			
	ils/elles	vendent	vendaient	ont vendu	vendirent	vendront	vendraient	qu'ils/elles vendent			
venir (to come)	je	viens	venais	suis venu(e)	vins	viendrai	viendrais	que je vienne	viens	venant	venu
	tu	viens	venais	es venu(e)	vins	viendras	viendrais	que tu viennes	venons		
	il/elle/on	vient	venait	est venu(e)	vint	viendra	viendrait	qu'il/elle/on vienne	venez		
	nous	venons	venions	sommes venu(e)s	vînmes	viendrons	viendrions	que nous venions			
	vous	venez	veniez	êtes venu(e)(s)	vîntes	viendrez	viendriez	que vous veniez			
	ils/elles	viennent	venaient	sont venu(e)s	vinrent	viendront	viendraient	qu'ils/elles viennent			
vivre (to live)	je	vis	vivais	ai vécu	vécus	vivrai	vivrais	que je vive	vis	vivant	vécu
	tu	vis	vivais	as vécu	vécus	vivras	vivrais	que tu vives	vivons		
	il/elle/on	vit	vivait	a vécu	vécut	vivra	vivrait	qu'il/elle/on vive	vivez		
	nous	vivons	vivions	avons vécu	vécûmes	vivrons	vivrions	que nous vivions			
	vous	vivez	viviez	avez vécu	vécûtes	vivrez	vivriez	que vous viviez			
	ils/elles	vivent	vivaient	ont vécu	vécurent	vivront	vivraient	qu'ils/elles vivent			

voir (to see)

	présent	imparfait		passé composé		passé simple		futur		conditionnel		subjonctif présent		impératif	participe présent	participe passé
je	vois	je	voyais	j'	ai vu	je	vis	je	verrai	je	verrais	que je	voie	vois	voyant	vu
tu	vois	tu	voyais	tu	as vu	tu	vis	tu	verras	tu	verrais	que tu	voies	voyons		
il/elle/on	voit	il/elle/on	voyait	il/elle/on	a vu	il/elle/on	vit	il/elle/on	verra	il/elle/on	verrait	qu'il/elle/on	voie	voyez		
nous	voyons	nous	voyions	nous	avons vu	nous	vîmes	nous	verrons	nous	verrions	que nous	voyions			
vous	voyez	vous	voyiez	vous	avez vu	vous	vîtes	vous	verrez	vous	verriez	que vous	voyiez			
ils/elles	voient	ils/elles	voyaient	ils/elles	ont vu	ils/elles	virent	ils/elles	verront	ils/elles	verraient	qu'ils/elles	voient			

vouloir (to want)

	présent	imparfait		passé composé		passé simple		futur		conditionnel		subjonctif présent		impératif	participe présent	participe passé
je	veux	je	voulais	j'	ai voulu	je	voulus	je	voudrai	je	voudrais	que je	veuille	veuille or veux	voulant	voulu
tu	veux	tu	voulais	tu	as voulu	tu	voulus	tu	voudras	tu	voudrais	que tu	veuilles	veuillons or voulons		
il/elle/on	veut	il/elle/on	voulait	il/elle/on	a voulu	il/elle/on	voulut	il/elle/on	voudra	il/elle/on	voudrait	qu'il/elle/on	veuille	veuillez or voulez		
nous	voulons	nous	voulions	nous	avons voulu	nous	voulûmes	nous	voudrons	nous	voudrions	que nous	voulions			
vous	voulez	vous	vouliez	vous	avez voulu	vous	voulûtes	vous	voudrez	vous	voudriez	que vous	vouliez			
ils/elles	veulent	ils/elles	voulaient	ils/elles	ont voulu	ils/elles	voulurent	ils/elles	voudront	ils/elles	voudraient	qu'ils/elles	veuillent			

Verbes pronominaux (Reflexive verbs)

s'amuser (to enjoy oneself)

	présent	imparfait		passé composé		passé simple		futur		conditionnel		subjonctif présent		impératif	participe présent	part. passé
je	m'amuse	je	m'amusais	je	me suis amusé(e)	je	m'amusai	je	m'amuserai	je	m'amuserais	que je	m'amuse	amuse-toi	s'amusant	amusé
tu	t'amuses	tu	t'amusais	tu	t'es amusé(e)	tu	t'amusas	tu	t'amuseras	tu	t'amuserais	que tu	t'amuses	amusons-nous		
il/elle/on	s'amuse	il/elle/on	s'amusait	il/elle/on	s'est amusé(e)	il/elle/on	s'amusa	il/elle/on	s'amusera	il/elle/on	s'amuserait	qu'il/elle/on	s'amuse	amusez-vous		
nous	nous amusons	nous	nous amusions	nous	nous sommes amusé(e)s	nous	nous amusâmes	nous	nous amuserons	nous	nous amuserions	que nous	nous amusions			
vous	vous amusez	vous	vous amusiez	vous	vous êtes amusé(e)(s)	vous	vous amusâtes	vous	vous amuserez	vous	vous amuseriez	que vous	vous amusiez			
ils/elles	s'amusent	ils/elles	s'amusaient	ils/elles	se sont amusé(e)s	ils/elles	s'amusèrent	ils/elles	s'amuseront	ils/elles	s'amuseraient	qu'ils/elles	s'amusent			

s'appeler (to be called)

	présent	imparfait		passé composé		passé simple		futur		conditionnel		subjonctif présent		impératif	participe présent	part. passé
je	m'appelle	je	m'appelais	je	me suis appelé(e)	je	m'appelai	je	m'appellerai	je	m'appellerais	que je	m'appelle	appelle-toi	s'appelant	appelé
tu	t'appelles	tu	t'appelais	tu	t'es appelé(e)	tu	t'appelas	tu	t'appelleras	tu	t'appellerais	que tu	t'appelles	appelons-nous		
il/elle/on	s'appelle	il/elle/on	s'appelait	il/elle/on	s'est appelé(e)	il/elle/on	s'appela	il/elle/on	s'appellera	il/elle/on	s'appellerait	qu'il/elle/on	s'appelle	appeler-vous		
nous	nous appelons	nous	nous appelions	nous	nous sommes appelé(e)s	nous	nous appelâmes	nous	nous appellerons	nous	nous appellerions	que nous	nous appelions			
vous	vous appelez	vous	vous appeliez	vous	vous êtes appelé(e)(s)	vous	vous appelâtes	vous	vous appellerez	vous	vous appelleriez	que vous	vous appeliez			
ils/elles	s'appellent	ils/elles	s'appelaient	ils/elles	se sont appelé(e)s	ils/elles	s'appelèrent	ils/elles	s'appelleront	ils/elles	s'appelleraient	qu'ils/elles	s'appellent			

se laver (to wash oneself)

	présent	imparfait		passé composé		passé simple		futur		conditionnel		subjonctif présent		impératif	participe présent	part. passé
je	me lave	je	me lavais	je	me suis lavé(e)	je	me lavai	je	me laverai	je	me laverais	que je	me lave	lave-toi	se lavant	lavé
tu	te laves	tu	te lavais	tu	t'es lavé(e)	tu	te lavas	tu	te laveras	tu	te laverais	que tu	te laves	lavons-nous		
il/elle/on	se lave	il/elle/on	se lavait	il/elle/on	s'est lavé(e)	il/elle/on	se lava	il/elle/on	se lavera	il/elle/on	se laverait	qu'il/elle/on	se lave	lavez-vous		
nous	nous lavons	nous	nous lavions	nous	nous sommes lavé(e)s	nous	nous lavâmes	nous	nous laverons	nous	nous laverions	que nous	nous lavions			
vous	vous lavez	vous	vous laviez	vous	vous êtes lavé(e)(s)	vous	vous lavâtes	vous	vous laverez	vous	vous laveriez	que vous	vous laviez			
ils/elles	se lavent	ils/elles	se lavaient	ils/elles	se sont lavé(e)s	ils/elles	se lavèrent	ils/elles	se laveront	ils/elles	se laveraient	qu'ils/elles	se lavent			

Student CD Track Listing

Paper 1

Section 1   Track 3
Section 2   Track 4
Section 3   Track 5
Section 4   Track 6
Section 5   Track 7

Paper 2

Section 1   Track 9
Section 2   Track 10
Section 3   Track 11
Section 4   Track 12
Section 5   Track 13

Paper 3

Section 1   Track 15
Section 2   Track 16
Section 3   Track 17
Section 4   Track 18
Section 5   Track 19

Paper 4

Section 1   Track 21
Section 2   Track 22
Section 3   Track 23
Section 4   Track 24
Section 5   Track 25

Paper 5

Section 1   Track 27
Section 2   Track 28
Section 3   Track 29
Section 4   Track 30
Section 5   Track 31

Paper 6

Section 1   Track 33
Section 2   Track 34
Section 3   Track 35
Section 4   Track 36
Section 5   Track 37

Notes

Notes

Notes

Acknowledgments

While every care has been taken to trace and acknowledge copyright, the publishers tender their apologies for any accidental infringement where copyright has proved untraceable. They would be pleased to come to a suitable arrangement with the rightful owner in each case.

The publisher would like to thank the following for permission to reproduce the following material:

Marion Gillot, 'Que deviennent les SDF ?', © Fleurus Presse – Le Monde des ados, (25 Janvier 2017); Ludovic Ligot, 'Faut-il avoir peur des cybercriminels ?', © Bayard Presse – Okapi, no. 891 (Juin 2010); 'Pourquoi Vince a-t-il été tué ?', © Fleurus Presse – Le Monde des ados, no. 382 (22 Mars 2017); Laure Parny, 'Voix Express : Avant d'acheter, regardez-vous la provenance d'un produit ?', © Le Parisien – Aujourd›hui, no. 5088 (20 Octobre 2015); Elodie Chermann, 'Le Tourisme', © Bayard Presse – Okapi, no. 981 (Juin 2014); Gabriel Siméon, 'Basique Instinct', © Grazia (7 Octobre 2016); E.P., 'Pour des vacances tranquilles', © Sud Ouest (10 Juillet 2012); 'Bac: Je ne sais pas quoi faire après', © France-Soir (15 Juin 2010); Estelle Leonard, 'Géraldine Danon : Attaquée par des pirates !', © Lagardère – Ici-Paris , no. 3667 (14-22 Octobre 2015); Céline Lison, 'Cinq conseils pour mieux dormir', © Ça M›intéresse, no. 432 (Février 2017); Anne-Lise Carlo, 'Les sexes sont-ils égaux ?', © Ouest-France (21 Août 2005); Françoise Delbecq, 'Interview avec Brie Larson', © Elle (24 Février 2017); 'Notre rencontre a changé ma vie', © Glamour (Decembre 2005); 'Conduisez sans les mains !', © Terra Eco, no. 8 (2015); Jose Benjamin, 'Le grand stress du bac !', © Télé-Loisirs; Hang Luong, 'Une intégration parfaitement réussie', © Maxi, no. 1587 (27 Mars 2017); Anna Gavalda, *35 kilos d'espoir*, © *Bayard Presse*; Cathy Cassidy, *Aux Délices des anges*, © Éditions Nathan; Joël Dicker, *La vérité sur l'Affaire Harry Quebert*, © Editions de Fallois / l'Age d'Homme, 2012; Eric-Emmanuel Schmitt, *Concerto à la mémoire d'un ange*, © Albin Michel; Amélie Nothomb, *Le crime du comte Neville*, © Albin Michel; Stephenie Meyer, *Fascination, Twilight T1* © Hachette Livre 2005; René Goscinny et Jean-Jacques Sempé, *Le petit Nicolas*, © IMAV Éditions; Colm Tóibín, *Un moins un*, © Éditions Robert Laffont; Emmanuel Carrère, *L'Adversaire*, © P.O.L Editeur, 2000; Lori Nelson Spielman, *Demain est un autre jour*, © Le cherche midi éditeur; Lauren Weisberger, The Bamboo Confessions, © 2004 by Lauren Weisberger. Reprinted by permission of Gelfman Schneider ICM Partners; Paulo Coelho, *L'Alchimiste* © Paulo Coelho, 1988; Colm Tóibín, *Brooklyn*, © Éditions Robert Laffont; René Goscinny et Jean-Jacques Sempé, *Le petit Nicolas et les copains*, © IMAV Éditions; Michael Morpurgo, Le Roi Arthur, ©Michael Morpurgo/Éditions Gallimard Jeunesse. Translated in French by Noel Chassériau; Amélie Nothomb, *La Nostalgie heureuse*, © Albin Michel.

Web references in this book are intended as a guide for teachers. At the time of going to press, all web addresses were active and contained information relevant to the topics in this book. However, The Educational Company of Ireland and the authors do not accept responsibility for the views and information contained on these websites. Content and addresses may change beyond our control and students should be supervised when investigating websites.